图书馆管理与阅读推广研究

王群 牛小菲 李俊平 著

中国商务出版社

·北京·

图书在版编目（CIP）数据

图书馆管理与阅读推广研究 / 王群， 牛小菲， 李俊
平著 . -- 北京：中国商务出版社，2024.9 -- ISBN
978-7-5103-5399-4

Ⅰ. G251；G252.17

中国国家版本馆 CIP 数据核字第 2024IMF622 号

图书馆管理与阅读推广研究

TUSHUGUAN GUANLI YU YUEDU TUIGUANG YANJIU

王群　牛小菲　李俊平　著

出版发行：中国商务出版社有限公司

地　　址：北京市东城区安定门外大街东后巷28号　　邮编：100710

网　　址：http://www.cctpress.com

联系电话：010-64515150（发行部）　　010-64212247（总编室）

　　　　　　010-64269744（事业部）　　010-64248236（印制部）

责任编辑：李　阳

排　　版：北京天逸合文化有限公司

印　　刷：北京建宏印刷有限公司

开　　本：787毫米×1092毫米　1/16

印　　张：15.25　　　　　　　　　　**字　　数**：270千字

版　　次：2024年9月第1版　　　　　**印　　次**：2024年9月第1次印刷

书　　号：ISBN 978-7-5103-5399-4

定　　价：78.00元

前　言

　　图书馆作为社会文化和信息基础组成部分，其发展管理需要以社会大环境为基础。如何更好地满足社会对图书馆服务的需求，产生最佳效果，很大程度上在于有效地进行自身的管理。图书馆组织管理的有效性和科学性，既是做好图书馆工作现代化的需要，也是实现图书馆工作现代化的基础。只有做好图书馆的科学有效管理，不断提高图书馆的管理水平，才能使图书馆的先进技术和设备得到充分有效的使用。

　　随着大众对图书馆的利用率不断提升，传统图书馆的管理和服务模式亟须完善和创新，打造智能图书馆才能更好地促进图书馆的阅读推广工作。

　　本书全文以图书馆的阅读推广工作作为核心，在编著过程中，查阅了大量的文献资料，在此对相关文献资料的作者给予真诚的感谢。由于编写时间和精力有限，难免会存在不足，敬请广大读者和各位同行能够积极予以批评指正。

　　本书由王群、牛小非、李俊平负责编写，时依丽、赵丹丹、宋薇对整理本书稿亦有贡献。

笔者

2024 年 5 月

目　录

第一章　图书馆基本概念及管理现状分析

第一节　图书馆概念及组织结构

一、图书馆经典定义的知识属性

在传统的图书馆概念中，图书馆是一个集文献收集、加工、整理、典藏与借阅为一体的机构。《中国大百科全书》将其定义为"收集、整理和保存文献资料并向读者提供利用的科学、文化、教育机构"，而《图书馆学情报学大辞典》则将其阐述为"通过文献收集、整理、存储与利用，为一定社会读者服务的文化科学教育机构"。根据这两个经典定义，不难得出传统图书馆定义的三大要点：第一，文献集散——收集、利用与服务；第二，文献序化——加工、整理与保存（存储）；第三，主体定性——文化、科学与教育机构。

从工业社会迈向信息社会乃至知识社会的变革时期，传统图书馆概念逐渐显现诸多不合时宜之处。首先，传统定义强调基于文献流的业务工作流程，而新形态图书馆正在进行基于知识流的业务流程重组；其次，传统定义强调实体文献的管理，而新形态图书馆的虚拟文献急剧增多；再次，传统定义强调实体文献的服务，而新形态图书馆的隐性知识服务备受重视；最后，传统定义强调图书馆是一个实体机构，而新形态图书馆既可以是一座大厦，也可以是一个界面。

任何概念都具有基于内在实质的传承性，尽管传统图书馆的经典定义亟待改进，但其充分体现了图书馆本原性的知识属性。文献是指记录有知识的一切载体。读者的文献需求实际上就是知识需求，图书馆的文献供给实际上就是知识供给。令人回味的是，古代文献往往集"典籍"与"宿贤"于一体，近现代文献概念常常专指"典籍"，而图书馆的"馆藏文献"，既脱离了实体"典籍"的羁绊，又实现了"宿贤"的回归。当然，图书馆知识管理既包含实体文献等显性知识的管理，又涉及馆员、用户、专家、学者等隐性知识的管理。馆藏资源的表象是实体文献、数字文献等，但其实质是人类公有共享的知识资源。无论馆藏文献的内涵如何变化，都改变不了其本质就是"知识"。

由此可见，图书馆的经典定义真实地体现了其知识属性，文献集散实际上就是知识集散，文献序化实际上就是知识序化。

二、图书馆服务的特点

（一）管理自动化

简言之，管理自动化就是用计算机模拟传统图书馆的采访、编目、流通、报刊管理和读者检索五大工作流程，将五大模块的程序结合起来便成为一个"图书馆计算机集成管理系统"。我国进入"211"工程建设行列的近百所大学图书馆都已配备了计算机集成管理系统，基本实现了管理自动化，已具备相应条件进入数字图书馆建设的新阶段。值得注意的是，这些大学图书馆只是基本实现了管理自动化。例如，采访模块能不能通过计算机网络直接向书商定购？结账编目模块能不能多 MARC（元数据）多语种联机编目？流通模块能不能向所有读者开放预约、催还？报刊管理模块能不能联系文献传递？读者检索模块能不能链接电子图书和电子期刊等。

（二）文献数字化

什么是数字图书馆？不同的学者先后有几十个互有出入的说法。本书的理解：数字图书馆是在计算机网络的基础上，运用信息技术对数字化形式的文献资源进行搜索、整序和组织，为读者提供当地的和远程的、文本的和声像的、页面的和动画的文献信息的公共服务机构。由此可见，文献数字化是现代图书馆的重要内容。现代图书馆一定要有巨量的数据库，这些数据库有两个来源：引进的和自建的。20世纪末期，当信息高速公路初步建成之后，人们发现高速公路上的信息流量不够多，形象的说法是"有路无车"。于是，掀起了一股数据库热，有的图书馆提出将大量的图书文献制作成全文数据库的建议。

当前，文献数字化进程中，迫切需要解决的是各馆的积极性、馆际协调及统一规划问题。国家已经做出加快数字图书馆建设的指示，将在一批大学图书馆增加数字图书馆建设的力度，这个时候尤其需要强化馆际协调和全国的统一规划。否则，会出现电子文献资源重复建设、数字化技术指标参差不齐、效果不理想等问题。

（三）传递网络化

传递网络化是现代图书馆资源共享和个性化服务的实现方式。纵观中国的图书馆事业发展进程，从19世纪末期到20世纪初期，大体上是由私家藏书楼进化为图书馆；再从20世纪末期到21世纪初期，可以说，基本上是由独门独户的图书馆进化成网络环境下的图书馆，也就是所有的图书馆形成一个网络，每家图书馆成为这个大网中的一个结点，成为可供全球利用的一个文献信息中心。可见，网络环境是现代图书馆的一个本质特征。信息高速公路就是计算机网络，它的功用就是信息传递，而所传递的信息就是数字化形式的信息——数码。因此，数字图书馆首先要进行文献数字化，只有这种数字化形式的文献资源，才能通过网络快速传递。

文献数字化是现代图书馆的重要内容，传递网络化是现代图书馆的共享方式，而两者正是数字图书馆的本质特征，所以，数字图书馆建设是现代图书馆的关键。归根结底，服务个性化是现代图书馆的根本目的。

（四）服务个性化

服务个性化，早已有之。在过去传统图书馆里，有的资深馆员具有比较好的专业素养，他们了解某几位教授的学术专攻，因此，一旦有关的新书新刊到馆，他们就会送书上门，为教授的教学和科学研究服务，这当然是服务个性化。但是，在传统图书馆条件下，这样的个性化服务只能发生在小范围内的少数人身上。因此，它不能成为传统图书馆的特征，不如说，传统图书馆的一个特征是服务大众化。

三、图书馆的组织结构

随着网络技术的不断发展，信息化时代的图书馆面临的服务环境及针对的目标群体发生了一定变化，用户的信息需求和信息获取方式的变化对图书馆的服务提出了更高的要求，图书馆自身的业务范围、业务重点也在不断变化。当前，图书馆单一冗繁的组织结构是阻碍图书馆服务优化升级的极大障碍。因此，传统的图书馆组织结构已经不能满足用户对高效优质的信息服务的需求。图书馆传统的组织结构改革势在必行。

（一）图书馆的传统组织结构

组织结构是一个组织内各构成要素的关系形式，通常表现为一个组织的职权、工作内容、工作关系等要素的组合形式。图书馆的组织结构根据图书馆的发展目标，在图书馆内部设立不同的部门，并确定其相互关系、权责分配，以及人力资源的配置与协调，使图书馆成为一个可持续发展的有机整体的组织形式。它是图书馆实现有效管理和运作的工具。目前，图书馆的组织结构主要包括直线型、职能型和复合型三种。

1.图书馆组织结构类型

（1）直线型组织结构

直线型组织结构也可以称作"军队式结构"，在这种组织结构中，每个人有一个专门的上级领导，由该领导负责指派、监督他们的工作，工作人员必须严格服从上级领导下达的命令。具体在图书馆的工作实践中，直线型组织结构的特点体现在各职能部门按照垂直的权限分配进行直线排列，每个部门都直接听命于上级部门的指导，形成自上而下的管理与运行体系。例如，馆长对副馆长有直线职权；副馆长对其职能范围内的某部门主任有直线职权；部门主任对所辖部门员工有直线职权。

直线型组织结构如图1-1所示，馆长下设两名副馆长，分管业务和行政工作；副馆长的下属各部门分别有各自的负责人，每个部门都只有唯一的上级，层层划分。

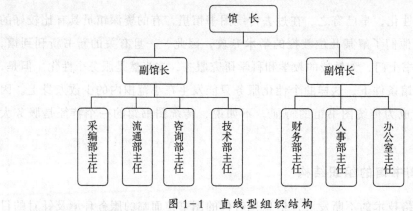

图1-1 直线型组织结构

（2）职能型组织结构

职能型组织结构又可以称作多线式组织结构，在这种组织结构中，按职能进行专业分工。在职能型组织结构中，下级既要服从上级主管人员的指挥，也要听从上级各职能部门的指挥。在职能型结构的图书馆中，各级行政部门都设有相关的职能机构，同时，各个职能机构在自己的业务范围内又有权直接指挥下级单位。

职能型组织结构如图1-2所示，按照部门的不同职能划分图书馆的组织结构。馆长下设采编部、流通部、咨询部、技术部、财务部等部门，而各部门之间又有一部分职能是重合或者交叉的。例如，采编部、流通部、财务部都设有办公室，采编部、技术部又都设有相应的财务科等科室。这些职能部门在日常的管理活动中相互协调、相互合作，共同担负着为用户提供优质服务的职责。

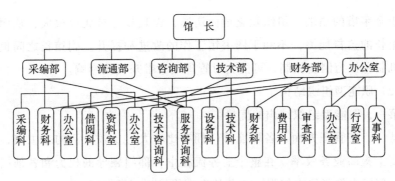

图 1-2 职能型组织结构

（3）复合型组织结构

复合型组织结构是在直线型组织结构和职能型组织结构的基础上形成的一种图书馆组织结构，它有机地结合了二者的优势，以此实现优势互补的作用。这种组织结构将图书馆工作人员分为职能型和指挥型两类。职能型馆员负责具体的业务工作，可以向上级领导提出业务管理上的建议及对下级进行职责范围内的业务指导，但无权指挥和发布命令，构成"业务链"；指挥型馆员负责上传下达，构成图书馆组织结构中的"命令链"。

2.图书馆组织结构分析

（1）直线型组织结构

第一，直线型组织结构的优势。

其一，权责分明，管理清晰。在这种组织结构中，所有命令都是由上级至下级直线传递，速度快而且准确。各级管理者职责分明，管理范围清晰，有助于业务效率的提高和管理目标的完成。

其二，单线运作，行动迅速。在这种组织结构中，所有命令都是单线运作的，也就是说，命令的传达和任务完成情况的监督和汇报只需要在各自的业务流水线上单线进行，每个员工只需要对各自直属上级负责。因此，这种组织结构有利于具体业务工作的开展。同时，馆员能在一个相对自由的环境中履行自己的工作职责，有利于保证工作质量和业务效率。

第二，直线型组织结构的劣势。

其一，管理职能比较单一，并没有设立专门的职能机构，在管理方面缺乏有效的辅助管理手段，对于复杂管理工作来说，执行上存在一定的困难。在某些需要进行复杂管理的具体工作中，例如，临时的项目团队，由于直线型组织结构的图书馆的馆员只需要对各自的直属上级负责，可能会管理混乱，容易导致工作效率低下。

其二，结构相对简单，难以实现权力制衡。在这种组织结构的图书馆中，馆长位于金字塔的顶端，组织缺乏横向沟通，馆长权力被无限放大，从而弱化了馆员对馆长的监督能力，不利于图书馆工作的改进和提升。副馆长之间也缺乏有效沟通机制和权力制衡机制，可能会对管理效率带来负面影响。

（2）职能型组织结构

第一，职能型组织结构的优势。

其一，在管理方面，各职能部门拥有比较大、比较灵活的自主权，可以在一定程度上提高业务效率。在整个业务流程中，部门领导的权力和各部门的自主权较大，部门内部凝聚力较强，业务效率也能得到可靠保证。

其二，部门内部沟通顺畅，可以有效促进管理质量的提高。在职能型组织结构的图书馆中，各职能部门既有纵向沟通，也有横向沟通，信息能够及时得到反馈，问题也能够及时得到解决，从而提高了管理活动的质量。

第二，职能型组织结构的劣势。

其一，在这种组织结构中，一些部门可能同时存在多个领导，容易在管理中出现多头领导现象，导致组织管理方面出现一定混乱。从图1-2中可以看出，斜线所指向的部门存在多头领导的问题，违背了组织结构设计中的命令统一原则。下属层对多个领导的指令会无所适从，从而导致工作效率降低，容易引发越级领导或者越级请示的行为，造成管理上的混乱。与此同时，中层管理人员在工作中的身份容易导致他们的依赖性增强，可能会出现懈怠与推卸责任的行为。

其二，结构庞大，人员冗繁。通过观察图1-1和图1-2可以看出，职能型组织结构的图书馆的机构设置更为复杂，部门更为冗余。这种组织结构直接导致了机构的臃肿，管理幅度减小，管理难度反而增大。对于图书馆这类公共服务机构来说，更需要的是人员素质优化，而非人员数量巨大。

（3）复合型组织结构

第一，复合型组织结构的优势。

从逻辑角度来说，复合型组织结构采用的为直线型组织结构的单线结构，通过这种形式可以很大程度上降低职能型结构中的复杂性，命令链单一，便于图书馆管理工作统一指挥、统一行动，使图书馆的管理工作更为专业和细致；从职能分配角度来说，其采取的是职能型的多部门协调合作，避免了直线型结构中部门间沟通不畅的问题，提高了管理工作的有效性、准确性，使图书馆的工作更为直接有效，优化了图书馆的工作流程。

第二，复合型组织结构的劣势。

虽然复合型结构在一定程度上同时吸取了直线型和职能型二者的优点，也因此有效提高了图书馆的管理效率和服务质量，但它并没有摆脱结构臃肿的困扰，容易造成人员冗余、人浮于事的现象，也提高了管理成本。

（二）图书馆组织结构的发展与重组

1.图书馆组织结构的基本发展轨迹

国内外图书馆界的组织发展实践在一定程度上反映了理论探讨在现实中的应用。长期以来，我国图书馆的组织结构比较稳定，围绕主要业务划分为不同部门，形成以馆长、部主任和普通工作人员为主要层级的自上而下、层层监督、层层负责的组织结构。近年来，网络及电子资源的出现对图书馆传统服务模式产生了巨大的影响，图书馆部室结构相应进行了不同程度的调整，一方面合并精简传统业务部门，另一方面扩展数字信息业务，但部室层面的调整并没有触及等级式组织结构权力的垂直流向。

从整体上来说，当前还有很多图书馆并没有选择组织结构转型，仍然有很大一部分图书馆在传统的管理体制下开展工作，其赖以运转的组织结构处于相对平衡的状态。从表面来看，图书馆组织结构转型的趋势并不明显，但是，如果以一个更为开放的视野来看待图书馆组织结构的发展历程，则发现转型过程一直在缓慢而持久地发生，并非一蹴而就，当事人也未必有充分的认识。

2.图书馆组织结构的重组设计

本质而言，图书馆的组织设计就是对其管理人员的管理劳动进行纵向和横向的分工。图书馆是一个服务型机构，在一定经济能力范围内，为用户提供优质服务是图书馆追求的最高目标，而一个科学合理的组织结构是图书馆提供优质服务的必要前提。鉴于现行的图书馆组织结构所存在的多种缺陷，本书根据组织结构设计原则并结合图书馆的公共服务特性，设计了一种新型的以办公室为轴心的三角型组织结构，如图1-3所示。

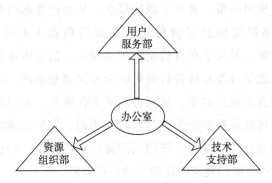

图1-3　图书馆三角型组织结构

（1）三角型组织结构的职责分工

可以将三角型图书馆的组织结构大致划分为四个主要部分：办公室、用户服务部、资源组织部、技术支持部。三角型组织结构以办公室为轴心，以资源组织和技术支持为基础，以为用户提供方便快捷高效的一站式优质服务为目标。

第一，办公室。办公室是图书馆整个组织结构的轴心部分，由馆长负责管理。办公室负责协助馆长做好行政与业务管理工作，为图书馆发展提供决策参谋、中介协调及组织等工作。它也可以被看作图书馆的总后勤部与总服务台。

第二，资源组织部。资源组织部的主要职责是对各种媒介形态（包括纸质与数字）的信息资源采编、加工、典藏、分配、组织等工作，全面了解和掌握图书馆的馆藏状况，及时更新和推进有序化建设，并通过文献传递、馆际互借等方式为用户提供虚拟馆藏服务。资源组织部可以看作图书馆工作的硬件基础。

第三，技术支持部。该部门的主要职责是对图书馆所有设备进行科学建设、管理和维护，包括计算机、内部网络和各种公共服务设施等在内的硬件及软件设施的建设与维护。另外，有能力的图书馆还可以利用技术支持部的人才对现有图书馆资源进行主动开发和深层挖掘，根据图书馆的特色建立专业学科数据库和特色数据库，以更好地为用户提供高质量的信息服务。技术支持部可以看作图书馆工作的软件基础，也是智力基础。

第四，用户服务部。三角型组织结构与传统组织结构之间存在一定差别，其中一个主要区别是三角型组织结构需要直接面向用户，用户服务部被视作图书馆最重要的窗口部门，也是直接显示图书馆综合能力的部门。目前，图书馆都面临着转变服务理念、倡导主动服务意识的变革，未来图书馆的用户服务部将改变传统图书馆过于独立分散的服务模式，成为集"藏、阅、借、咨、教"服务于一体的多元化部门。

（2）三角型组织结构的主要特点

第一，扁平化结构。三角型图书馆组织结构相较于传统组织结构更为扁平化，这样有效地加强了横向联系，减少了纵向层次，从而使各部门与办公室之间可以进行直接沟通，不需要经过层级传达，由部门负责人汇总问题直接向"中枢"——办公室反馈，避免了在直线型组织结构中，信息传递过程中的损耗甚至失真；部门与部门之间也能直接进行简单的业务沟通和协调，不需要通过办公室的中转，提高了信息交流的效率，从而提高了工作效率。面对复杂管理工作，如果需要深度沟通，可以通过办公室进行周转和协调，办公室通过对各部门反馈的意见和问题进行综合分析，并与各部门共同商讨解决方案，防止在职能型组织结构中出现的多头管理现象，规避因此带来的责任风险。

第二，方便统一管理。在这种组织结构中，以馆长为核心的办公室可以对来自三个部门的问题进行汇总、分析、处理、控制，协调沟通好部门间的工作，许多非经常性的工作还可以通过临时组建的团队小组突击完成。这样的组织结构能更好地适应当前瞬息万变的信息环境，提高图书馆在信息社会中的竞争力。

第三，部门间有效沟通。在三角型组织结构中，图书馆中的各部门之间、部门与办公室之间可以更好地实现有效的信息沟通。在决策时，办公室能够综合宏观考虑，提高了图书馆管理工作的科学性和可持续性。

（3）基于三角型组织结构的图书馆业务流程重组

传统图书馆业务流程设计的出发点是图书馆自身的工作需要，即根据文献加工整理的方便程度设置业务流程，而对用户的需求考虑得很少。基于三角型组织结构的图书馆业务流程以用户服务为核心：资源组织部的采访编目和文献加工均从读者实际需求出发，采访编目按照"调研—征订—采购"的流程进行，文献加工和藏书组织也以方便读者快速准确地找到所需文献资源为目标，将流通率高的图书排在便于读者查找的位置，并及时做好图书的下架和更新工作；技术支持部为整个图书馆提供所需设备更新和技术维护；用户服务部作为图书馆服务工作的核心和窗口，致力于为用户和读者提供更为细致和个性化的信息服务。重组后的图书馆业务流程充分体现了三角型组织结构的扁平化特点，有利于在复杂的业务活动中发挥互相协调和配合的优势，为用户提供更加高效的信息服务。

第二节　图书馆的作用和社会职能

一、图书馆的作用

（一）图书馆的宏观作用

1.保存人类文化遗产

图书馆的一项重要职责就是保存人类发展过程中产生的各种文明，也就是保存人类文化遗产，而这也是图书馆产生的一项根本原因。因为有了图书馆这一机构，人类的社会实践所取得的经验、文化、知识才得以系统保存并流传下来，成为今天人类宝贵的文化遗产和精神财富。

2.开展社会教育

随着资本主义大工业的产生与发展，社会对工人的要求产生了一定变化，要求他们具备更多的劳动知识和劳动技能。这在一定程度上促使图书馆走入平民百姓当中，担负起提高工人科学文化水平的任务。现代社会，图书馆成为继续教育、终身教育的基地，担负了更多的教育职能。

3.传递科学信息

对于现代图书馆来说，一项重要的职能就是传递科学情报。图书馆丰富、系统、全面的图书信息资料，成为图书馆从事科学情报传递工作的物质条件。在信息社会，图书馆的科学情报功能将得到加强。

4.开发智力资源

图书馆收藏的图书资料，是人类长期积累的一种智力资源，图书馆对这些资源的加工、处理，是对这种智力资源的深度开发。同时，图书馆将这些图书资料进一步分享并有效利用，使其成为图书馆用户的脑力资源。换言之，图书馆承担着人才培养的职能。

5.提供文化娱乐

图书馆是社会中的文化基础设施，它是一个文化教育机构。随着社会进步，人民群众的生活水平日益提高，为了满足他们提出的更多要求，图书馆为其提供了文化娱乐功能。图书馆提供的服务，满足了社会对文化娱乐的需要，丰富和活跃了人民群众的文化生活，在精神文明建设当中，起到了不可磨灭的作用。

（二）图书馆的微观作用

1.文献收集

在图书馆工作中，一项最基础的工作也是最基本的功能就是文献收集。图书馆馆员首先要明确本馆的收藏原则、收藏范围、收藏重点和采选标准，了解本馆馆藏情况、文献的种类与复本数、各类藏书的利用率和使用寿命、哪些书刊可剔除、哪些书刊要补缺等。此外，还需掌握出版发行动态。然后，以采购、交换和复制等各种方式补充馆藏。

2.文献整理

文献整理是图书馆更好地管理图书、提供服务的基础，包括文献的分类、主题标引、著录和目录组织等内容。文献分类不仅为编制分类目录和文献排架提供依据，也便于图书馆统计、新书宣传、参考咨询和文献检索等。文献主题标引是根据文献内容所讨论的主题范围，以主题词来揭示和组织文献的。文献分类和主题标引是揭示文献内容的重要手段，文献著录则是全面地、详尽地揭示文献形式特征和内容特征的主要手段，它便于读者依据该文献的各种特征确认某种文献，获得所需文献的线索。图书馆馆员把各种款目有序地组织成图书馆目录（见目录组织法）以揭示图书馆馆藏。图书馆目录是检索文献的工具，也是打开图书馆这个知识宝库的钥匙。

3.文献典藏

在图书馆微观功能中，文献典藏具有重要作用，它主要包括书库划分、图书排列、馆藏清点和文献保护等。其中，文献保护是一项专门技术，包括图书装订、修补、防火、防潮、防光、防霉和防虫，以及防止机械性损伤等。

4.图书馆服务

图书馆服务工作是一项开发利用图书馆资源的工作。它包括发展读者（如发放借书证）、读者研究、文献流通和推广服务（包括文献外借、阅览服务、文献复制服务、馆际互借、流动图书馆服务等）、馆藏报道、阅读辅导、参考咨询和文献检索、读者教育等。

二、图书馆的社会价值

图书馆是为人类学习文化知识服务的，是社会分工不可或缺的重要组成部分。图书馆工作的社会价值，就在于真正实现图书馆藏书的价值，而实现藏书价值的途径就是为读者服务。否则，藏书再多、再好，也是没有意义的。图书馆的社会价值体现在以下五个方面。

（一）进行学习的重要场所

除了学校以外，图书馆是为数不多的良好学习场所。图书馆拥有的文献信息资源浩如烟海，内容涵盖古今中外和各学科门类，载体形式多样，服务手段多样，是取之不尽用之不竭的知识宝库。图书馆是学习的好场所，它有着安静的环境、宽敞的馆舍、浓厚的学习风气，营造了一种强烈的文化氛围，能给学习者提供良好的学习环境，无论何时何地，图书馆都是人类接受教育的理想殿堂。图书馆以公益性服务为基本原则，以实现和保障公民基本阅读权利为天职，以读者需求为一切工作的出发点。在对外开放不断扩大、信息网络技术迅猛发展、社会主流意识形态受到严峻挑战的时期，图书馆对先进文化的倡导作用更为重要。它通过对文献信息的收集、整理、开发、利用来宣传中国共产党的方针政策、国家的法律法规和科学真理，发掘、阐述、转化、继承和发扬积极向上的文化成果，牢牢把握先进文化前进的方向，推动先进文化的传播。

（二）精神文明建设的重要阵地

在信息领域，图书馆始终发挥着重要作用，它以文献信息的管理与利用为主，在信息工作领域占有文献信息的汇聚与交流中心的重要地位，图书馆的存在及其职能作用的有效发挥，使人类精神文明的发展有了可靠的保证。正是人们主动利用图书馆阅读信息的行为，营造出了良好的社会文化氛围，推动了人类精神文明不断向前发展。

（三）查询、管理信息的重要部门

在整个社会中，图书馆承担收集、加工和管理文献信息资源的重要职责，是十分重要的社会部门之一。信息技术和网络技术的飞速发展，拓展了图书馆的信息收藏范围。图书馆的收藏形式日益丰富，由收藏单一的印刷型文献资料，逐渐成为收藏多媒体电子出版物、光盘数据库、网络信息等多种信息存储形式的完整的信息系统。图书馆肩负着信息资源建设的重任，一方面，要丰富本馆特色资源，把馆藏信息数字化；另一方面，还要对网络信息进行有效的规范管理，对有害信息、虚假信息和垃圾信息进行筛选过滤，对读者需求的信息进行分类、归纳，并将结果通过网络反馈给读者。

（四）为社会服务的公益机构

社会公益性是图书馆的一个基本特征，从图书馆出现时就具有这一属性，这主要体现在图书馆无偿地为广大读者服务。图书馆向读者提供平等的服务，各级各类图书馆共同构成图书馆体系，保障全体社会成员普遍均等地享有图书馆服务。图书馆虽然不是知识的生产者，但其收藏知识的特征不变。知识一旦为图书馆所收集、加工、保存，几乎无须任何附加费用就可以向所有人提供。无论贫富贵贱，亦无论是大学教授，还是平凡的打工者，来自社会各个阶层的人都能平等地获取图书馆资源。

（五）体现人文关怀的场所

图书馆尽可能地为全体社会成员提供服务，尽可能消除弱势群体利用图书馆的困难，为全体社会成员提供人性化、便利化的服务。随着社会发展，越来越多的农村务工者涌入城市，该类读者的社会来源广、构成复杂、个体差异大，对知识有不同程度的渴求。指导他们正确地使用图书馆，不但能提高他们的自身素质，而且对于社会的安定和谐也能起到关键作用。

三、图书馆的素质教育功能

图书馆的素质教育功能是面向全体社会成员发挥作用的，此处主要针对学生群体和高校图书馆进行探讨。

（一）图书馆在素质教育中的责任与对策

1.图书馆的育人优势

图书馆是知识的宝库、智慧的源泉，是开展全面素质教育的重要场所。图书馆利用其收藏的图书文献资源可以有效地帮助学生在专业领域中迅速提高，同时，在学生利用图书馆的过程中，可以拓宽学生的知识面，弥补专业面过窄的不足。学生在学习中，根据自身的需要，对各种馆藏文献资源进行筛选处理，可以培养和提高利用图书馆的能力与自学能力，并能形成独立收集资料和进行情报检索的能力。此外，图书馆丰富的藏书是学生猎取课外知识的博览地，他们从浩瀚的书海中汲取营养，获得知识，使自身的文化素质得到进一步提高。因此，图书馆以丰富的馆藏文献为主要手段来发展素质教育职能，是它的特殊性，也是它的优势所在。

（1）图书馆具有提高学生素质的职能

按照图书馆的规程要求，图书馆会根据学校的教学大纲，为学生群体提供获取所需知识的途径，让学生在图书馆得到基本训练后，使他们掌握使用文献资源的能力，引导学生养成终身利用图书馆的习惯，以便从图书馆获得知识和再教育。课堂教学虽然是获得知识、提高素质的主要形式，但由于受教材、教时的局限，教师只能将教材中最基本、最核心的知识传授给学生，许多相关知识需要通过课外学习才能进行补充和巩固。图书馆是知识信息的集散地，正好能填补课堂教学的缺陷，在这里，学生的自学能力、独立思考能力能得到充分培养，而这正是当前素质教育的主要任务之一。

（2）图书馆具有提高学生素质的物质条件

随着科学技术的蓬勃发展，世界范围内的各种图书文献数量出现了大规模增长，新的科技手段不断得到应用，但是，由于财力有限，青年学生不可能较为全面地拥有所有文献资源，因此，图书馆是青年学生拓宽视野、培养素质的最佳场所。21世纪，随着经济的快速发展，国家对图书馆工作不断重视，对图书馆的机构设置、人员配备和条件保障等都做了具体规定，图书馆的软硬件有了极大的提高，这些都为图书馆更好地开展青年学生素质教育提供了强有力的物质保障。

图书馆是为读者服务而存在的，没有读者或离开了读者，图书馆就失去了存在的价值。但由于各种类型的服务方式不同，因而其性质和功能自然会有所区别。如何凸显图书馆服务育人的优势，努力提高学生的综合素质，是提升图书馆服务水平的一个值得深入研讨的课题。

高校图书馆是高校的文化中心，是其传播知识和信息的重要场所，是学校教学科研服务的学术性机构，也是广大学生开展学习的"第二课堂"。高校图书馆拥有丰富的馆藏、优雅的环境、先进的技术服务手段和高素质的馆员队伍，在开展对大学生素质教育方面有着得天独厚的优势。高等学校图书馆必须贯彻国家的教育方针，履行教育职能和信息服务职能，大力培养德、智、体、美等多方面发展的人才，全方位发展教育科学文化事业，为建设社会主义物质文明和精神文明服务。教育是人类社会特有的培养人的活动，在这个活动中，善于利用图书馆是其重要内容之一。一所高校的学生是否善于利用图书馆且具备获取信息、开发利用信息的能力，不仅是衡量这所学校学生素质高低的尺度，更是衡量这所学校图书馆馆员素质高低的尺度。

2.图书馆的育人形式

图书馆教育不会受到时空的约束与限制，它以适当引导下的自我调理作为原则，不要求统一，而强调个性的培养，运用特定环境里的特有氛围对青少年进行熏陶，使他们在图书馆这个知识的海洋里自由进出。结合图书馆的上述优势，针对青年学生的心理特点，图书馆可以开展多种形式的素质教育。

（1）读书报告会、学术报告

可以邀请有名望的人士举办讲座，对大学生感兴趣的问题和一些社会热点问题开展演讲，如历史、创业、文学、科技等领域的问题。一方面，能激发他们的学习兴趣，吸引他们到图书馆学习这方面的知识，培养良好的学习习惯；另一方面，能帮助他们树立正确的人生观、价值观，引导他们正确地认识自我、认识世界。青年学生的心理具有明显的可塑性和不确定性，正面的引导对他们的健康成长起着举足轻重的作用。

（2）知识竞赛

可以通过组织开展知识竞赛的形式培养学生的竞争能力和团队精神，如文学竞赛、体育知识竞赛等。青年学生一般都争强好胜，要给他们创造一些竞争的机会，增强他们的竞争能力。同时，也要给他们挫折经历，使其在今后的人生道路上能正确面对失败和挫折，提高心理素质。

（3）演讲比赛

通过演讲，可以有效提高大学生的人际交往能力，培养他们积极向上、开朗乐观的品质。青年学生时代性格的塑造往往影响着人的一生，图书馆可以充分利用公共性的特点，聚集青年学生开展有益的交往，共同探讨感兴趣的话题。

（4）征文比赛

组织开展征文比赛，不仅可以提高大学生的写作能力，还能扩大图书馆的影响力，激发学生的读书兴趣，使他们可以形成良好的自学习惯。通过比赛，能了解到别人不同的观点，对事物的认识有所提高，从而促进思想成熟，克服自我意识不够稳定的缺点。

（5）科普教育

随着科学技术的高速发展，现代图书馆可以通过各种先进的教学手段对学生进行科普教育。例如，利用网络、多媒体进行前沿科学介绍，利用影视片鉴赏有益的文化艺术等，以开阔青年学生的视野，提高艺术修养。

3.引导学生正确利用图书馆

教育在人才发展中具有基础性作用。青年学生素质水平的高低，可以说是决定民族生死存亡的根本大事。图书馆教育作为学校教育的一部分，必须切实发挥起它应有的职能和作用。随着科技和社会发展的日新月异，图书馆不应局限于传统的工作方式，而要充分发挥自身优势，变被动为主动，通过多方位、多渠道的教学方式开展素质教育，努力营造学生自主、积极向上的学习氛围，使青年学生在学到知识的同时，更能养成良好的学习习惯，掌握分析问题、解决问题的能力，促进素质水平的全面提高。引导学生善于利用图书馆，要做好以下两点。

第一，开展文献检索课，培养学生的基本检索能力。通过学习文献检索课，可以有效增强学生文献情报意识、培养学生掌握和利用文献情报技能。

图书馆要积极和教务部门及有关科室协调，把文献检索课列为大学生的必修课或选修课，要让学生掌握手工检索工具，更要让学生学会光盘检索、联机检索和网络检索。文献检索课不但可以培养学生的文献情报意识和获取信息的能力，还能提高学生的自学能力和创新能力，正所谓"授之以渔"。在教学中，要注意提高任课馆员的教育理论和教育技巧这两方面的素养，注意科学性和思想性相结合，注意知识积累和智能发展相结合，注意教学和科研、创造相结合，注意统一要求和因材施教相结合。边教学，边积累经验，在理论联系实际上下功夫，做到教学相长。

第二，开展新书介绍和导读工作。要保证馆内新书及时介绍，并且要做到简明扼要，对学生关心的问题和社会热点问题应该格外关注。在对新书进行介绍和开展导读工作时，应该注重形式的多种多样，做到引人入胜。

我国的教育性质和任务是为社会主义现代化建设服务，培养社会主义事业的建设者和接班人。我国的教育目的是培养品德、智力、体力等方面全面发展的人。实现人的全面发展的唯一方法是教育同生产劳动相结合。将上述三项内容结合起来就是我国的教育方针：教育必须为社会主义现代化建设服务，必须与生产劳动相结合，培养德、智、体等各方面全面发展的社会主义事业的建设者和接班人。高校图书馆的工作，从根本上来说，应该围绕我国的教育方针展开，以提高学生的思想素质、政治素质、人文素质和专业素质等。

图书馆教育职能的实现，应该立足于深化图书馆馆员工作的内涵和读者的能动性、自主性的统一，同时，在充足的文献资料和馆员的有效导读的基础上，滋养读者、培养读者。读者在图书馆这种自主学习的氛围下博览群书或进行专题研究，不仅深化、拓宽了对课堂知识的理解，还提高了他们的整体认知能力和创新能力。图书馆已不只是传统意义上的图书馆，而是课堂的延伸，已经成为第一课堂的重要组成部分。

4.图书馆的主要育人功能

（1）高校图书馆是对大学生进行思想教育的重要场所

在传统教育模式中，专业课教育是高校教育教学的重点，这导致大学生将绝大部分时间放在专业学习上，而忽视了学校的精神文明建设和大学生思想道德素质的提高。随着我国市场经济的建立，对外开放程度的扩大，西方的文化价值观，包括拜金主义思潮等，在大学生中产生了种种负面影响。在一部分大学生中产生了思想迷茫、信仰危机、人文精神失落等现象，而大学阶段正是一个人的人生观、世界观、价值观逐步形成的重要时期。高校图书馆应以宣传栏、板报、新书导读、讲座等多种形式对大学生进行素质教育，引导他们吸取人类的优秀文化成果，向大学生推荐领袖、英雄人物、科学家等名人传记，丰富学生的精神生活，倡导奋发向上的学风，树立正确的人生观、价值观，培养崇高的思想道德情操。

（2）高校图书馆是对大学生进行文化素质教育的"第二课堂"

大学生要尽可能地丰富自己，不可以仅靠教师在课堂上传授的知识，还应该进行大量的课外阅读，通过这种方式有效地消化、巩固和加强对课堂所学知识的理解。高校图书馆作为大学生的"第二课堂"，实施文化素质教育，将与专业有关的参考书籍及时传递给他们，可以帮助他们了解本学科的前沿动态、发展方向，捕捉到新信息，获取新知识，提升自身的专业水平。高校图书馆可根据各院、系的教学计划，为大学生提供教学参考书，编制相关的导读书目，发挥自身馆藏资源丰富的优势，努力提高大学生的文化科学素质，拓展学生的知识面。

（3）高校图书馆是对大学生进行心理素质培养的重要场所

当前正处于信息网络时代，这个时代的大学生思想活跃、兴趣广泛、思维敏捷、求知欲强，同时，具备比较丰富的科学文化知识等。但在他们的身上也存在着一些不足，由于缺乏社会实践和工作经验，缺乏生活的磨炼，往往容易产生各种心理障碍。高校图书馆可以利用自身文献资源丰富的优势，引导大学生阅读有益身心的书刊，如引导他们阅读古今中外名人传记，以及有关调整人际关系、人与人之间相互沟通的技巧、心理咨询、心理健康等方面的书籍。还可以举办心理健康讲座，使学生从中汲取有益的营养，积极调整心态、培养健康的心理素质、提高承受挫折的能力，使他们勇于接受挑战，易于适应环境的变化，形成自尊、自强、自立的品格。

5.图书馆馆员的培育

道德是人们对于自身所依存的社会关系的一种自觉反映形式，依靠教育、舆论和人们内心信念的力量，来调整人们之间相互关系的观念、准则等的总和。职业道德是道德的一部分。职业道德是所有从业人员在职业活动中应该遵循的行为准则，涵盖了从业人员与服务对象、职业与职工、职业与职业之间的关系。因此，一个合格的图书馆馆员，首先必须是一个社会主义道德的模范遵守者。具体说来，图书馆馆员应有强烈的事业心和社会责任感，热爱图书馆事业，团结一致，群策群力，坚持"读者第一，服务至上"，全心全意为读者服务。只有高尚的道德，而没有创新精神，显然也是不适应时代要求的。创新能力已成为国民经济可持续发展的重要组成部分，有创新，才有技术革命，才有社会生产力的发展。在学校，有创新，才能培养出具有国际竞争力的学生。图书馆也如是，有创新，才能满足新一代读者的需求，才能和创新教育默契配合。图书馆要培养馆员勇于开拓、积极进取的创新意识、创新精神，打破思维定式，抛弃旧观念，制定新制度，开创工作新局面。

图书馆馆员是信息系统的"建设者",在一定程度上扮演着"信息专家"和"信息工程师"的角色。在当前这个信息化时代,手工编目、手工检索已经不再符合时代要求,图书馆馆员应该依靠现代化网络信息系统开展相关工作。图书馆馆员应提高使用计算机的能力,能迅速将物理介质信息转化为数字信息。图书馆馆员具备网上查阅信息、检索数据库、熟练使用各种工具书的能力,才能为读者提供快速、准确、有效的服务。要练好过硬的业务基本功,必须将图书馆馆员的继续教育制度化,鼓励馆员参加学术活动,鼓励馆员搞技术革新,鼓励馆员和读者共同搞科研。

当前,在知识经济时代、信息网络时代,如何帮助大学生在浩如烟海的信息海洋中捕捉他们所需要的知识信息,提高他们的信息素质,是高校图书馆素质教育的主要内容。社会需要能力型、创新型和复合型人才,大学生首先必须具备较强的获取信息的能力,所以,高校图书馆在进行素质教育的时候,首先要增强大学生认识图书馆、利用图书馆的意识,帮助他们掌握对馆藏书目、电子资源的查询和检索技能,开设各种服务方式,提供给他们所需的各种信息资源。高校图书馆要凭借自身优势,负起素质教育的责任,在培养大学生素质教育方面发挥自己的作用,真正为读者服务,成为知识、信息海洋的导航员。

(二) 建设图书馆成为素质教育的重要阵地

教育是一项庞大的系统工程,高校为社会培养高素质的创新型人才必须借助各方力量,要从基础教育到终身教育进行全方面和多渠道的教育发展。在学校,课堂教育是主渠道,但学校图书馆在学生的素质教育中的作用也是不可缺少的,图书馆同样担负着教育的职能,为人才的培养和知识创新提供教学支持。素质教育是以培养适应现代化社会及未来发展挑战,具有全面素质且又有个性特长的大学生为目标的科学的、系统的、完整的教育运作体制。素质教育包括思想道德、科学文化、身心素质、劳动技能和审美能力,以及与之相适应的教育观念、课程教育体系、教育教学、考试制度、教师激励措施、学校工作评估教育运行机制。图书馆是人类精神财富的宝库,读者在借阅图书的过程中,会对他们的精神世界产生潜移默化的作用,这就是书籍的力量。每本图书都凝结了人类的思想和智慧,特别是那些优秀的著作,思想深邃、内涵丰富,能够开拓人的思维眼界,增长人的知识才能,其作用是无可代替的。

1.图书馆是大学生素质教育的基础

面向大学生开展素质教育的主要目的,是促使他们更好地学习、工作和生活,为了使他们成为合格的社会主义公民打好基础,为提高国民素质打基础,而不是职业素质和专业素质。素质教育不仅要使大学生的思想品德素质、文化科学素质、身体素质和心理素质全面发展，而且还要使青年学生学会生活、处世、做人，培养他们自我发展的能力。素质教育的目标、任务和内容反映社会的需要和时代的要求，并随着社会的发展变化而不断发展完善，并不是固定不变的。同时，素质教育的实施必须依靠整个社会，形成学校与社会、家庭三位一体的动态运行机制。素质教育是一项未来事业，今天的素质教育为未来社会的经济发展和社会进步奠定国民素质基础，做好"全面发展型"人才储备工作，从"今天"看到"明天"，看到未来。

2.图书馆在大学生素质教育中的地位

在大学生的素质教育中，课堂教育、实践教育和图书馆教育是相辅相成、缺一不可的，这三部分内容构成了素质教育这一有机整体。图书馆教育贯穿青年学生在校时期的整个过程，具有主动积极性、灵活多样性和广泛深度性的特点，有利于学生自由调配时间，通过多种形式与图书馆馆员及时沟通，获取丰富的信息资料，构成完整、有用的知识框架。

3.图书馆在大学生素质教育中的作用

图书馆是一项高校基础设施，是学校教育事业的一个重要组成部分，同时也是学校的文献信息资源中心。学校图书馆藏书并不是单纯的知识、情报的堆砌，而是一种文献资源，是经过精心选择和组织的适应特定功能要求的知识体系，是为学校教育、教学、科研服务的物质基础。各个学校藏书量虽不同，但也包罗万象，涉及古今中外，涵盖每一个时期教育、教学、科研的重点文献和各学科知识的普及性文献，可以基本满足师生对图书资料的各种需求，伴随着师生的教学和学习生涯，能源源不断地提供保障。列宁同志说得好，办好一个图书馆等于办好这个大学的一半，优秀的典籍、好的图书对人的素质起着潜移默化的教育作用，这种影响甚至深入人的灵魂。当今的大多数图书馆更是体现了图书馆所具有的作用，不仅为青年学生文化素质的提高奠定了良好的学习基础，而且对他们的思想素质、心理素质、科学素质、信息素质的提高也具有极大作用。

素质教育是一个庞大的、复杂的系统工程，它主要包括思想道德、文化水平、业务技能和身体心理四个方面。我国历史学家张岂之先生认为：素质是指人在思想、道德、心理、文化方面必须具备的条件。图书馆有丰富且高质量的馆藏资源、整洁雅静的馆舍、现代化的服务方式，共同构筑了图书馆的特有氛围，对学生的素质的影响是显而易见的。古往今来，中外历史上有广博知识、伟大成就的人中英杰，无不从图书馆汲取了精神营养，从而获得了深厚的教益。在素质教育中，图书馆的教育形式和课堂教育相比，更具有主动性、灵活性和选择性的优势，更有利于培养学生的独立性、创造性和开拓性，更有利于发挥学生的聪明才智，使学生的个性得以充分发展。

强调学生的思想品质、良好人格的培养和塑造，是素质教育的一个重要方面。图书馆利用自身的优势，可以从以下几方面着手开展工作，使之成为素质教育的一个重要的学习阵地。

（1）开展入馆教育

在信息网络时代，大学生兴趣广泛，求知欲旺盛，但在文献信息的利用能力方面有所欠缺，尤其是现在的学生在中学阶段对图书馆接触很少。因此，对新生进行入馆教育，让学生认识图书馆，学会充分利用图书馆丰富的文献资源，有助于学生的思想道德素质、专业技能、文化综合素质的完善，有助于良好心理素质的形成和对社会环境适应能力的培养。对学生进行入馆教育，要安排在第一学期的课外活动时间，其内容包括对图书馆的性质和作用、图书馆和人才培养的关系、学校图书馆的规模、藏书地点和藏书结构、什么是图书分类、图书分类的作用和排架的规律、数字资源的检索方法、借阅常识、图书馆现代化管理的使用方法等。让学生自如地获取知识，实现自身素质的优化。

（2）优化资源建设体系结构

在大学职业教育中，课程与实验安排较紧，专业课任务繁忙，用于提高思想修养、文学修养的课程开设得比较少。对此，图书馆在馆藏资源建设方面要合理而丰富。图书馆资源建设体系设置应在服从于教学专业设置外，针对学校素质教育的目标，着重收集订购处于学术前沿的各类著作和期刊，提高文学、艺术、哲学、历史文献的比例。这样，可以使学生根据爱好、兴趣、未来的发展方向等有选择地进行阅读、拓宽知识面、开阔视野。

（3）开展咨询导读工作

实际上，图书馆文献咨询导读是学校课堂教学的一种有效延伸。这项工作可以有效引导学生更多地开展阅读活动，学生可以随时随地地获取课堂上学不到的知识，使他们在阅读中掌握读书的方法和技巧，提高自学能力。此外，还可以充分利用各种方式宣传图书馆的藏书结构和特点，通过编制馆藏目录、发布新书通报、开展文献检索专题讲座和书评活动，向学生推荐优秀书刊，把内容健康、格调高雅、思想性和趣味性很强的优秀图书作为主要的推荐书目，正确引导学生的读书情趣和阅读倾向。

（4）引导学生参与图书馆的管理和服务

针对学生参与图书馆的管理和服务制定相关规则，吸引他们在课余时间积极协助并参与图书馆的各项工作，让他们负责书刊的整理、借阅和修补，宣传图书借阅规则、催还过期书刊、维护开架书库学生借阅秩序、监督学生文明阅读，打扫卫生等。通过相关规则的实施，一方面，可以发挥参与学生的桥梁作用，向周围的学生宣传关于利用图书馆的知识，推荐优秀图书，及时反馈不同的借阅要求；

另一方面，可以培养学生的劳动观念和集体主义观念，满足学生参与社会实践的要求。

（5）利用图书馆加强学生的素质培养

素质教育中的一项重要内容是加强培养和塑造大学生的思想品德和个性人格。图书馆是学校的重要教育阵地，在订购图书和报刊时，一定要把好关，要订购那些思想上乘、格调高雅、内容精美的优秀书刊。除了需要大量思想政治教育的书刊外，对于古今中外的优秀文学名著、哲学和艺术书刊，都要有计划且系统地购进。通过加强图书宣传工作，让读者对书刊产生广泛的兴趣，在学好专业的基础上，通览古今中外、文史哲经，广泛阅读社会科学、自然科学等书籍，优秀的书刊能满足他们对知识的渴求、美的熏陶，还能提高他们的情操、培养高尚的精神、建立良好的行为，从而引导学生自觉地追求个性全面发展、主动把自我推向未来的完美境界。

（6）加强图书馆的文献资源建设

高效图书馆对大学生开展信息素质教育，一个重要前提就是不断地补充、丰富馆藏文献，要保证馆藏文献与时俱进。高校应科学合理地利用文献购置费，在保证重点学科的专业书刊收藏的同时，对学术价值、欣赏价值较高的文献进行合理选购，使大学生不仅能学习新的知识，而且能从优秀的书刊中汲取精神食粮，陶冶情操。随着电子文献的大量增加，馆藏文献发生了深刻的变化，网络信息资源成为图书馆主要的信息资源，图书馆应加强对之采集加工，还可开辟电子阅览室，让大学生通过光盘和网络，了解最新的知识及研究方向，获取丰富的信息资料。同时，应该为大学生创造良好的阅览条件，让他们感受到浓郁的学习氛围。

（7）深化文献资源的开发与利用

图书馆拥有丰富的文献信息资源，虽然为大学生的信息素质教育提供了满足需求的最大可能，但也为满足各个读者的特定需要带来一定困难。因此，高校必须深化文献资源的开发和利用，结合学校的教学和现代科技的发展，有针对性地揭示馆藏，让读者了解馆藏、熟悉馆藏。同时，向学生介绍馆内的国内外数据库和网络信息资源的使用方法。积极开展信息服务工作，不仅要编制专题资料汇编与"定题服务索引""专题索引"等文献，而且要积极向读者提供科技咨询、专题检索、信息研究等高层次的服务。

（8）培养学生的信息资源能力

信息资源能力是指大学生检索、获取和利用信息资源的能力。大学生需要具备收集和处理信息的能力，才可以开展接下来的创新工作。培养大学生收集和处理信息的能力，是激发他们独立思考和培养创新精神的一项重要工作。高校图书馆可以利用自身的优势，开展各种具体活动以培养大学生的信息能力。学生亲自对科研所需信息进行定向收集和科学分类，会对有关信息产生更深刻的理解，对信息的分析研究与获取利用有更直接的体验。在科研活动过程中，要注重培养学生对信息的感受力和洞察力，能从细微处发现有用的信息，使他们由知识的掌握向知识的运用与创造过渡，从而提高对知识与信息的创新能力。

（9）加强图书馆工作人员的素质教育

图书馆工作人员的素质水平与图书馆工作之间具有密切联系，而图书馆工作的水平高低会直接影响大学生信息素质教育的质量。图书馆工作人员不仅要有良好的职业道德、优质的服务，还应有较高的专业知识水平，而且要有与专业知识相关的其他学科知识，以及熟练运用知识的能力。对每一个图书馆工作人员来说，应掌握多门学科知识，还要善于接受新事物，不断更新自身的知识结构，以适应图书馆工作的需要。

对大学生进行素质教育，不仅要通过课堂教育使学生掌握相应的理论知识，还应该加强学生的综合能力培养，让传统型的知识积累型人才转变为符合当前社会要求的创新型人才。这就对图书馆的藏书结构提出了更高的要求，图书馆的馆藏要适应学生各方面能力培养的需要。只有丰富的馆藏，才能为广大师生提供足够的信息资料以满足他们的需求。采购图书时，在保证重点学科专业书刊收藏的同时，优秀的人文图书也是必不可少的。同时，要严把图书采购质量关，对于内容肤浅、粗制滥造的书刊一定要拒之门外，特别要注重文理科文献的交叉收藏，有利于培养复合型的全面人才。图书馆应引导学生读好书，提高他们的思想道德素质，培养他们的独立思考能力。刚刚进入高校的大学生，在学习的目标、方式方法等方面都面临着过渡与转变，还没有及时从被动接受教育的思维习惯中转变过来。对于专业性的学习，他们以任课教师开出的必读书目做指引，但在课外阅读方面，其目的、能力、方式方法等却没有相对固定的模式。高校图书馆应该充分重视引导作用，积极向学生宣传图书馆的馆藏特色、规章制度、各种功能、服务手段、环境优势。对学生进行正确的引导，架起与学生沟通的桥梁，培养学生的读书兴趣和习惯，激发学生的求知欲，促使学生自觉走进图书馆，利用图书馆，从而得益于图书馆，把图书馆作为其终身学习的好地方。

授人以鱼，不如授人以渔。因此，指导大学生正确地使用图书馆，是他们从图书馆中真正得到益处的前提和保证。图书馆用户教育旨在增强大学生的信息意识，帮助大学生高效率地利用图书馆，快速掌握获取知识的方法和手段，善于鉴别和利用各种不同类型的文献，提高自学能力和创造能力。图书馆要不断更新用户教育的内容、方法、手段，特别要注意文献检索课应生动、有效。图书馆要利用自己现代化装备的优势，着重向学生介绍前沿学科的发展趋势、信息技术和新型文献的发展动态，培养学生强烈的信息意识和信息获取能力。掌握了文献检索方法，就等于掌握了开启文献知识宝库的金钥匙，对学生今后的学习大有裨益。图书馆作为学校课外活动的重要场所，创造一个良好的读书环境是非常重要的。一个宁静、优美、舒适、健康又充满文化气息的育人环境，能使读者置身其中，受到潜移默化的熏陶和感染。图书馆育人环境主要从两个方面入手，一是物质环境建设，它是图书馆的外在标志。在环境布置中要加强素质教育的强烈意识，营造良好的育人氛围，使图书馆环境文化与文化氛围和谐统一。二是人文环境的建设，这里主要指人际环境，它集中体现于图书馆馆员的精神风貌。教师的言传身教对学生的影响是巨大的。图书馆馆员在服务的过程中应做到育人先育己，不断提高自身素质，做学生的良师益友，以自己的学识、风度、品德最大限度地表现出图书馆馆员的良好形象，并成为学生自觉效仿的榜样。

图书馆的本质是为读者服务。图书馆馆员应该进一步加强文献资源的开发与利用，充分利用丰富的文献资源和现代化的技术设备，开展定题和承诺服务、编制信息文摘和综述、专题索引等二、三次文献，而且要积极向读者开展科技咨询、专题索引、信息研究等高层次的服务。这样既拓宽了学生的知识面，又能更好地为教师科研提供服务。因此，学校对学生进行素质教育时，一定要重视图书馆这个阵地，因为图书馆在学生综合素质教育和能力培养方面凭借自身的资源有着得天独厚的优势，必须注意充分发挥这个优势。

第三节　我国图书馆现状分析

一、图书馆建设事业获得迅速发展

随着现代科学技术的不断发展，社会已经进入了信息大爆炸时代。特别是网络技术的高速发展，为人类社会的进步营造了一个前所未有的信息空间，也给图书馆这一重要的社会信息服务系统带来了巨大的挑战，并提供了难得的发展机遇。传统的图书馆已完全不能适应现代快节奏生活的需要，因此，应用现代化技术的图书馆应运而生。现代化图书馆是指应用了现代科学技术，特别是以计算机为核心的技术手段，采用了先进的图书馆工作科学方法，实行了现代化的科学管理，高效率地满足读者对图书信息需求和图书馆。现代技术主要是指第二次世界大战以后出现的各种新技术，它和图书馆工作结合后，使图书馆工作发生了深刻的变化，图书馆事业从而进入一个新的发展阶段。图书馆资源数字化、馆舍的虚拟化、服务的社会化、发展集约化成了图书馆未来发展的最佳模式。

（一）资源数字化

随着信息时代的到来，图书馆也必将朝着数字化方向发展，建设数字图书馆，这是毫无疑问的，业界也讨论过很多。资源数字化包括资源的存在形式（或载体形态）数字化、资源的组织数字化和文献信息服务体系建设数字化。资源的存在形式数字化包括馆藏资源数字化和社会资源馆藏化。

1.馆藏资源数字化

馆藏资源数字化是指根据各馆的特点及日后的发展规模，确定数据格式标准（包括多少字段、采用什么格式）、收录范围、时间段和载体形式等，再根据《图书著录格式规范》《非书资料著录规则》等标准，对馆藏资源进行数据收集与加工。数据加工包括书目编目、文献著录、文字录入、扫描、图片处理等，根据图书馆具体情况建立专业的、特色的文献数据库。建立文献数据库，应依据《数据库著录规则》《元数据的标引规则》《数据库主题标引规则》《数据库分类标引规则》等多个规则，使每个文献处理人员有章可循，为高质量完成建库任务打下良好的基础，从而进一步保障后期的数据库软件研制工作得以顺利进行。

2.社会资源馆藏化

现阶段，我国社会的数字信息资源分为四大类：网络数据库、电子图书、专业数据库和学位论文数据库。网络数据库中常见的有以下四类。

一是中国期刊网：内有9个专辑5300种从1997年至今的全文电子期刊，以及1994年至今的题录。

二是维普中文期刊数据库：内有文理各学科期刊8000多种，其中科技期刊较全，收录时间为1989年至今。

三是万方数据资源系统：以核心期刊为主线，内容涵盖医药卫生、工业技术、农业科学、基础科学、社会科学、经济财政、科教文艺、哲学政法等各个领域，100多个类目的近5000余种核心期刊，三大数据库——数字化期刊全文数据库、万方数据中文知识（链接）门户、数字化期刊刊名数据库。

四是中文社会科学引文索引数据库：包含人文社会科学各专业，收录国内外出版的重要的中文人文科学、社会科学学术期刊。

（二）文献信息服务体系化建设

数字时代，如果资源的组织与管理模式、相应服务理念与服务方式不能适应发展的要求，那么，再多的数字资源也不能构成一个理想的数字化的文献信息服务体系。建设数字图书馆应该全面继承、发展图书馆的资源与服务，通过现代的管理方式和服务理念，采用现代数字技术，使图书馆的各种资源发挥更大的效益。数字图书馆的概念并不仅仅是一个拥有信息管理工具的数字收藏的同义语，它更是一个将收藏、服务和人融为一体以支持数据、信息和知识创造、传播、利用和保存的全过程。建立数据建设同盟，加大数据开发的比重，建立数据库产业基地；统一数据库制作标准，提高数字化水平；改进数据库检索技术，采用超文本检索技术，提高检索效率；实现在网上轻松阅读和下载。在网络环境下，数字信息传输将采取长距离、大容量、数字式通信方式，其范围之大，可以覆盖全球，其容量之大不是几十兆或几百GB，而是几十或几百TB，建设一套快速、大容量的传输系统有助于实现网络资源共享。图书管理的网络化及信息资源的数字化、电子化，使读者可以获得大量信息，而不必关注其收藏点。数字化图书馆联盟下的子单位，就可根据各馆的收藏和服务特点，为数字化联盟加工、传输、共享本馆的数字资源，从而避免了相同资源的重复建设，节省了时间，减少了无用功的损失。这就是先进的数字化信息和数字化传输。

（三）馆舍虚拟化

伴随着全球网络化的迅速发展，特别是互联网的出现，已经构成了人类有史以来最大的信息资源网络，在网络环境下，图书馆的资源结构发生了深刻变化。在信息时代的知识社会里，图书馆的发展不再是一个独立的实体，而是信息社会系统里的一个知识功能模块。在实体馆藏资源的基础上，建立具有联机检索功能的数字化图书资源至关重要。任何图书馆如果离开数字化图书资源而仅靠自己有限的实体馆藏资源来提供广泛的服务，是不可想象的。因此，很有必要在互联网上建立一个统一、具有全面共享、高速、安全、不受时间和空间限制、随时随地都可使用的智能化的虚拟图书馆。

1.虚拟图书馆的含义

所谓虚拟图书馆，是指信息时代馆际之间实施协调合作的一种形式，由若干有着共同目标的图书馆结成网络联盟，为共同开展服务、共同开发信息市场而实施全方位合作的一种虚拟运作模式。从发展的角度看，当世界进入网络时代，具有不同资源与优势的图书馆为了共同开发馆藏资源、共同开拓信息市场、共同解决个性化和多样化的社会需求，而组织建立的在信息网络基础之上的共享技术与信息，共同分担费用、共同发展、互惠互利的图书馆联合体。

2.虚拟图书馆的应用

虚拟图书馆的出现改变了藏书建设的概念、理论和方法，改变了图书馆藏书建设体系结构与内容，拓展了图书馆信息资源的空间和服务模式，使多馆协作、资源共享不再是空想。虚拟图书馆是电子化、数字化图书馆，但电子化、数字化的图书馆却不一定是虚拟图书馆。电子化、数字化的图书馆是某一具体的图书馆实体，它是自动化系统发展到一定阶段所表现出的馆藏文献的电子化与数字化，而虚拟图书馆、全球图书馆及全球信息库应是等同的，它没有具体、固定的图书馆形态，也不是单指某一个图书馆电子化、数字化的结果，而是指通过网络远程获取信息与知识的一种方式。可是，各个数字图书资源的支撑平台各种各样，如何把全国各地彼此分散、异构、杂乱的数字图书资源整合到统一的平台上是一个难点。而CERNET2（第二代中国教育和科研计算机网）和不断完善的网格技术，可以实现教育网上所有资源（包括硬软件资源、计算资源、存储资源、通信资源、信息资源、知识资源等）的全面联通，将地理上分布、异构的各种高性能计算机、数据服务器、大型检索存储系统和可视化、虚拟现实系统等通过高速互联网络连接并集成起来，共同完成一些缺乏有效研究办法的重大应用研究问题，实现了对各种计算资源的访问，也实现了对所有数据资源的统一访问。网络技术的根本特征就是资源共享，它把整个网络整合成一台巨大的超级虚拟计算机，实现各种资源的全面共享。

文献信息资源的数字化和图书馆实体的虚拟化是图书馆发展的方向。真正意义上的数字图书馆可以不受任何约束地通过网络图书馆调出其他馆的文献信息，变"缺馆藏"为"有馆藏"，真正变为"无墙图书馆"。

（四）图书馆服务社会化

图书馆服务社会化是知识经济和信息时代发展的必然趋势。随着知识经济社会的到来，图书馆面向社会开放，为社会大众服务，走社会化之路势在必行。知识经济的兴起和网络时代的到来，为知识创新提供了更加广阔的舞台，同时也带来了信息传播方面的新问题。面对"数量"和"复杂度"激增的各类信息，图书馆有责任通过自己的创造性劳动，做深层次的信息加工、鉴别以确定信息的价值，从而保证知识传播渠道的畅通，为广大科研人员获取知识、实现科技创新创造条件。基于知识、技术创新的大环境，图书馆的服务社会化是在市场经济条件下谋求自身发展的一个必然趋势。

图书馆作为文献信息的一个汇集中心，拥有浩瀚的文献信息资源和大量连续出版物等及时性的信息资源。图书馆不仅具有较强的专业文献资料加工处理能力，而且积累了大量工作经验与专业信息处理知识，这些知识和能力是其他类型信息服务机构无法比拟的。可以说，图书馆是一个学科齐全的多功能的信息处理中心。

图书馆在服务社会的过程中可以根据相关规定引进外部资源，如资金、技术、管理，借助外部力量进一步深化其内部改革，让图书馆更好地为高校教学和科研服务，并进一步为社会提供更为广泛的信息服务。如今，图书、信息已走向市场化，清华同方的中华知识网、中国期刊网、万方数据、维普中文期刊等网上资源与图书馆的强强联手（建立镜像站等形式），赋予了图书馆强大的外部资源活力，如火如荼。因此，绝大部分图书馆面对市场经济不能继续冷眼旁观，而应该把目光投向市场、投向长远，进而投身市场，充分认识到服务社会化是图书馆走向市场的重要途径。

进入当今知识经济时代，又是信息经济时代，人们的信息意识不断提高，对信息的需求量越来越大，信息的迅猛增加和高速利用，给图书馆的文献信息资源管理和读者服务工作开辟了广阔的前景。高校图书馆不仅是学校的文献信息中心，而且是学校信息化和社会信息化的重要基地。图书馆应不断拓展自己的教育职能和信息服务职能，把读者第一、服务至上、全心全意为读者服务作为最高宗旨，把吸引读者、争取读者作为重要的策略行动，把拥有最多的读者、最广泛的信息传播面和提高有效的知识流通量作为工作方向，把适应社会的发展、顺应读者服务的发展规律、不断提高读者服务工作的质量和水平作为自身发展的目标。

（五）图书馆发展集约化

随着信息时代的发展，特别是网络技术的高速发展，图书馆应用现代化管理方法和先进的科学技术，加强分工和协作，提高信息资源和经费的利用率，增进图书馆事业的整体效益，是图书馆行业集约化的基本含义。信息社会的来临使图书馆面临着前所未有的挑战。一方面，社会信息量急剧增加，单个图书馆越来越难以满足本馆读者的信息需求；另一方面，信息技术正在改变着图书馆的传统面貌，数字图书馆、虚拟图书馆等新的图书馆概念和形象相继产生。为了共同满足社会的信息需求，各图书馆之间必须联合起来，实行资源共享已成为历史的必然，而现代信息技术的应用能帮助图书馆克服时间与空间的限制，从技术上支持图书馆信息资源的共享。

在结构上，计算机技术和通信技术在图书馆的应用彻底改变了图书馆的工作方式，使图书馆的各项工作在图书馆内部连成一个整体，图书馆作为社会的一个有机组成部分，将其网络化，并把信息资源昭示给社会公众也是大势所趋。以计算机技术与信息处理技术为主的有形的、组织结构精密的现代图书馆网络将取代传统的图书馆网络。在功能上，图书馆不仅是人类文化的保存中心，而且将成为真正的知识教育中心和素质教育中心；不仅收藏着丰富的信息和知识资源，而且可以通过各种现代化手段和途径获取并传播人们所需要的各种馆内和馆外的信息和知识资源，从而成为各种年龄和知识层次的人学习和研究的最佳场所；不仅为馆内读者服务，还可利用现代化手段，在网上开设远程教育课程，提供远程教学服务，从而成为人们终身学习与终身教育的中心。

由于馆藏范围的延伸，图书馆将兼有博物馆、美术馆、纪念馆的功能，但与这些机构不同的是，图书馆除了保存功能外，将更加重视藏品的利用。例如，人们可以像借图书一样，将其中的一些艺术复制品，借回家去欣赏一段时间，从中受到艺术的熏陶。从这个意义上说，图书馆还将成为重要的素质教育中心。

在馆际合作上，交通、通信的发达，特别是高速信息传输网络的建设，使得国际的图书馆业务合作和学术交流变得更为方便，特别是网络作为一种全新的信息传递手段，以其信息量大、传输方便、不受时空局限、共享性强等优点显示了强劲的生命力。广大用户可以通过它检索世界上诸多国家和地区各类图书馆的馆藏目录及各种指南、手册及期刊索引数据库，交换书目信息，实现联合编目，开展学术交流。在发展理念上，图书馆作为信息的集散地，其从业人员的群体观念和个体意识应该是最敏锐、最开放的，他们应该时刻获知、鉴别和汲取新的有益的思想。在知识经济时代，社会信息网络以其丰富多变的载体形式、交流形式、服务形式促使我们重新认识图书馆事业、图书馆信息资源、图书馆读者（用户）、图书馆服务及图书馆本身，具有时代特色的新观念将层出不穷，而那些过时的、不符合发展趋势的、落后于客观现状的旧意识将得到更新。

二、图书馆现存的问题及其对策

中国图书馆向现代化转型无法依靠别人，也不可能依靠别人来完成，只有靠我们自己认真透彻地了解国情，了解世界图书馆的发展动向，发现当前图书馆发展中存在的问题，通过百折不挠的努力逐步解决并最终完成。我们坚信，进入知识时代、信息时代的新世纪，人们将更离不开知识的积累和对信息的需求。图书馆在未来社会仍然拥有自己的地位，中国图书馆在新世纪还会有更大的发展。

（一）图书馆现存的问题

网络环境下，图书馆的发展面临着许多问题，图书馆的服务工作受到了严峻的挑战，特别是图书馆的服务工作已经远远不能满足读者的需求。这些问题影响了图书馆职能的充分、高效发挥。这些存在的问题主要有以下几点。

1.经费不足，地区发展失衡

众所周知，我国图书馆的经费起点低，尽管图书馆经费经历了较快的增长阶段。考虑到图书馆基本支出特征——书刊价格不断上涨、需要采购的文献类型日益多样、以现代信息技术为核心的设备更新日益昂贵、人民生活水平改善后对办公及阅览条件的不断升级，导致图书馆经费远远不能满足其正常发展的需要。

尽管我国图书馆经费的整体水平得到了较大程度的改善，但由于各级图书馆所处的经济环境不同，地区间的差异很大，发展处于一种分化的状态。在经济不发达的地区，图书馆的经费投入没有保障。部分地区图书馆难以维持现状，许多地方甚至没有图书馆，特别是在西部农村，这种现象更为严重。经费投入不足、地区发展失衡已经成为我国图书馆可持续发展最为突出的问题。

（1）经费投入不足，图书馆的整体发展水平还相对落后

与社会事业的其他领域相比，我国在图书馆事业上投入严重不足，差距在拉大。而本来就比较少的经费又主要用来支付职工工资，可用于购书的经费少得可怜。

由于资金投入上的不足，许多图书馆的藏书量严重不足，图书无法更新，图书馆的人均藏书量远远低于国际图联的人均藏书标准。此外，服务设施和技术设备落后，许多地区的图书馆馆舍已经陈旧老化，甚至已变得寒酸破败，其设备根本无法使用，仅作为摆设。

（2）图书馆的发展不平衡，区域差别特别明显

现阶段，我国图书馆在发展过程中呈现出发展不平衡的态势，区域差别比较明显，主要体现在以下几点。

第一，从东西部来看，图书馆事业东西部地区之间差距越来越大，北京、上海、江苏、浙江、山东、福建、广东等省市图书馆事业发展很快，十分可喜。但是，西部地区非常令人担忧，就文化事业经费的投入来看，中西部占总人口的2/3，但文化事业经费投入只占总量的44%。一级图书馆数量最多的是江苏省，上海市一级图书馆、上等级的图书馆比例为全国各省、市、自治区之首，而青海、西藏上等级的图书馆数量极其稀少。

第二，从县级图书馆与市级、省级和国家图书馆相比来看，由于各级图书馆的投入主要靠同级财政的投入，我国的财政状况是市、省级和中央财政的财力要比县级基层财力雄厚得多。因此，县级图书馆的状况要比市、省、国家图书馆差得多，无论是馆舍基础设施、技术设备等硬件条件，还是人员素质、服务水平等软件条件，都不在同一档次上。

第三，从城乡差距来看，一些城市所辖区县的县级图书馆与一些农业县的县级图书馆的发展差距也很大，甚至有一部分城市所辖区县的县级图书馆比一些省的省级图书馆还要好。

2.管理体制问题

图书馆管理体制是指对图书馆实施控制、监督、指导、操作的机构安排，以及这些机构间的权利义务关系。具体而言，图书馆管理体制决定着谁负责制定图书馆的方针、政策、标准，谁负责给予图书馆政策拨款，谁决定它的发展规划，谁对它进行监督约束，谁在业务上对它进行指导等一系列问题。

在我国，各级地方政府是我国图书馆发展的最主要决定者，地方政府掌握着图书馆发展的规划权、决策权和管理权。

此外，各级图书馆所处的经济环境不同决定了我国图书馆在管理体制上实行

条块分割、各自为政，难以形成协同运作、优势互补、高效服务的图书馆体系。这种管理体制导致图书馆事业产生分配不公、效率低下等情况，严重影响了图书馆正常功能和作用的发挥。

3.服务内容单一，资源共享不足

如今，人们渴求获得不同的、深层次的信息与知识，但是，依然有很大一部分图书馆，固守传统的做法，致使服务内容一直停留在简单的书刊借阅上，对文献信息深加工与开发利用浅尝辄止，除纸质印刷物外，其他先进的文献信息载体形式收存甚少。这样远离市场经济需要的服务造成大多数图书馆目前难以满足读者多方面、多层次的综合性需求，从而降低了图书馆的社会地位。

在传统的图书馆管理思想的影响下，人们仍然习惯于以馆藏多少作为评价图书馆的等级标准，共享意识淡薄，缺乏全局观念，保守主义、形式主义和本位主义思想严重，追求"大而全"或"小而全"的现象依然普遍存在。领导信息管理观念淡薄，对图书馆工作的重要性还没有充分认识，闭关自守、自给自足，盲目追求"大而全"，造成信息资源的重复投资和严重浪费。读者并不在乎图书馆是什么样的建筑、在什么位置，读者在乎的是图书馆能提供哪些信息资源和信息服务，他们不再经常去实体图书馆，而是通过网络获取文献信息。

许多图书馆资源与服务分布较散，一站式信息服务未能实现。服务以图书馆为中心，被动地等读者上门。图书馆图书资源采集不全，有些文献没有收集。由于工作机制、人员素质及设备的限制，服务工作有许多局限性，造成读者利用效率不高。部分馆员对学术研究活动不重视，认为那是专家学者研究、探讨的东西，自己只需把本职工作做好，这在一定程度上抑制了工作人员的工作积极性和主动服务的精神。

4.图书馆工作人员队伍问题

现阶段，我国图书馆普遍存在的矛盾：读者用户日益增长的信息知识需求与图书馆的信息知识提供能力相对落后之间的矛盾。而造成这一矛盾的主要因素是图书馆工作人员的整体素质相对较低。队伍老化，文化层次普遍偏低，人浮于事现象严重，难以开拓事业发展新领域。

另外，虽然目前不少图书馆的人才结构较之前取得了长足的进步，但大部分工作人员都不是图书馆学专业或计算机专业的，普遍存在知识结构单一、专业结构不合理等问题。部分工作人员专业知识水平不高，即使其有很好的服务态度也无法为读者解疑释难，再加上培训制度的不完善，使之传统技能和知识水平越来越无法适应图书馆现代化的发展，越来越无法满足读者利用图书馆的需求。

图书馆馆员年龄偏大、素质偏低，接受现代化知识比较慢。图书馆要实现信息化、数字化、电子化，可年龄偏大的人员接受新事物较慢，不会使用电脑网络，这样势必影响图书馆向现代化方向发展。年轻、学历高、有能力、高素质、对图书馆事业有追求的人却想进无门，实现图书馆的信息化、网络化成为一纸空谈。在网络环境下，图书馆工作人员将不再只与图书打交道，而是与计算机网络打交道。由于图书馆的服务内容和手段都发生了巨大的变化，对图书馆馆员提出了更高的业务素质要求。各级管理人员及基层操作人员在安全水平与意识上也存在着一定的差异，往往造成上下理解不同，操作无法规范化，致使网络安全方面的措施很难达到预期的成效。

我国图书馆事业存在的这些问题，在很大程度上制约了现代图书馆的发展，如果这些问题得不到有效解决，我国图书馆现代化建设就不能实现，甚至会在很大程度上限制现代图书馆的发展。

（二）针对图书馆现存问题采取的对策

随着全球知识化进程的加快和竞争环境的日益复杂，在新的信息环境下，图书馆面临更为严峻的挑战，图书馆的可持续发展越来越受到人们的关注。信息环境的变化、用户信息行为的改变，以及社会信息需求的变化都要求图书馆也随之变化。因此，图书馆相关负责人应当清醒地认识到所处的危险处境，需要对图书馆的功能进行重新定位，确保图书馆发展的可持续性。

随着社会经济不断发展，可持续发展观念不断深入到各个领域。在可持续发展思想的指导下，图书馆发展应立足现在，放眼未来，遵循图书馆发展的客观规律，探求符合自身的发展规律模式。在发展过程中，不断地注入新鲜的活力，以适应社会的变化，满足人们不断增长和变化的信息需求，推动图书馆事业健康、持续发展，使之能够与未来社会目标相适应，并在两者之间形成良性的互动机制。

图书馆可持续发展的内容分为两部分，一是立足现在，二是放眼未来。立足现在是以当前的自身发展为基础，在这一过程中，图书馆的建设要结合社会发展需要，适应时代变化，将自身发展融入社会中，采用先进的信息搜索技术，广泛收集信息资源，运用科学的管理手段，激发自身的智力潜能，并进行知识创新，组建不同图书的分类数据库，完善自身，增强社会竞争力。放眼未来是把图书馆未来的发展作为当前发展的前提，图书馆存在的目的正是为未来存在，为未来社会的发展储存丰富的人类知识文明。人类社会的持续发展，离不开知识的积累和延续，图书馆为此担负起的光荣使命要求图书馆以未来事业发展为前提，加快促进图书馆文献信息资源建设，以此保持图书馆持续发展的能力。

我国图书馆的发展遇到不少问题和挑战，只有充分解决这些困难，迎接挑战，才能促进图书馆事业持续发展，具体措施如下。

1.加大图书馆的投入，充分发挥政府职能

我国图书馆事业的经费来源，大体分为三部分：政府拨款、社会援助、自身创收，图书馆是一个公益性服务机构，其资金来源主要依靠国家和地方财政拨款。

首先，各级政府应加大对本地图书馆的经费投入，特别是购书的经费投入力度，保证投入的经费到位，满足实际需要。当然，图书馆管理者也要加强公关社交，积极主动地去争取政府的支持与投入。

其次，要多举办各种对社会有益的活动。如学术研讨、文化长廊、读者交流会等活动，提高社会知名度。争取或接受国内外机构、团体和个人捐赠的款物，包括资金、文献、图书馆办公用品及其他形式的实物。此外，图书馆也可以采取主动出击的方式获得捐赠。例如，黑龙江省佳木斯市图书馆，在市有关部门的帮助下，在佳木斯市直机关、企事业单位广泛开展捐书、捐款活动，极大地充实了该馆的图书资源。

再次，图书馆本身应艰苦创业，在国家政策、法令、法规允许的范围内，结合图书馆自身条件积极创收，以弥补财政拨款的不足。例如：商业性出租图书馆闲置场地，开展一些合理、有偿的高级信息服务。

最后，各级政府应从战略的角度充分发挥政府职能，促进图书馆的协调发展。鉴于目前我国中小型图书馆发展落后的事实，政府应加大对中小型图书馆的投入。同时，在图书馆的整体规划、合理布局、平衡发展等方面也要积极地进行统筹考虑和科学安排。

2.深化图书馆体制改革

图书馆在"加大投入、转换机制、加强管理、增强活力"十六字方针的指引下，进行管理体制与机制的改革。馆长负责制下的图书馆基本职能依然是执行政府制定的图书馆方针、政策和发展规划，实施图书馆服务，但应逐步扩大图书馆在人事管理、资源配置、业务决策等方面的自主权。打破按行政级别设立独立图书馆的标准，改为根据当地财政能力决定是否设立独立的图书馆。在更大程度上发挥行业组织的指导、咨询作用，可在现有的图书馆间非正式联系的基础上，成立更加正式的图书馆协会。

图书馆实施知识服务是知识经济时代的必然要求，是实现可持续发展的动力源，是图书馆基本职能的延伸和发展。通过知识挖掘、组织、开发和应用，最大限度地发挥知识的功能与效益；图书馆实施知识服务，要为教学提供优质服务，为重点科研项目提供定题服务，为学科带头人提供个性化服务；图书馆馆员要熟练运用计算机网络等新技术，掌握知识导航能力，实现从一般图书工作者到新型知识工作者的转变，才能适应网络环境对图书馆馆员的要求。

计算机技术具有强大的信息处理能力，是实现图书馆数字化、自动化的有效载体。用户利用在图书馆提供的信息服务，可以在任何方便的时间和地点实现所需的数据库书目信息检索、查询，满足读者方便快捷的个性化服务需求。发挥图书信息化管理的优势，计算机的普及、互联网的建立，特别是信息技术引入图书馆领域之后，图书信息化成了当下的发展趋势，极大地方便了读者。在知识经济时代，网络信息从各个层次冲击着图书馆，网络的发展使人们对图书馆获得所需信息的依赖逐渐降低，许多读者对图书馆的信息服务能力产生了怀疑，便自寻渠道获取所需信息。馆领导要树立为馆员服务的思想，要为馆员创造和提供优良、和谐、富有人性化的工作环境和必要的后勤保障及服务，让他们保持愉悦的心情、高昂的斗志去开展工作，充分发挥他们的积极性，以实现工作目标的最大效益。

书是图书馆的血液，血液必须保持更新，藏书量的充足且多元化能明显提高图书馆的使用率，借助橱窗、多媒体工具、新书架、专题书架、书刊展示台等向读者提供有针对性的信息，这些设施不仅仅是文献资料的承载体，更是读者搜索信息的多种路径。同时，图书馆能把优秀图书和更新的信息主动呈现给读者，培养读者乐于使用图书馆的意识，提高图书馆的利用率，使图书馆从往日一成不变的藏书地变成一个互动立体的"信息乐园"。不断改善图书馆的网络环境，建立自己的网站，引进先进的图书馆管理系统，建检索平台，着力实现信息资源和知识资源的智能共享，升华服务内涵。

图书馆事业在信息技术、网络技术等技术手段的支持下，在可持续发展观不断深入的指引下，图书馆的管理和服务无论在技术设备层面，还是在理念和制度层面，均出现了一些不同于以往的新事物。特别是在东部经济、文化比较发达的地区，在一定区域范围内出现了总分馆制、图书馆联盟、图书馆之城、联合图书馆、图书馆集群等图书馆合作形态。这些都是图书馆可持续发展的表现，这些区域图书馆的发展不同于以往的图书馆业务协作，在其中可见到一些发达国家和地区图书馆总馆/分馆体制管理的影响，然而又不限于此。在新信息环境中出现的这种具有中国特色的图书馆发展态势，突破以往的单馆发展模式，开始探索体系化建设，以网络为支撑，以一定的组织形式和业务协同关系将原来分散发展的图书馆个体联系成相对紧密的图书馆整体，共同为区域提供普遍均等的图书馆服务。可以看到，它的出现并不是一种孤立的图书馆现象，它是经济发展、社会进步和可持续发展观念在图书馆事业中的扩大和深入。

3.转变服务职能，创新服务理念

图书馆由单一转向综合化与多样化，由简单的借阅书刊模式向对文献深度开发利用发展，由单一书刊服务向音像视听服务发展，由以图书馆为中心向以用户为中心发展，由以文献为中心向以信息为中心发展。服务职能的转变，让图书馆由文献处理机构向融入整个信息环境的服务机构发展，成为多功能的现代化智力服务集团。

图书馆应该利用自身资源优势、政策优势和社会优势，将工作的重点转移到附加值高的信息服务活动上。图书馆应逐步开展以下各方面的高级信息服务：为当地政府决策服务；为企业生产经营提供服务，向企业提供有关市场、产品、技术等方面的信息。

随着网络信息系统的发展，图书馆信息管理的社会功能和地位正在受到威胁，如果不对传统的服务模式加以改变，引进知识管理体系，图书馆可持续发展能力必定会受到严重影响。知识管理不同于以往的信息管理，知识管理更注重的是知识的创新，将知识视为组织最重要的战略资源，以提升组织的竞争力为目标。图书馆要获得持续发展，必须提升当前的社会竞争力，为此，进行知识管理势在必行。知识管理的内容是对图书馆可持续发展资源的管理，加强图书馆知识管理有利于图书馆可持续发展核心竞争力的提高，图书馆知识管理的目标是知识创新，而知识创新也是提高图书馆核心竞争力的重要途径。知识管理的核心是人力资源管理，人是知识创新的关键，科学设置激励机制和制度安排，激发人的创新能动性，增强他们的应变能力，使其能随着环境的变化和社会需求的不同，采取相应的知识管理模式和知识服务体系，从而增强图书馆的竞争优势，使图书馆的核心竞争力得到提高，从而促进图书馆的可持续发展。

图书馆文化是以图书馆为核心，通过特色教育和管理实现凝聚力的一种特有文化。这种凝聚力体现在两个方面，一方面是对图书馆用户的凝聚，另一方面是对图书馆馆员的凝聚。图书馆文化是增加图书馆活力，并推动图书馆发展的强大动力。图书馆中的任何个体，不管处在何种岗位，其对环境的认识和对于变化的处理都是图书馆文化因素的使然和结果，这意味着每个环节和每项职能或许都可以进行文化创新的问题。

图书馆文化的要素主要包括以下几方面。

（1）丰富的信息资源

信息资源是基础，是具有科学精神的知识结构。

（2）价值观念

价值观念即图书馆的理念，这是图书馆文化的核心，也是文化差异最集中的体现，解决文化问题，就是解决价值观的问题，确立价值导向，为图书馆的发展形成一股合力。

（3）职业道德和规章制度

职业道德是一种无形控制，规章制度是一种有形控制，两者都是有利于事业发展和能得到社会认同的价值观念的体现，同时也是图书馆文化建设的组织基础。

（4）形式和外观

形式和外观包括图书馆建筑、装饰、标志、设备、环境、员工着装及其他能够反映图书馆实体形象的文化。真正好的图书馆，应当是充满人性化、处处渗透其内在精神的令人向往的精神家园。

作为一个存储文化的组织，图书馆如果没有文化和灵魂，则必定会消亡。特别是在今天这个数字信息环境中，创新文化正变得日益重要。创新是运用知识或相关信息创造和引进一些有益的新事物的过程。面对飞速发展的信息技术、数字化技术与网络技术，图书馆只有探索知识管理的服务理念，构建创新性组织文化，才能赢得未来的可持续发展。

图书馆要创新服务的理念，从传统服务观念的禁锢中走出来，确立与和谐社会相适应的图书馆服务新理念，使服务适应现代社会的要求，推陈出新，在市场立于不败之地。图书馆应树立"以人为本，主动服务"的理念，以读者为本，把满足读者需求作为图书馆工作的根本出发点和落脚点，始终坚持以人为本，以读者的利益为向导，切实维护和保障读者在利用图书馆中的各种合法权益——尊重读者、平等享受图书馆服务、平等享有接受教育等权益。

4.丰富图书馆的服务内容

服务是图书馆工作中永恒的主题，图书馆工作的质量与服务内容有着密不可分的联系。构建和谐社会，就是营造人与人之间关系的和谐，而图书馆通过不断提升自身的服务水平、丰富服务内容，为人与人之间的和谐、人与社会之间的和谐提供精神保障，发挥其在和谐社会中的积极作用。在构建和谐社会的过程中，图书馆可以通过以下特色服务，来使其自身充分发挥在和谐社会中的作用。

（1）依托丰富的馆藏资源发挥图书馆的作用

依托图书馆丰富的馆藏资源，聘请专家举办各种科普讲座、读书报告会、学术沙龙、专题咨询、文艺演唱会、摄影、书法、美术展览等方式，为社会提供动态服务，以便普及科学知识、弘扬科学精神、扩大社会影响，使图书馆的作用得到充分的发挥。

（2）利用图书馆的设施，为社区提供文化交流的场所

利用图书馆的会议厅、学术报告厅、展览厅、视听室及先进的网络、通信、投影、放映等设备，举办各种文化展览、学术会议和培训班。这些活动不但能营造一种良好的文化氛围，还可以宣传图书馆，并且充分发挥了各种设施的使用价值，增大了图书馆的社会效益。

（3）在图书馆设立亲子阅览室，为少年儿童提供服务

儿童和父母一起读书可以增进彼此之间的感情，减少沟通障碍，促使亲子关系更加和谐。在图书馆的亲子阅览室里，母亲可以坐在舒适的沙发上给孩子讲故

事；在游戏区，父亲可以和孩子玩馆内提供的智力玩具。对于少年学生，图书馆不但可以为他们提供自主学习的场所和科技活动室，还可以通过志愿者服务为他们进行学业上的辅导。

（4）为残障人士提供特殊的服务

为残障人士服务的水平在某种程度上体现着一个国家的文明程度，社会和谐的标准也包含着对残障人士的关怀程度。图书馆是社会服务的窗口，其服务应该是开放的、包容的，这样才能发挥其在和谐社会中的积极作用。图书馆可以培训专门为残障人士服务的馆员，使他们熟悉残障人士的心理学知识，学习手语和盲文等技能，以便更好地为残障人士服务。此外，还可以提供先进的盲文书、书刊录音、唱片等一系列针对残障人士的服务，使他们享受更多的人文关怀。

5.提高馆员素质，积极吸引人才

高素质的稳定人才队伍是图书馆事业可持续发展的重要保障。各图书馆要着眼于未来发展的全局，制定切实可行的用人原则和培训计划。现代图书馆将朝着网络化和数字化两个方向发展。馆领导要采取切实措施，有组织、有计划、有目的地开展灵活多样的继续教育，争取使每一位馆员都有机会参加适合自己的继续教育。图书管理员要积极主动地不断加强培训和学习，熟练掌握和运用计算机、网络等现代信息技术，必须拥有计算机、数据库、网络方面的知识和技能，了解网络知识，熟悉各种网络检索工具。此外，还要掌握一定的外语知识，熟练掌握一门外语是图书馆工作的需要；要具有扎实的专业基础知识，图书馆专业基础知识和工作技能是图书馆馆员的"安身立命"之本，是图书馆各项工作发展的基础。

图书管理人员素质中，政治思想素质处于主导地位。没有良好的政治思想素质，即使有再高的专业才能和组织才能，也难以发挥出来。图书管理人员还应遵守职业道德规范和行为准则，要有甘为人梯的崇高职业素养。

知识经济时代最显著的特点是知识将成为发展经济的资本，在生产要素中居于最重要的位置，其他所有部门的发展都依赖知识的增长。因此，知识将被作为最重要的资源得到充分的开发、传播与应用，知识的不断创新将成为推动时代发展的根本动力。

现代电子学与通信技术的进步，为社会信息化提供了强大的技术推动力，通信技术与计算机的结合，实现了资源的网络化，大大提高了信息的使用价值，拓宽了信息处理的应用范围。这对数字图书馆中的图书馆馆员的素质提出了全新的要求，只熟悉传统图书馆工作的馆员已越来越不适应时代发展的客观要求，而一批具有多元化知识结构层次的人员，已成为数字图书馆网络化环境下图书情报资料工作的主力军。

特别要注意引进专业人才。一方面，要接纳有学识、有才华的图书情报专业和计算机专业毕业的大学生；另一方面，要吸引事业心强、具有专门知识和技能、有较强管理能力的人才。同时，对那些不具有任何专长与特长、不适应图书馆工作的人员要予以调整。

6.创新图书馆的管理模式

作为社会的重要组成部分之一，图书馆的正常运作离不开社会大环境，而图书馆如何既适应社会发展需要，又满足用户需要，产生最佳绩效，很大程度上在于有效地进行自身管理。在构建和谐社会的过程中，要提高图书馆的管理水平，充分发挥其在和谐社会建设中的作用，必须进行管理创新。图书馆管理模式的创新，并不是修补不足，而是从体制、理念、机制方面进行改造，是在"继承"与"引进"的基础上，结合和谐社会理论，应用现代技术创造有利于图书馆充分发挥用的新环境、新思想、新制度、新方法。

图书馆管理创新的内容，主要包括以下几个方面。

（1）创新管理思想

在电信网、广播电视网、互联网"三网融合"的环境下，图书馆必须转变各自独立、各自封闭的办馆模式，向馆际合作、网络一体化方向转变，树立竞争与协作的思想，走"内部合作、外部联盟"的共同发展之路。在和谐社会的建设中，图书馆的管理者要创造条件激发全体工作人员的创新力，把组织内部的一切创新都纳入自觉活动，主动探索求新的管理方式方法，才能使图书馆在和谐社会建设中的作用充分发挥出来。

（2）创新组织机构

在网络时代，图书馆组织结构创新体现在两个方面。

一是从对纸制文献的管理向电子文献的管理发展，变面向内部信息管理为面向外部信息管理，扩大职能范围，争取信息服务的优势地位。

二是图书馆应把面向用户解决实际问题放在图书馆工作的前沿和中心位置，突破封闭的组织体系，建立灵活的组织机构。通过创新图书馆组织机构，图书馆事业才能健康有序地发展，才能充分发挥其在和谐社会中的作用。

（3）创新管理制度

图书馆管理制度创新，包括三方面的内容：一是实现制度形式的合理化；二是图书馆职能的创新；三是有关图书馆经费保障制度的创新。图书馆管理制度创新，是以制度形式确定图书馆的设立和科学合理布局，减少图书馆重复建设和文献信息资源的重复购置，增强图书馆服务于和谐社会建设的能力，加大图书馆在和谐社会中发挥作用的力度。

（4）创新管理方法

在和谐社会建设中，图书馆管理方法的创新，应该建立在融合中西方文化之长的基础上，建设具有中国特色的图书馆管理模式和管理文化，使图书馆事业体现时代的特征，符合和谐社会的精神和内涵。

（5）创新人才管理

在知识经济时代，图书馆应把人力资源放在首位。加大对图书馆人力资源的投入和培养，建立完善的人才激励机制，不但有利于图书馆事业的发展，还有利于其在和谐社会建设中作用的发挥。

（6）加强对图书馆的支持力度

在构建和谐社会的过程中，图书馆的作用是不容忽视的，要使图书馆在和谐社会中充分发挥其积极的作用，离不开社会各个方面的支持。

首先，在精神方面，人们要从心底尊重图书馆的各项工作，理解图书馆事业和图书馆工作。转变图书馆是清闲单位的思想，多走进图书馆，感受图书馆，为图书馆的建设建言献策，这样才有利于发挥图书馆在和谐社会中的作用。

其次，在物质方面，政府要重视图书馆事业的发展，设置专项资金用于添置图书及图书馆设备的改造。改善和提升图书馆的硬件条件，为读者提供良好的阅览环境。

最后，无论在精神上还是在物质上，无论是个人还是国家，只有在思想上提高对图书馆作用的认识，才能懂得如何在和谐社会中充分发挥图书馆的积极作用，才能使图书馆工作可持续发展。

加大投入，为现代图书馆的建设提高基础的资金保障；创新图书馆的体制改革，完善图书馆的管理工作；转变服务职能，提高图书馆的核心竞争力；提高馆员素质，吸引人才的进入，使图书馆从内到外都散发着勃勃生机；学习市场管理经验，提高图书馆的地位。这些举措都是非常具有现实意义的，在很大程度上弥补了我国现代图书馆发展存在的不足，对我国现代图书馆的可持续发展具有非常重要的积极意义。

第四节　图书馆管理概述

一、图书馆管理相关概念

（一）图书馆管理的定义

图书馆管理作为管理中的一种，是在遵循图书馆工作客观规律的基础上，通过计划、组织、领导、协调等手段，对馆藏资源、人力、物力、技术、设备资金等，进行合理配置和有效利用，以达成图书馆既定目标的活动。

（二）图书馆管理系统

在管理的过程中，图书馆综合运用了多种学科知识，如统计学、计算机学、系统学、运筹学等，这些知识的运用使得图书馆管理系统更加科学。通俗地讲，图书馆管理系统包含三大管理要素：系统的观点、计算机的应用及数学的方法。它的结构主要由四个部分构成：信息源、信息处理器、信息用户、信息管理者。

（三）图书馆管理制度

图书馆管理制度是图书馆在建馆之初就应该制定下来的，并且需要全馆人员严格遵守的规章制度。图书馆的管理制度包含很多方面，如图书馆的借阅制度、图书馆按期归还制度、图书馆音像资料使用制度、图书馆遗失赔偿制度等，这些制度的制定保证了图书馆的有序运行。

（四）图书馆馆长

人们在提到图书馆管理的时候，往往会先想到图书馆的管理制度、管理目标、管理质量、管理方法等，但是，人们会经常忽视图书馆的一个重要组成部分——图书馆馆长。事实上，从20世纪开始到现在，图书馆管理的核心一直都是图书馆馆长。简单地说，图书馆的实际管理人就是图书馆馆长，馆长的行政水平决定着图书馆管理的发展方向，甚至决定着一个图书馆的好坏。所以，在讨论图书馆管理的时候，不应该忽略这个重要因素，而应该将这个要素放在突出位置上。

（五）图书管理员

简单地说，图书馆管理员其实就是对图书进行管理的人员，主要负责图书馆的部分选书工作、辅助图书的采购；对书刊进行分类，并将用户阅读后的图书复归原位；对图书馆进行管理，包括核对查阅者的身份、维护图书馆的馆内秩序；需要在一定程度上解答用户的疑难问题，或者帮助用户借助图书馆的检索工具对问题进行检索，最终获得问题的答案。

（六）图书馆管理对象

按照系统论的观点，人们会发现世界上的一切事物都可以被视作系统，如宇宙、人类社会等，由于给定的参照物不同，而分属于不同的系统。所以，在一个系统内会存有多个子系统，当每个子系统都能达到最优解的时候，整个系统才能处于最优的状态。总的来说，现代图书馆的管理对象就是图书馆系统，而现代图书馆系统是由建筑、人员、文献资料、设备和技术等组成，所以，现代图书馆的管理对象间接上就是对这些要素的管理。现代图书馆的管理目的是根据图书馆的既定目标，对这些要素进行合理的组织设计，并选择最优的组合方法，使之成为一个真正优化的整体，并在最大程度上提高图书馆的系统功能。图书馆管理系统是一个开放、多元的系统，它可以与外界进行物质、信息的交换，可以源源不断地将已经吸收的知识传送给用户，使用户获得最大的收获。概括地说，人类增长的知识与才干是图书馆系统输入的结果；对外提供的文献信息及服务是图书馆系统对外输出的结果，正是因为图书馆系统具有开放性的功能，才使得它可以为社会所用。

二、图书馆管理的内容

根据图书馆管理的相关概念，图书馆是对馆内人、财、物，以及时间、资源的有效管理。因而，作为管理的主要对象，人、财、物，以及时间、资源等是图书馆管理的主要内容。

（一）人员管理

人员管理的目的是规范馆员及其他工作人员的行为，保证图书馆功能的正常发挥，以为读者提供良好的服务质量。人员管理要坚持人本思想，在以人为本理念的指导下，充分发挥馆员的能动作用，使其形成"读者第一"的服务意识，从而塑造图书馆背景文化及人文精神。此外，人员的管理还包括对馆内人员综合素质的培养，开展专业培训，使之成为能力过硬的专业人才，为图书馆可持续发展奠定坚实的基础。人员管理离不开相应的管理机制，在人员管理的方法上，需要建立公平、公正的竞争机制，同时，兼顾物质与精神相结合的激励政策，最大限度地调动人员的积极性，从而确保管理的有效性。

（二）经费管理

经费是图书馆建设和发展的基础，是图书馆人力、物力资源开发的条件。因此，对经费的有效管理尤为必要，它是实现图书馆可持续发展的保障。经费管理是对资金的安排与利用，依据国家财政政策或法规，运用现代财务管理理论，对现有资金进行合理的计划、分配，同时，经费管理还包括对经费使用情况的监督，以保证资金利用的有效性。建立在资源共享基础上的馆际合作，避免了资源的重复浪费，以最少的资金实现了资源的最大化利用，是节约经费的重要举措，有利于图书馆经费经济与社会效益的发挥。作为教育科研公益性学术机构的图书馆，其经费来源主要是国家政府财政拨款，而随着市场经济的发展，其来源渠道逐渐变得多元化。

（三）设备管理

设备属于资源的范畴，是图书馆资源的一部分。设备通常包括硬件设备与软件设备。早期图书馆设备主要以书架及桌椅为主；随着社会的进步，尤其是在现代化飞速发展的阶段，当前图书馆设备主要为各种现代化的设施，包括计算机、网络设备，打印、复印设备，音频、视频设备等，它与读者服务质量密切相关。设备管理水平直接影响图书馆工作的正常运行，因而，对设备的管理也是图书馆管理的一项重要内容。在图书馆管理中，既要物尽其用，又要注意维修、保养。设备的管理是一个系统的整体性工作，贯穿设备购置、保管、使用及维修各环节。在采购设备之前，制订严格的采购规划，做到因需购置，落实设备的验收、安装，避免设备闲置造成不必要的浪费。在保管、使用及维修阶段，应严格掌握操作规程，做好财务记录，及时检修、维护，做到设备管理的科学化与规范化。

（四）馆藏管理

馆藏建设与管理是图书馆发展的灵魂，是图书馆服务的前提。图书馆馆藏是对其所收集文献的总和，其内容主要包括图书馆传统的纸质图书文献、信息情报资源、电子出版物，以及馆际可共享文献资源及经过下载、建库的网络文献信息资源，是经过馆员采集、加工、整理后形成的规模化、有序化资源体系。馆藏管理的目的是防止资源的损坏及丢失，保障馆内资源的完整性，这就需要对馆藏资源进行定期清点、修复与补缺。具体来说，在实践中要针对不同载体，选择不同的管理模式。

对于馆藏的纸质文献资源，要根据读者需求明确馆藏的重点，管理上树立"读者第一"的观念，加强对读者需求的信息进行搜集。另外，注重图书采购人员专业素质的培养，保证藏书质量；严格掌握借还制度、赔偿制度，以提高纸质资源管理的效率。对于电子文献资源馆藏管理，一是加强图书馆网站的管理，实现网上资源共享；二是密切关注网上发布的学术信息，对相关信息进行深度加工和综合处理，方便读者及时获取文献资料；三是加强专业数据库的建设与管理，优化各类电子文献资源阅读与检索的程序，便于读者查找相对应的信息。

（五）时间管理

时间是构成管理系统的要素之一，对时间的有效管理，是提高管理效率的重要举措。对于图书馆而言，加强时间管理是指科学、合理的安排与利用时间，在有限的时间内提高图书馆工作效率，为读者提供更多的服务；同时，让读者在最短的时间获取更多有价值的信息，提高信息利用的有效性。信息技术的发展，使图书馆服务突破了时间与空间的限制，时间选择上更加自由。图书馆在时间管理上，一是要体现人性化的原则，开馆时间从读者需求出发；二是对自身工作时间的安排上，要根据馆内实际，并结合先进设备这一优势，合理分配各部门的工作时间，并针对读者的需求进行适当的调整；三是对图书借阅时间的管理，要制定规范的章程，严格执行；四是对馆员工作效率的管理，通过启发、引导，或采取教育、奖惩等形式，不断提高单位时间内的工作效率。

（六）环境管理

环境是人类赖以生存的基础，图书馆环境是图书馆存在与发展的必要条件，是影响图书馆活动内外条件的总和。图书馆是人类先进技术与精神文明传承的重要场所，承担着传播知识与文化的职能，是展现竞争力的关键，是读者自主学习、提高专业技能的第二课堂……因此，加强图书馆的建设，尤其是对图书馆环境的建设与管理是图书馆发展的重中之重。图书馆环境包括外部环境与内部环境两部分，外部环境主要有政治、经济、文化环境，自然环境、技术环境等；内部环境主要是图书馆人文环境与人工环境。对图书馆进行环境管理，主要是调节、改善各环节间的相互关系，使其共同为图书馆发展创造条件。对政治、经济、文化环境的管理，即围绕国家的方针、政策，在图书馆的发展中，切实推进两个文明建设，为图书馆发展创造良好的物质与文化环境；自然环境的管理，是对图书馆选址与周围环境的管理，选择环境清雅、宁静的场所，同时，加强绿化的管理，起到美化图书馆的作用；技术环境的管理主要是对网络环境进行管理，加强网络的优化及网络安全的管理；图书馆内部人文环境的管理是针对馆内文化氛围的管理，为图书馆营造一个适合学习、文化氛围浓郁的学习园地；人工环境管理是对馆内设计、布局及环境卫生的管理，为读者创造安静舒适的环境。

（七）知识管理

知识管理，从字面理解，即指对知识本身所进行的各项管理；而深层次的知识管理是在此基础上对其他相关资源的管理，是组织知识管理的范畴。这不仅是对知识搜集、加工、存储、传递过程的管理，还包括对工作内容的知识管理，以及组织管理工作开展过程中的知识管理。其最终目的是满足用户的需求，有针对性的提高图书馆的管理效率。随着信息技术的深入发展，图书馆知识管理，是指通过建立显性知识与隐性知识的互动平台，对其展开有效的开发与利用。通过搜集大量信息资源，图书馆对其加以筛选、评价及序化，进而促进知识的共享与创新。因此，图书馆在信息管理技术和知识环境等方面应不断进行更新，从而为读者提供优质高效的知识信息服务。

（八）服务管理

图书馆以读者服务为中心，因而，服务管理是图书馆管理的重要组成部分。服务管理是对涉及服务各要素的有效安排与优化，以提高服务管理的水平与服务效果。社会的发展和技术的进步，对传统的图书馆服务模式带来了一定冲击，为更好地发挥服务的功能，图书馆有必要加强服务管理，在服务理念、方式与手段等方面创新，始终以"读者第一"的观念为导向，以"优质服务"为目标，以服务资源的最大化利用为最终目的，借助现代化技术与手段，制定科学的服务管理战略，以"两个文明"加强馆员的思想建设及文化、素质修养。同时，根据服务效果的反馈，及时调整工作，以真正提高图书馆服务质量，使其服务管理得到社会各界的认可。

三、图书馆管理常见的方法

（一）行政方法

行政方法是指管理人员运用制度、规定、条例等行政手段，按照组织能级的层次，以服从为前提，直接指挥下个能级的人进行工作的管理办法。行政方法的实质是通过行政组织中的职务和组织职位来进行管理，它主要关注在能级岗位上的职责和职权。此外，各级组织机构在图书馆管理中都有严格的职责和职权范围，任何组织和个人都应该严格遵守。在管理的过程中，上级有权对下级传达指令，这是由高级别职位所决定的，下级必须服从上级下达的指令，这是因为在组织管理中有这样的要求。它具有以下几方面的特点：

1.具有权威

行政方法在执行的过程中具有权威性，它代表着管理者和管理机构的权威。管理者在管理中的权威越高，他向下传达的指令执行得越快。所以，在图书馆管理的过程中，行政方法的发布与实施无疑是提高权威的前提，而权威也反向地增强了行政方法执行的力度。同时，管理者的权威不应该只靠这种方法去增强，管理者必须依靠自身的努力来增强在人们心中的权威。

2.强制作用

管理者及相关行政单位发出的指令、命令等具有强制作用，它要求人们必须无条件地执行，甚至会通过一系列的规章制度保证其顺利实施。行政方法的强制性要求人们在组织活动上必须为统一的目标服务，在行动上形成高度一致，但允许人们在方法上保持"个性"。

3.自上而下

行政方法主要通过图书馆行政系统、行政部门、规章制度来实施管理活动，因此，它属于自上而下的纵向管理。因为人们只会对领导传达的指令给予执行，对与自己平级的指令是不会执行的，因此，在管理的过程中，行政方法的运用必须是自上而下，切忌横向传达。

4.比较具体

相比于其他图书馆管理办法而言，行政方法往往比较具体，这是因为行政指令针对的对象、内容都是具体的，并且在实施的过程中，也会因为具体的对象而对行政方法进行适当的调节。所以，任何行政指令都不是一成不变的，指令会根据时间、对象的不同而产生变化，这说明指令具有明显的时效性。

5.不可补偿

行政方法适用于组织管理，上级组织人员对下级组织人员的人、货币、货物的使用和调度不是基于均等的原则，开展一切工作都是行政管理的需要，不需要考虑价值补偿的问题。

6.相对稳定

行政管理方法始终适用于特定组织的管理系统范围。由于行政体制一般具有组织严密、目标统一、行动统一、调控力度强、对外部干扰抵抗力强等特点，所以，运用行政手段进行管理可以使组织具有较高的稳定性。

（二）经济方法

1.经济方法的含义

图书馆的经济方法是在调节和影响图书馆活动的范围内，在理解和遵守经济规律的前提下，并以经济利益为基础，以落实物质利益原则为核心，使用经济手段和经济杠杆，如工资、补贴、奖金、罚款、价格、经济合同等进行调节的一种特殊方法。对于图书馆来说，管理者在管理过程中应该明白员工、部门和图书馆的利益是一致的。此外，在管理的过程中，图书馆可以利用多种利益机制来激励人员及各部门的行为，使其行为与图书馆的总体目标保持一致。

2.经济方法的特点

经济方法是一种指导管理者追求经济利益，并通过利益机制间接指导管理者行为的管理方法。此外，可以依照个人和部门的平时表现和工作中的热情度来综合考量，并给予可衡量的、相应的物质激励来肯定管理者的工作。

随着经济的发展，经济方法在人们生活中应用的范围越来越广。经济学的方法在社会中的应用非常广泛，各种经济手段之间的联系复杂且广泛，而且每一种经济手段的变化都会影响许多经济关系的连锁反应。更有甚者，它不仅会影响当前图书馆的经济管理，还会给图书馆的经济发展带来长久的影响。第一，不同的管理对象适用于不同的经济方法，在管理中，不能强迫所有的管理对象都使用一种经济方法，否则，会给工作的开展带来非常大的阻碍。因此，图书馆中涉及经济的部门和不涉及经济的部门不能使用同一种经济方法，图书馆管理人员需要找出适合各个部门的经济方法。第二，同一管理对象在不同的时间、地点下应该采取不同的经济方法，以满足当前形势的需要，不断为图书馆的生存和发展开辟空间。

3.经济方法的基本任务

图书馆经济方法的基本任务是：第一，根据市场经济的客观要求及图书馆长短期的工作目标，对大量的经济信息进行分析和预测，以预测的结果来指导图书馆的经济发展；第二，帮助图书馆获得最大的经济利益；第三，在整个图书馆的工作中，施行按劳分配；第四，对图书馆的各项资金进行合理的使用。

（三）法律方法

法律方法可以说成是规律原则，这是由国家权力机关以法律的形式将其固定下来的，用来调整国家、图书馆和个人之间的法律准则。在图书馆管理过程中，运用法律方法可以最大程度的保障图书馆的秩序和权威性。因此，在执行上，人们可以看出它比行政方法更具有权威性和强制性。与行政方法、经济方法一样，法律方法也是图书馆管理的必要方法，但是，法律方法在图书馆管理上更具稳定性，一般情况下不会发生变更。图书馆法律方法是指图书馆依据国家法律、地方法律、图书馆法律来管理图书馆，也就是"依法治馆"。在图书馆运用法律方法的时候，一定要保证"有法可依、有法必依、执法必严、违法必究"这十六字方针。图书馆法律方法具有如下特点：

1.阶级性和利益性

法律不同于一般的行政法规，它具有特殊的行为规范，体现着管理机构和管理者的意志。图书馆法律也属于法律的一种，其实质是为图书馆的管理者和管理机构服务的。因此，图书馆法律在一定程度上体现了管理者和管理机构的意志。

2.强制性

法律方法相比于行政方法、经济方法来说更具有强制性，它是以国家的强制力保证其实施的，一经发布就具有法律效力，因此，具有不可侵犯的权威性。图书馆在管理的过程中采用法律方法，实质上是采用强制力来保证目标的达成。与此同时，法律方法还具有普遍的约束力。

3.规范性

法律方法的规范性主要表现在以下两个方面：一方面，法律方法告诉人们权利、义务的划分，告诉人们什么是合法的行为，什么是不合法的行为，什么是不可以做且违法的，什么是不可以做且违反行政规则的；另一方面，法律方法对全体社会成员具有普遍的约束力，这表明不论是管理者还是被管理者都应遵守图书馆的法律方法。此外，在法律方法中，还标明了人们的权利和义务，这为管理层提供了可借鉴的标准。

四、图书馆管理需要把握的原则

（一）坚持求实态度的原则

图书馆在开展工作的过程中要坚持实事求是的原则，这是图书馆开展一切工作的出发点和落脚点。图书馆管理要想在21世纪有新的发展,就需要在工作中尊重事实,一切工作都必须从实际出发,既不能一味地强调创新而忽略客观实际,也不能闭门造车。而是要将图书馆的管理工作同人类的发展、时代的发展、国家的发展结合起来,只有这样,才能使管理符合人的发展需求,才能在工作中找到新的突破点。

(二)坚持开放式管理原则

随着社会的发展,人们对信息需求的时效性、便捷性要求更高,传统的图书馆已难以满足读者的需求。在此背景下,现代图书馆的观念发生了明显转变,突破了传统观念的束缚。传统的图书馆注重收藏,轻视利用,而现代图书馆注重收藏和利用相结合;传统图书馆主要为封闭式的图书馆,对指定的人群进行开放,现代的图书馆逐渐向开放式转变,向越来越多的人开放;传统的图书馆管理方式比较落后,现代图书馆开始利用新技术、新手段实现自动化管理。这种观念的变化与新时期社会政治、经济、文化的发展相适应,满足科教、文化各项事业的现实需要。

(三)坚持科学决策原则

在大数据时代下,图书馆在进行决策的时候,可以借助大数据、云计算等先进的信息技术,从中抓取、检索各类非结构化数据,实现对情报信息的有序化加工、处理。之后,建立一支专业的智囊团队伍,集思广益地听取他们的意见,这样可以提高图书馆管理的效率,减少因考虑不周而带来的失误。此外,为了保证决策的科学性,在决策的时候,可以参照前人的经验或与其他图书馆进行沟通,积极吸取他人的长处,并从缺点中反思自己,努力实现科学的决策。

(四)坚持以人为本管理理念的原则

不管社会如何发展,图书馆都应该始终坚持以人为本、以读者为中心的服务理念,尤其是有着沟通读者与图书馆纽带作用的馆员,更应该树立人性化的服务理念。馆员在图书馆读者服务中起着关键的作用,馆员的态度、行为与素质直接影响读者服务的质量,因此,在图书馆的发展过程中,图书馆馆员需要具备创新服务的意识,这就要求图书馆馆员在对图书馆进行管理的时候,做到尊重读者、爱护读者,把满足读者的阅读需求作为自己工作的中心和重点。同时,需要与读者建立良好的关系,将被动的服务变为主动的服务,这是因为图书馆传统的被动服务已无法满足现代多样化的读者需求。因此,图书馆应该与时俱进,在转变服务理念的同时,还应积极了解读者需求的变化,创新服务内容,自觉主动地为读者提供服务。尤其是作为馆员,要在工作中不断完善自身专业素养与技能,对馆藏资源进行分门别类的整理,便于查找,还要熟悉工作流程与业务,能够针对不同的读者、不同的需求，及时主动地为其提供所需的文献信息，从而真正发挥图书馆员的主观能动性作用。

（五）质量管理的理念

图书馆的馆藏资源是其赖以生存的主要基础，是图书馆服务读者的载体。随着互联网技术和电子储存技术的不断发展及其广泛应用，图书馆的馆藏资源形式也发生了重要变化，由原来单一的纸质文献资料和图书变为由电子文献、纸质文献、网络资源等共同构成的图书信息资源库，极大地丰富了图书馆的馆藏资源，也加强了读者获取信息的时效，但馆藏资源类型的丰富不可避免地带来了一些问题，如资料重复、检索方法复杂等。由于各类文献资料所依赖的技术环境不同，图书馆应该依据其不同的特性，对图书馆馆藏资源进行优化整合，增强信息资源的利用价值和利用效率，并通过分析研究，为用户提供更好的学习环境和研究环境，从而更好地为用户提供服务。此外，在资源的购置过程中，要充分征求各学科带头人的意见，紧密结合学校的学科建设和研究方向，充分发挥高校图书馆在学校学科建设中的重要作用。同时，要广泛征询读者的图书需求取向，制订合理的文献资源购置方案，从而进一步提高图书馆的服务质量。

（六）知识管理的理念

知识是人类文明的产物，是人类对世界探索的证明。21世纪是知识高速发展的时代，这要求图书馆在管理的过程中对知识进行优化，使图书馆的馆藏资源具有持续的生命力，在最大限度上满足不同用户的不同需求。

（七）开源和节流原则

长期以来，我国图书馆在各项内容建设方面都存在比较严重的资金短缺问题，由此导致各项建设的硬件投入、软件升级、系统维护、人员培训等都无法顺利开展，导致图书馆的现代化建设和运行面临着严重阻碍。在图书馆的建设中，需要图书馆领导做好设备、软件设计、维护、升级等问题的经费保障工作，尽可能满足各个方面对于资金的需求。同时，图书馆还需要积极拓展资金来源渠道，可以申请专项经费或者社会科学基金的支持，遵循开源和节流并重的原则，用最少的资金办尽可能多的事情。

第二章　阅读推广概述

第一节　阅读学理论

一、阅读的概念

什么是阅读？这是一个看起来简单实则非常复杂的概念。说它简单，这是因为阅读在现代社会无处不在。阅读和呼吸一样，几乎已经成为一种本能行为。只要一个人有基本的文字能力，他至少可以阅读路牌、报纸、杂志、电视新闻等基本的内容。说它复杂，是因为每个人阅读起来的情况会大不相同，阅读作为复杂的心理过程，阅读的能力、方式与习惯更是因人而异。就像有人说话得体，有人则词不达意；有人听话能听出弦外之音，有人就连基本的语意也会理解错误。那么，究竟什么是阅读呢？我们又该如何理解人类的阅读行为？阅读的定义大致可以分为"过程说"与"活动说"两大类。"阅读过程说"与"阅读活动说"大体相同，却又稍有出入。"过程"是指事物发展所经过的程序或阶段；"活动"是有一定目的的行动，由目的、动机和动作构成。两者又是相通的，任何一项活动都有一个发生、发展的过程。

阅读概念综合了"活动说"与"过程说"的要义，并进行了拓展延伸，将"阅读"作为一种社会现象而不仅是一个单独的个体行为来看待，显然更具全面性，也得到了业内学者的认可。随着知识经济与信息社会的到来，人类阅读的文本发生了巨大的变化，阅读的概念也变得更为宽泛。

二、阅读的价值

为什么要阅读？阅读的意义何在？阅读的重要性表现在哪些方面？对阅读这

些问题的认识是建立在对阅读价值的认知基础之上的，这是阅读的一个根本性问题。所谓阅读的价值，是指阅读对人所产生的有利于其生存与发展的正面影响。这种影响从人的全面发展来看，具体包括以下内容。

（一）获取知识

书籍作为一种物质形式，是人们获取知识的主要途径和主要阅读手段之一。书籍减轻了人类记忆的重量，显著增强和扩展了人类记忆。阅读不仅可以理解前人的感知世界，也是进一步拓展人类知识体系的重要途径。

文本阅读是一种基于短语的阅读方法，以句子和文本为中心。其中，命题是所有概念的基本单位和表达形式。它的基本形式是线性的，也就是说，它由线性运动方向上的几个单词组成。

通过以上两种阅读方式获取知识，是古今中外人们获取新知识的最常规的途径。原因很简单，由文字和图形所构成的文献所承载的人类知识无所不包，是人类知识的宝库。通过阅读，文献中的知识就会传递给阅读者。虽然阅读不是人们获取知识的唯一途径，但这种途径的优越性是非常明显的。

人们获取知识的途径，除了阅读书本之外还有很多。一个人的知识建构，从实践中学习与积累的不足20%，通过阅读获得的知识达到80%。可见，阅读尽管不是获取知识的唯一途径，但却是最主要的途径。无疑，阅读可以使我们广泛而大量地获取知识，增长见识，从而开阔眼界。

（二）开发智力

心理学将智力概括为个体观察、记忆、思维、想象、注意、言语、操作等各种能力的综合体。智力不仅体现在人掌握知识的过程方面，更体现在人运用知识、创造性地解决实际问题的能力方面。智力是人类发展的基点。阅读尤其是早期阅读，能够极大地开发智力。

1.阅读有利于促进大脑的发育、成熟

从幼儿教育的角度来看，早期阅读能促进儿童大脑的发育和成熟。科学研究表明，大约80%的大脑信息是通过视觉获得的。0—6岁是儿童心理发展的关键时期，视觉刺激对于儿童早期神经网络的发展至关重要。研究还发现，语言理解区域的发展早于口语表达中心的发展。这一结果可以理解为：正是因为阅读提供了积极的视觉刺激，并通过图像和文本向儿童展示视觉材料，从而加速儿童脑组织的发育和成熟，促进儿童思维的发展。

2.阅读有利于智力的发展

心理学研究表明，知识是智力发展的基础。一个人的知识决定了他的精神水平。如果一个人能够持续吸收新知识，他的精神水平就会提高。智力发展需要知识去触发。智力开发遵循轰击原理，在大量信息和知识的碰撞、轰击之下，人的智力潜能能够被激发出来。阅读是获取知识的最有效途径之一，因而，阅读一定会有利于人的智力的发展。

3.阅读能够训练思维

阅读的过程，是不断地思索、想象、判断和推理的过程，人们既要领悟字词的含义，又要理解语句的含义，还要思考或怀疑文本中的观点，更要将出现在书本中的新知与大脑中的旧知进行比较与联系。经常性地进行这一系列的思维活动，能使人的大脑经常经受这样的训练，这对智力发展必然有益。

（三）修身养性

我们常用"修养"一词来描述一个人的品性、情趣、学识等所呈现出的状态。阅读是人生中最美的练习。例如，一系列优美的散文可以调整生活的进程；一首简洁的诗可以唤醒人们对美的渴望；一幅淡然的水墨画可以驱散心灵的阴霾……总之，热爱阅读足以启迪人们的心灵，无论是纯洁优雅，还是铿锵豪迈。阅读渗透了闲暇时间，过滤了日常的复杂性和辛苦工作，从而使琐碎和阅读融合在一起。琐碎因阅读而温暖，阅读因琐碎而精彩。一个痴迷于阅读的智者最终会穿越尘世，进入精神家园，日夜与灵魂沟通，日夜与灵魂对话。在生命的十字路口，总会有一缕智慧把我们引向光明的那一边。

（四）丰富人生

人们常说，一本好书改变人的一生。社会的进步离不开知识，人的全面发展离不开阅读。好的阅读，能让人获得学习知识的愉悦感，感受到心灵的碰撞，实现自我的超越。为何阅读，阅读什么，怎样阅读，其实代表一种思想高度，折射一种人生境界。阅读是缓解焦虑的好方法。尤其是在当今快节奏的社会生活中，阅读可以滋养人们的心灵，这是一个明智的选择。养成阅读的习惯，你就会进入慢生活的行列。你会发现，阅读与改善生活、工作、沟通和处理技巧密切相关。

通过阅读，你会暂时忘记现实的残酷和生活的尴尬；你会欣赏你所拥有的，不会因为盲目比较后巨大的心理差距，而感到任何起伏。读书教会人们不要对事物感到高兴，不要对自己感到悲伤，不要对跌宕起伏感到惊讶。

通过阅读，你会发现人们可以在任何时候和世界各地的人进行交谈，但关键的一点是，他们的内心是平等和诚实的，它不能掩盖污秽或欺骗。阅读使人们意识到，即使是有不同政治观点的人，也可以成为彼此的老师和朋友。

通过读书，你会领悟到，那一个个响彻天宇的名字的背后，也会或多或少地隐藏着外人不知道的辛酸和无奈。面对不可抗拒的时代，伟人、名人和大师也显得如此渺小，只是沧海一粟。恐怕爱读书的人不知道读书带来的快乐。在互联网时代，每天都有太多的信息出现，人们似乎每天都会看一些有用或无用的新闻等。在快节奏的生活中，我们不仅要读书，还要仔细挑选一本好书，在读书的同时改进、反思和体验生活的美好。

人生的高度得益于阅读的广度。阅读可以教会人们如何从现代生活中获取心灵快乐，找到人生的坐标，更好地面对生活、面对人生。

三、大学生的阅读行为特征

青年大学生是未来的社会精英，是高级知识分子，是构建学习型社会的主力军。他们有着渴望阅读的心理、较高的阅读能力、充分的阅读时间，能够接触到最新的阅读媒介和方式，对社会文化环境和阅读氛围较敏感。他们的阅读行为具有以下特征。

（一）阅读量大

大学阶段的教育已不再像中学阶段那样主要依靠学校进行教学，依靠老师进行督促。大学学习相对开放，更多的是通过学生自主学习的方式获取知识，而自主学习的一个主要途径便是大量阅读各类书籍、文献。作为文献信息中心的大学图书馆是大学的地标和象征，也是大学精神的重要守护者，与教师、实验室一起并称为高校的三大支柱。"读人"如"读书"。所谓"三人行，必有吾师"，每个人的经历都是一本书，从他人身上汲取精神力量，吸收经验教训，以激发自己的斗志，把握人生的方向。在高校颇为流行的"真人图书馆"活动便是这样一个读"人"平台。图书馆是藏书的地方，其丰富的纸质资源和各种电子数据库可以满足学生的学习和科研需求，也可以满足他们的其他阅读需求，从而成为学生获取阅读资源的最重要途径。

（二）阅读方式多

随着大学生阅读量的增大，阅读方式也需要多样化。因为没有任何一种阅读方式是适用于一切阅读的，每种阅读方式都有其不可代替的特点。常用的阅读方式主要有朗读、默读、略读、精读、慢读、快读、连读、跳读等。与中小学经常使用的朗读方式相比，默读在大学生中运用更广泛，阅读速度也明显快于有声阅读。对于专业的经典文献，大学生则需要逐字逐句、逐章逐段地进行精读、慢读；对于只需了解的书籍，适宜做翻阅浏览式的略读、快读。

此外，学生对新媒体技术的接受度更高。他们的阅读方式也从书籍和报纸等传统纸媒扩展到互联网和手机等数字媒体。学生在接受即时互动等新的阅读体验的同时，也应不断提高自己的阅读能力。首先，要掌握阅读的基本技巧，即要善于根据不同的读物和不同的阅读目的去选择不同的阅读方式；其次，要在阅读实践的过程中，主动驾驭各种阅读方式，并根据自己阅读的主客观条件，将多样的阅读方式科学配伍，力争取得最佳的阅读效果。谁能辩证地运用各种阅读技巧和方法，谁就能成为阅读的赢家。大学生作为社会未来的知识精英，既具有"精、深、古、奥、钻"的传统古典式读书法，又具有"轻、浅、泛"的信息时代的阅读特征。

（三）阅读目的性强

阅读是一种自觉的意志行为，这种自觉意志决定了阅读都有其目的，或为求知考试，或为审美娱乐，或为评价欣赏，所谓"志不立，天下无可成之事"，没有目的的阅读，是不会有效果的。青年大学生担负着修身、齐家、治国、平天下的责任，他们的阅读具有明确的目的：第一，为完成学业而阅读。如围绕课堂教学阅读教辅资料，围绕各种比赛做研究性阅读，围绕考级、考证阅读各种考试用书等。第二，为修身养性而读。大学生是人生观、价值观、世界观形成的关键时期，各种文学类、综合类图书，形式活泼、时效性强的报纸杂志和融知识性、趣味性于一体的科技图书都是他们喜爱的读物，以满足其人文素养提升的需求。第三，为关注社会而读。青年大学生在关注自身发展的同时，也把目光投向社会。为了适应社会需要，实现自身价值，他们的阅读也会融入时代潮流，紧跟社会热点、焦点问题，追求知识更新，具有新观点、新思想、新方法的图书备受其青睐。求新求异的创新心理成了青年大学生自主阅读的又一动机。

然而，任何事物都具有两面性。基于网络化的阅读环境，大学生体现出追求实用的阅读心理、关注时尚、喜欢轻松活泼的新闻等特征，无疑也在一定程度上造成了大学生阅读的功利化、消遣化与浅表化。

第二节　推广学理论

一、推广的基本属性

（一）干预性

晋升就是干预。几乎所有关于晋升的定义都强调，晋升是一项有针对性的行动，事先经过研究、逐步系统地规划并有针对性。确定目标、规划和监测战略、资源分配、执行和评价是促进干预的具体活动。"干预"的释义是"过问（别人的事）"，推广的干预性往往超越"过问"的层级，充当"推广员"角色的人常常直接参与目标群体的行为变革过程，因为推广员本身就是一种以执行干预为目的的职业。事实上，医生、教师、推销员及其他专业工作者在平常的工作中都在一定程度上地扮演着"干预者"的角色。正是由于这个原因，国外的许多大学生都以"农村推广"作为选修课，即使他们根本不打算成为专职的推广人员，他们也觉得通过沟通进行干预的原则，是许多工作所要求的职业技巧之一。

（二）沟通性

促进沟通，将其作为管理变革的手段。传播贯穿整个宣传过程，形成宣传的基础。培训和传播信息，是宣传活动中一项重要而必要的活动。早期的推广工作被看成是一种简单的干预手段，忽视了沟通在推广中的重要作用，认为推广就像投掷标枪一样，把知识和动力投向目标用户便大功告成。后来，发现这种把目标用户当成"靶子"的推广工作，收效甚微。即使目标群体相信自己会从行为变革中获益，可仍然会因为缺乏变革的资源和条件而没有引发自愿行为的改变。因此，沟通的重要性得到认识——沟通需要相互理解。推广的效果取决于干预团体与目标群体之间互相理解的程度。在推广之前，若能了解受众的期望，倾听他们的意见并加以理解，与他们一起对新的建议进行预试，并注意使用他们已有的知识，让变革行为者（推广员）与目标用户共同解决问题，推广的效果会好很多。

（三）自愿性

推广只有通过自愿变革才能产生效力。尽管推广的影响力来自策略地运用沟通这一手段，然而，在引起人们行为自愿变革方面，这种影响力非常有限，除非有其他途径以权力迫使人们依从。可是，我们不能利用推广来强迫人们去做违背自身意愿的事情。推广的逻辑要求变革行为者必须寻求引导目标用户自愿变革的手段和方式。自愿的行为不能由命令或指令产生，它需要利用说服、传递信息和其他沟通形式来引导目标客户在知识、认识、动机、理解或反馈上的改变，让他们相信行为改变是为了他们自身的利益。戈加特曾提出自愿行为改变的三个条件：一是必须知道怎样做；二是必须想要做；三是必须有能力做。显然，推广在对知识（知道怎样做）和动机（想要做）上的影响比对能力上的影响要大得多，因为人的能力的养成是一个复杂而长期的过程。正因为如此，现实的推广工作常常在改变人的知识和动机方面着力，在改变能力方面望而却步，从而造成推而不广的情况发生。若背离自愿性原则强制推广，即使是好心，往往也会办成坏事。

（四）公益性

用户是理性的经济人。如果推广仅仅是为了推广者的个人利益，那么，推广不可避免地会遭到用户的反对，更不用说良好的推广效果了。因此，无论是推广农业技术，还是在商业领域推广产品，抑或在服务业推广服务，在一定程度上都对他人有利，利他主义越高，推广工作越容易，效果越好。对目标用户来说，具有收益外溢的项目必须采用补偿机制才能得到有效推广。因此，在很多国家和地区，推广常常被用来作为一种政策工具，如在保护自然资源、预防公害、保证对于环境资源的适度使用、解放思想、主持公道、防止破坏公物的行为、能源保护、保证更好地使用娱乐设施、保证坚持公共利益的政策、交通安全等方面，推广的目的更加强调公共和集体的利益，而不是某些私人利益，因而具有显著的公益性。

（五）机构部署性

推广需要钱，它是一项职业活动。不管是专职的推广，还是兼职的推广，都需要经费。要想保持推广工作的连续性，其经费开销非个人所能承担。因此，推广工作通常是由某种机构组织开展的，这些机构可以是政府机构、志愿机构、商业公司和会员协会等。例如，大专院校与科研院所等教育科研机构开展的推广工作，其资金来自教育经费或科研项目经费，通常采用科研、教学、推广结合的运行机制助力科技成果的转化，即使是在当下的大学教育中，仍然强调生产、教学、科研相结合，面向市场培养人才；企业或公司设置的推广机构以增加企业的经济利益为工作目标，以产品消费者为服务对象，由企业划拨推广经费，一般采用企业、基地、用户结合的运行机制，以调动企业和用户的生产积极性，达到双赢的效果；会员协会合作形成的自助推广机构以会员为推广对象，以经营、咨询、推广相结合的方式开展资源传递服务。由此，推广的机构部署性便不言而喻。根据推广的以上属性，我们可以给推广做出如下定义：推广是一种专业的、有组织的沟通和干预活动，由机构用来管理自愿行为的变化，如变革行动者（推动者）所认为的那样，具有公共或集体利益。

二、推广的目的

推广是一种经过系统设计的有计划、有程序、有目标指导的活动，具有很强的目的性。推广的目的有两个：一是直接目的，二是最终目的。直接目的是引发推广行为的动机。例如，在传统农业社会，人们为了生存，千方百计想要农作物高产，于是，为了提高作物产量的农业技术推广行为便应运而生；科研院所为了把潜在的、知识形态的科技成果转化为现实的、物质形态的生产力，必须将创新的成果在相应领域推广使用才能产生效益；企业开发的新产品只有投放市场，被消费者购买才能实现利润，为了占领市场，让产品迅速被消费者知道并接受，企业需要市场推广；政府从国家和社会的利益出发，必须对个体的行为进行规范和节制，这种规范和节制除了通过硬性的法令强制执行外，还需要通过推广教育来引导人们的行为自愿改变。这些推广行为，因传输技术、成果转化、产品销售、行为教育的动机而产生，是推广的直接目的，也是短期目的。那么，技术推广、成果推广、产品推广、教育推广，其最终目的是什么呢？根据推广的核心逻辑——诱导变革，我们认为，推广的最终目的只有一个，那就是引导行为自愿变革。

为了实现推广的最终目的，变革行为者需要科学合理地设计其直接目的，并努力使干预目的与用户目的相一致，以实现推广效益的最大化。推广目的（直接目的）与用户目的的一致性程度是有差别的，通常有四种情况：①推广目的与用户目的相同；②推广目的与用户目的部分相同；③推广目的与用户目的相联系；④用户目的能够被转化为适合于推广目的。

第一种情况可能发生在由慈善机构提供资金的志愿组织开展的推广活动中，或者是由用户自己付费请商业公司为其提供的推广服务中。在这两种情况下，推广是为用户服务的一种手段，因而推广目的与用户目的高度一致。

第二种情况经常发生在农业推广中。用户目的是多赚钱过好日子，推广目的更多的是为国家利益服务。例如，在工业欠发达国家，农业推广的目的是为城市消费者提供廉价而可靠的食品供应，赚取外汇为工业发展提供原材料等，这种国家利益的达成是通过引进新技术提高农业产量实现的。产量提高了，价格就会下降，农民为了保持收入增长，也就自觉需要推广咨询服务。这样，当廉价而丰富的农产品变为现实的时候，农民们也看到了技术创新给他们带来的切身利益。

第三种情况经常发生在诸如广告一类的领域中。为了使推广目的（出售产品）和用户目的相联系，沟通干预常借助于某些用户感兴趣的、有利可图的、有指望的或者信服的中介物，即"诱导体"，而推广组织想要用户购买的产品被称为"劝导体"，沟通干预力求证明在"劝导体"和"诱导体"之间有一种关系，这种关系被称为广告的"允诺"。

第四种情况是指推广除采用沟通干预外，还可采用其他手段达成推广目的。如价格刺激和补贴可以使用户对推广咨询服务产生兴趣。

当推广目的与用户目的完全相反时，沟通干预是不起作用的。若想通过推广让目标用户去做他们不愿意做的事情，那是根本不可能的。当推广与其他手段如价格刺激、补贴等结合使用时，会促使目标用户按照推广目的行事，这时推广的力量变得最大。然而，这种力量很明显不是来自推广本身而是来自其他手段。因而，纯粹的推广力量是十分有限的。

三、推广的功能

现代意义上的推广即推销、传播、普及与指导，是以人为工作对象，将特定的商品如书籍、知识、信息、技术、成果，以及文化与公共平台等传播出去，通过改变个人技能、行为和条件来改变社会事物和环境。因此，晋升既有个人功能，也有社会功能。

（一）推广的个体功能

1.推行科学以增进知识

职业推广人是具有专门知识的人。无论是提供信息的推广、为解放的推广、还是人力资源开发、劝导式推广，其工作对象都是人而不是物，因此，推广过程是一个向人们传播知识的过程。为目标用户提供非正式的校外教育机会，在某种意义上意味着将大学带到用户身边。

2.传播技术以提高技能

推广行为首先起源于农业领域，传输技术、提高技能是推广活动产生的原初动力，也是推广的首要功能。即使是商业领域的推广行为，尽管其每一个步骤可能都存在着促销，但也离不开传播技术这一环节。因为产品的销量仅仅是推广的间接结果，推广的直接利益结果是要让客户了解产品功能、传授产品使用技术，知晓企业品牌，让消费市场尽快接受产品。

3.普及文化以改变观念

宣传教育和咨询活动可以引导目标群体改善自身的社会价值观、态度和行为模式，使目标群体也能够适应现代社会生活的变化。推广的最终目的是引导人的行为自愿变革。人的行为产生自愿变革需要经历一个从知识改变、态度改变到行为改变的过程。虽然人的知识改变、态度改变并不一定会带来行为改变，但是，人的行为改变了，其知识、态度和观念一定会发生改变。以书籍、知识、信息等为内容的文化型推广尤其具有这一功能。

4.指导方法以增强应用

推广工作要运用参与式原理激发目标群体的主观能动性，开展广泛的社会教育与咨询活动，使目标群体在面临各种问题时，能有效地选择行动方案；通过参与筹资计划的制定、实施和评估，提高目标群体的组织和决策能力。

（二）推广的社会功能

1.促进科技成果转化

技术推广是推广的主要内容，也是科技进步体系中极其重要的一环。然而，科技成果是一种潜在生产力的知识形式。为了将这种潜在生产力转化为实际生产力，大多数用户必须接受、掌握并将其应用于生产实践，以实现一定的经济、社会和环境效益。这种转变是通过资金实现的，资助效果越好，科技成果转化越快，质量越高，生产力发展越快。

2.提高生产经营效率

研究、推广和教育是创新的三个核心要素，三者结合形成政策工具统一为用户服务。用户可以在改变其知识、信息、技能和资源条件后，提高生产的投入产出效率。在创新驱动发展的现代社会，农业和工业发展更加依赖于科技成果的推广应用。

3.改变生活环境质量

支持措施将通过教育、沟通、服务和其他工作方法改变用户对环境和生活质量的理解和期望，进而引导用户参与环境改善活动、发展基础服务设施和公共文化事业，以改善他们自己的人居环境，提高生活质量。因此，推广必须同时兼顾经济效益、社会效益和生态效益。经济效益虽然非常重要，但不能是唯一的。以牺牲社会效益和生态效益而取得的经济效益是表面的、暂时的、不可持续的。只具备经济效益的创新是不科学的，也是没有推广价值的。

4.发挥媒介纽带作用

推广具有传递服务和反馈信息的功能。推广过程中，推广者起着联系科研、教育、生产的纽带作用，也是政府和目标群体对话的中介人。一方面，通过推广工作可以将政府的发展计划、方针、政策及时准确地传递给目标群体，以确保各项政策的落实和预定目标的实现；另一方面，可以将目标群体的意见、建议和呼声及时反馈给政府部门，为政府部门决策提供依据，增强政策的可行性。

第三节　阅读推广基本理念

一、阅读推广的现代理念

对于"全民阅读"一词，从阅读推广所具有的"社会公益性"来看，尽管某一个具体的阅读项目都有明确的阅读推广对象，不可能涉及"全民"，可综合整体的阅读推广工作，则应该要让所有的公民都能享受到阅读推广的"益"处。21世纪发展至今，"全民"阅读理念更是深入之心。

从阅读推广的定义来看，阅读是对传统文化的一种传承，同时也是社会发展的需求。阅读是人类特有的一种文明行为，既是个人行为，也是社会行为。阅读是人们获取知识、提升文化修养的重要手段。人们可以通过阅读提升个人的素质，全社会的阅读行为可以提升整个中华民族的竞争力。阅读也是人们传播知识、传承文化的一种最有效的方式。一个民族的思想基础和核心价值体系的建设离不开阅读，换言之，一个国家、一个民族的精神力量，取决于它的阅读力量。

（一）阅读推广的"服务"理念

无论是编制导读书目，还是组织读书活动，其目的都是为读者的阅读和学习提供服务。虽然"推广"是一种沟通干预，但阅读推广的目的是帮助读者阅读，而不是对读者的价值观和行为进行教育。尽管"推广"具有教育属性，许多人也认为阅读推广应该对读者的阅读内容、阅读形式及阅读习惯进行教育。然而，这种教育多半是针对不爱阅读、不会阅读及阅读有障碍的人群而进行的，对于大多数普通读者而言，只需提供中立的、非干扰的服务型推广即可。即使是在具有教育职能的图书室，也应坚持"图书馆馆员仅仅承担传递文献或咨询服务的作用，不介入读者挑选文献的过程，不指导读者阅读，将知识与信息的选择权完全交给读者，甚至保守读者秘密，不让他人知道读者阅读的内容"这一原则；图书室也因提高服务价值的中立性而受人赞美，认为它的存在是社会民主制度的一种安排。当下，阅读推广服务已成为图书馆的一种主流服务，尽管这种服务具有活动化和介入式的特征，却丝毫不影响其平等、包容、专业的优质服务理念，阅读推广人的行为也应该遵循图书室的价值核心观：开放、平等、包容、隐私、服务、阅读、管理、合作。

（二）阅读推广的"自由"理念

"自由"一词，既是一个法学名词、哲学名词，又是一个日常用语。以促进阅读为代表的自由概念既不是哲学意义上的"自由"，也不是日常生活中的"自由"。它应该属于法律层面的"自由"，尤其包括阅读自由、藏书自由和信息自由。其中，阅读自由是整个现代社会文明，尤其是图书馆应该遵循的原则。信息自由包括信息获取自由和言论自由。知识自由是所有人表达意见、寻求和接受信息的权利。图书馆和信息专业人员的主要责任是充分利用信息自由，而不考虑媒体。图书馆和信息服务为社区和个人的自由、繁荣和发展提供了无限的网络学习机会。阅读作为一种获取知识的方式，读者必须行使阅读的自由，才能实现知识的自由。

（三）促进阅读的"正确"概念

一般来说，"权利"指的是权利和利益，而不是义务。

阅读的推广基于"法律"的概念，这意味着，在实施促进阅读的措施时，任何促进阅读的方式都应保护公民的阅读权利。所谓"阅读权"，不仅指阅读本身，也包括他们各自依法享有的利益。主要内容是自尊、自主和阅读自由，它反映了读者的个性，强调了"自然人权"和"自然价值"的人道主义精神。

我国民众阅读的概念是从文化观、信息收集、图书馆法等相关术语演变而来的。利益、主张或要求、资格、力量和自由是公民阅读权的五个要素。特别是，每个公民都有权使用图书资源和阅读空间，参与阅读组织，创造、保护和促进阅读表达。

为了保护群众、民众的阅读权利，自2013年起，国家阅读立法被纳入国家立法计划。深圳、江苏、湖北、辽宁、四川等省市相继出台了地方阅读法则。创建国家阅读机构、标准化基金、公共服务建议、支持特殊团队、准备新闻和出版任务是当地常见的词汇。事实证明，阅读立法不仅从社会角度保障了公民的阅读权利，而且从制度角度保障了赞助商的职业权利，反映了国家和社会对文化的展忘和希望。

（四）"创新"概念的阅读促进

阅读本质上是一种个性化与私密性的体验活动，阅读推广秉持的全民理念、服务理念、自由理念、权利理念，都必须遵循推广的逻辑前提——自愿行为的改变；即使是阅读立法，其出发点也仅仅是为阅读权利的实现创造更好的法律制度环境，而不是对公民的阅读行为进行限制或者强制。这就预设了这种促进阅读的方式只能是"吸引"而不是"胁迫"。现代阅读推广尤其要秉持"创新"理念，在温故知新的基础上实现推陈出新。开展阅读推广活动，更是成为图书馆这个实体空间中最能吸引读者，且与图书馆使命最为贴切的工作。近年来，重新设计图书馆服务、装备和改革服务站的话题日益成为图书馆学界和业界的焦点。此外，阅读推广人作为阅读推广服务的具体提供者，其服务创意和服务能力也被提到了空前的高度。一个优秀的阅读推广人至少应该具备三个素质：第一，工作的主动性；第二，创新的能力；第三，调动社会资源的能力。然而，一个未经培训的阅读推广人是不太可能全面具备这些素质的，但一群阅读推广人或者一个阅读推广团队使得具备所有这些素质的可能性大大提高。因此，开展阅读推广人培训、设立阅读推广组织机构已成为社会共识且正在付诸实践，也使得阅读推广"创新"理念的执行有了切实保障。

二、阅读推广的基本要素

（一）阅读推广主体

概念是分析问题的逻辑起点，概念引发探索。认识阅读推广主体，首先要对"主体"这一概念有一个正确的认识。不同学科对"主体"这一类别有不同的解释和规定。作为一个哲学概念，主体有两种不同的含义，即本体论和认识论。从本体论的角度来看，主体是指属性、关系、状态、运动变化等的矩阵、承载者和承担者。本体论意义上的术语"主体"没有相应的对象概念。在认识论意义上，主体是指有目的的认知活动和实践活动的承担者。因此，对象是指认知活动和实践活动中的对象。认识论认为，主体与客体相关，并与其相对应，以保持其规定性。在这个概念中，具有思维能力、认知能力和实践能力的"人"成为主体。主体必须包含以下基本规定：主体必须是有意识的人；受试者必须有针对性地组织或实施认知和实践活动。因此，本书中提到的主体是指认识论意义上的主体。主体至少要满足三个条件：第一，必须参与实践活动；第二，主体应具有主动性、创造性；第三，必须严格遵守社会公德，推广不违背社会公德的文献信息资源。从认识论的角度来看，阅读促进主体是指积极传播文献信息资源、组织或计划参与阅读促进措施的承担者，是特定阅读促进项目的策划者、组织者、实施者和管理者。通过阅读促进项目的不同功能、资源、作用和目的，阅读促进主体具有不同的特点和功能。

1.政府

对政府而言，阅读推广是一项与国家文化建设、文明传承和人民文化素质提升有关的非营利活动，这更多体现在个人阅读意识和阅读价值的创造上。目前，我国政府在促进全民阅读方面扮演着组织者的角色。作为促进阅读的主要主体，政府具有全国性和权威性，在促进阅读方面具有明显优势。政府有权分配社会资源。它可以在国家或区域一级调动资源、人员和其他社会资源。它可以持续、稳定、大规模地组织和促进全民阅读的活动，促进阅读的价值，促进全民阅读意识的形成，加深对阅读行为的个人认知。政府主导着国家意识形态和文化潮流的主流，根据文化教育的需要，组织和实施一项促进阅读的计划，并具有文化传播的主导权。政府制定的阅读推广方向和内容具有单向性，个人不能随意改变其内容或形式。在政府促进阅读的计划中，政府是主体，读者是对象。政府创造了一个环境和一个阅读民意的地方，创造了一种公众氛围，增加了人数。然而，组织阅读推广通常是一种自上而下的行动，推广内容的群体性大于个体性，无法满足阅读单位的差异化需求；组织阅读推广是一项循序渐进的活动，通常持续几天，休息时间通常为一年；促进阅读通常停留在宣传和鼓励的层面，个人阅读知识的形成必须长期积累；政府开展阅读推广的短期性质与个人认知行为的长期性质之间的矛盾是一个显而易见的问题，很难确保个人形成稳定的阅读知识，这些问题影响了政府阅读推广的有效性。

2.图书馆

图书馆通常拥有跨学科的文献信息资源，所收集的文献具有一定的规律性、稳定性和完整性。它可以为个人阅读文学信息提供一种文化氛围，并通过特殊的宣传活动增加读者的阅读兴趣。

图书馆的目标不是实现经济效益，而是关注公共文化和文化教育的社会影响。

在促进阅读方面，图书馆是主导方，以主动引导为主，互动为辅。读者仍然是一个被引导的人，但他们之间的关系是在志愿服务的条件下创建的松散的次要关系。虽然促进阅读不可避免地影响读者的阅读行为，但干预的目的是帮助读者阅读，而不是培养读者的价值观和行为。作为主要的阅读促进部门，图书馆主要提供个人阅读机会和参与阅读推广活动的机会。

促进阅读是图书馆的一项传统工作。图书馆不仅在推广阅读方面积累了大量经验，而且还可以帮助其他行业在实践中开展适当的推广活动。此外，还可以组织一系列特别相关且容易被个人接受的推广活动，满足个人的多样化阅读需求。

图书馆不仅与政府、书店、社会组织、读者等合作，还与书展、阅读讲座合作。图书馆还关注促进阅读和读者满意度的效果。有一个财务活动资金信息反馈系统，图书馆将根据自己的实施可能性和目标调整阅读促进计划。

不同类型的图书馆可以采取各种措施促进阅读，特别是公共图书馆。公共图书馆的多样性决定了其阅读促进活动的多样性，因为它们服务的人群具有多样性，可以推出面向婴儿、幼儿、青少年、成年人、老年人等不同群体的阅读活动。同时，图书馆界作为一个整体，致力于整个社会阅读意识和能力的培养，如美国图书馆界在美国国会图书馆的领导下，以著名的卡通形象为代表，拍摄了一系列宣传阅读的公益视频。这些活动极大地推动了全民阅读的开展。

3.社会组织

除了图书馆部门，还有大量的社会组织积极促进阅读。社会组织是指为实现特定目标而自愿建立的相对稳定的组织或团体。这些社会组织有不同的模式和方法，根据其最终目标可以分为两类：盈利和公益。

以营利为导向的社会组织，这些组织主要是在文化部门管理中寻求经济利益的政府组织或团体。中国营利社会组织主要包括出版商、书店、各种实体阅读俱乐部和在线阅读平台。主要的广告内容是推荐书籍，鼓励个人根据阅读需求购买书籍。考虑到自身的利益和市场竞争，这些组织基于对读者需求的理解和市场需求的定位，辅以更成熟的营销方法和广告材料，推荐能够激发读者兴趣的畅销书，这些书既实用又现代，并以各种形式进行推广。

公共服务组织是志愿组织、社会组织或非营利组织之间为公共利益服务的非政府组织。一些强大的官方学术机构参与了社会的进步和文化繁荣。他们主要举办讲座、研讨会和其他活动，旨在吸引机构和读者参与该行业有吸引力的宣传活动，通过"多读书，读好书"而不是自我负责来改善每个人的阅读状况，培养个人意识和阅读习惯。中国图书馆协会每年在全国范围内开展促进阅读的活动，以弘扬中华文化和培养国民阅读意识为重点，同时，注重阅读理论的研究和国民阅读习惯的培养。阅读促进委员会致力于全国性的阅读活动，并通过会员图书馆开展各种活动。近年来，在中国，流行的阅读促进组织也偶尔出现。他们的优势是个性、创造力、低组织成本、强广告互动和高读者参与度。此外，还有凤凰网、Soho读书会等。非政府组织非常关注社会群体，在论坛、讲座和阅读中介绍自己的阅读理念，鼓励读者培养阅读意识和行为，还通过建立一个相对有效的反馈系统评估读者的参与度。

4.读者

读者之所以被认为是促进阅读的主要部分，是因为网络环境中的各种虚拟平台为读者提供了推荐的机会，便于交流并开展阅读活动。读者可以通过推荐他们喜欢的书、分享他们的阅读经历、组织小型阅读会议或社交活动来引导他人阅读。因此，读者也是促进家庭和社会阅读的重要推广者和参与者。

促进阅读的好处是多样性。首先是其成员的多样性。读者可以是明星、专家、科学家等各种身份的人。阅读推广是个性化的，可以引导不同的读者创建群体阅读行为。学者们分享自己的阅读经验，根据学术成果解读文学，以确定普通读者的阅读方向。基于阅读经验，普通读者可以分享关于同一年龄、家庭背景或个人对同一领域感兴趣的书籍，这样会比较容易唤醒其他读者的反应以获得阅读结果。读者组织计划的大多数宣传活动都是公开、免费和平等的，没有大的顺从关系，而是基于相互影响或相对平等的领导。其次，有许多促进阅读的方法。以读者为导向的阅读促进措施具有创造性，而且有利可图。研究人员可以通过课程（讲座）、学术讲座或主页提出书籍，交流阅读经验，解读经典，促进阅读文化。个人可以通过在线论坛、社交活动和其他方式阅读，也可以通过各种广告机会加深对阅读的理解。他们还使用容易被个人接受或识别的方法和渠道。他们通过书籍推荐和社区阅读吸引其他读者。促销反馈更及时、更快，可以快速调整促销的方向和内容。提高阅读推广效果，互动性强，参与度高。

此外，媒体、出版机构和医疗机构也是促进阅读的主要机构。媒体通常指新闻信息提供者、新闻纪录片和新闻杂志。

（二）阅读推广客体

阅读推广客体是指阅读推广机构向用户推广的是什么，它是阅读读物和阅读目的的结合。这不仅包括阅读读物的选择，还包括阅读能力的提高、阅读兴趣的培养、阅读习惯的养成。

1.阅读读物的选择

从全球范围看，阅读推广的读物不仅包括图书等传统出版物，电影、音乐、游戏、网页等都属于推广的范畴。今天，社会信息的生产具有数量大、增长快、类型复杂、形式多样、及时性高、传播速度快、内容重叠、语言扩展和质量下降等特点。出版市场和互联网为公众提供了批量和快速的信息，产生了各种各样的信息来源，有好有坏，阅读材料众多，难以区分。读者必须花大量时间来区分好的和坏的阅读材料。鉴于这种情况，更应加强阅读推广，以便读者能够选择好的阅读材料。

2.阅读能力的提升

早期阅读促进侧重于阅读能力的培养。对于那些愿意阅读但不知道如何阅读，且阅读困难的人来说，阅读促进是为了帮助他们提高阅读能力，包括选择阅读材料、理解内容、解读、批判性分析和创新的能力。后来的研究发现，即使一个人有阅读能力，如果他没有阅读的意愿，他可能会长时间无法阅读，他的阅读能力也会下降。如果阅读推广以这种方式只关注阅读能力，那么，可能达不到目的。因此，当前的阅读推广不仅注重阅读能力，还注重阅读准备的培养，即提高人们的阅读兴趣。

3.阅读兴趣的培养

兴趣是人们试图接触和理解客观事物的意识倾向。任何能引起人们兴趣的东西都会引起人们的注意。阅读促进应考虑的兴趣是影响阅读心理和读者行为的兴趣，即阅读书籍和文献的兴趣。它主要包括两个方面的含义：第一，它是指对某一特定类型书籍的积极倾向和态度；第二，它是指对一般书籍的积极态度，这源于对某些书籍的热情，即热爱阅读和利用图书馆资源作为兴趣。这种类型的读者会对实践中的阅读感兴趣，这不仅反映了读者的个性倾向，而且随着实践的发展而发展。

4.阅读习惯的养成

从发展的角度来看，要培养全民的阅读习惯，还有很长的路要走。公共图书馆作为促进阅读的主体，同时也是公共福利和文化服务的重要机构，应该明确本馆的"阅读社会"建设观点，并在建设"阅读社会"的过程中充分投入；贯彻繁荣发展社会主义文化和科学发展的理念，充分认识到全面开展阅读活动和培养全民阅读习惯的重要性，提高组织活动的主动性和意识，充分体现培养全民阅读的使命和责任。

从教育界研究发现，终身阅读的爱好和习惯取决于有效的早期阅读习惯。阅读应该从娃娃开始，以鼓励自己的孩子对阅读方面感兴趣，并鼓励他养成良好的阅读习惯。图书馆试图以各种形式来吸引年青人和小孩来图书馆，以唤起他们的阅读兴趣。通过分析表明，儿童、少年和青少年应成为图书馆阅读推广目标群体。关于阅读建议，应突出经典和数字书籍，并在促进阅读方面适当考虑时尚元素。

（三）阅读推广的对象

阅读促进的目标是阅读促进项目的目标群体。既然促进阅读的目标是全民阅读，那么，促进阅读的目的应该是社会上的每个人。但在进行阅读推广时，我们首先还是应该对阅读推广的目标人群进行研究。这是因为不同的对象在阅读兴趣、阅读能力、阅读动机和审美取向上各不相同，这都将影响阅读推广的内容及成效。

1.阅读推广对象定位明确

我们经常听到一句话：找到合适的人并交谈。从阅读推广的角度来看，它是关于把正确的书传递给正确的人。许多图书馆花费大量人力、物力和资源进行宣传，但无法达到预期效果。一种可能是他们没有找到合适的人。当然，广告效果也与渠道、方法和场景等因素有关，但这也是定义目标受众的重要一步。从微观个人阅读促进项目的角度来看，只有准确定位目标群体，资金才有效，这对主题阅读促进尤为重要。

2.进行阅读推广的市场细分

阅读推广类似于营销，这是因为图书馆等文化机构通过各种促销活动来推广阅读，以吸引潜在读者并保持读者忠诚度。为了使阅读促进活动更有针对性和有效性，有必要根据读者的特点对他们进行分组，并为不同群体制定不同的阅读促进策略，这是一个有益的尝试，以提高促进阅读的效果。

市场细分的本质是以消费者为中心，将有限的资源和服务集中在市场中最有效的具有共同特征的部分，以达到预期的目标。市场细分是营销过程的重要组成部分，包括分析客户需求、划分不同的市场和选择目标市场。其主要回答"应该为谁服务"的问题，然后，制定组合营销策略，实施营销。阅读需求的差异是市场分割的客观基础。人们的价值观、世界观和生活态度将在生命周期的不同阶段逐渐改变，这取决于他们的职业、收入和教育水平。谈到阅读要求，一方面，他们有不同程度的"阅读"接受，如爱、确认、冷漠和拒绝。另一方面，他们的阅读动机不同，比如实用阅读和阅读兴趣。因此，任何形式的阅读或宣传书籍都不能满足所有读者的需求，需要对读者进行分类，实施差异化策略来促进阅读。市场细分标准有很多，主要包括以下五个常见标准：

第一，按地理区域（地理位置、交通条件）进行细分。这种分割方法的优点是目的地市场易于区分。它可以通过计划中的流动推广项目，让所有社区或个人在给定的时间段内参与进来，精心设计的活动可以在不同区域重复使用。

第二，按年龄细分。目标群体可分为幼儿、青年读者、中青年读者和老年读者。

第三，将阅读推广对象按职业划分为工人、农民、学生、农民工等类别。对于新一代农民工，根据他们的喜好，提供文学作品、灵感书籍、流行的娱乐书籍，以及促进职业发展和自身技能的书籍。

第四，根据读者的接受程度，读者可以分为阅读爱好者、潜在读者、自由读者和被动读者。图书馆邀请读者参加活动，但促进阅读的目标群体应该是潜在读者和自由读者。考虑到阅读的不同意图，可以就阅读方法提出建议，并推荐相对容易吸引活跃读者的优秀书籍。对于消极的读者来说，改变他们的阅读观念比开始阅读更重要。

第五，根据阅读时间进行细分。阅读需要时间和空间的支持，活动规则可以区分不同的闲暇时间群体。例如，中小学生在寒假和暑假期间会有阅读作业；退休人员有更多的自由时间；大部分体制内工作人员工作日很忙，周末较为放松；对于学生来说，考试越近，他们课外阅读的时间就越少。基于读者的细分，阅读推广应该为不同的读者设计不同的阅读推广内容，实施适当的策略。

3.以儿童和青少年为重点，兼顾其他群体

从各国阅读推广的开展情况来看，儿童和青少年是重点人群。书籍是年轻人不可分割的生活伙伴和导师，如果年轻人能够养成良好的阅读习惯，他们将会从生活中受益良多。他们的视野将得到拓宽，欣赏能力将得到提高，思维能力将得到加强，从而能够理解和感知社会，为更好地适应社会打下良好的基础。随着社会的快速发展和科技的不断进步，人们越来越重视促进年轻人的阅读。通过有效的推广策略，青少年阅读被作为一项重点工作来开展。在学校，老师对学生的日常阅读量有明确的规定，家长也可以实时监控孩子的阅读结果。为了让越来越多的年轻人投入阅读中，图书馆将举办一些相关活动，调动学生的阅读兴趣，让他们在不断提高阅读技能的同时体验阅读兴趣。

4.关注弱势群体

一般认为，弱势群体是经济贫困、技能低下的人。面临风险的目标群体包括老年人和未成年人、残疾人、外来务工人员、城市低收入人群、服刑人员等。鉴于各类阅读推广主体都已经将面向未成年人的阅读推广活动作为日常的重要工作，开展的活动也很丰富多彩，因此，阅读推广活动面对的弱势群体主要是指这些弱势群体成员的未成年子女。针对社会弱势群体的阅读推广应该充分体现平等性、无差别性，能最大限度地满足他们对文化的需求。阅读推广活动中，对弱势群体的关注主要体现在两个方面：一方面，阅读推广的对象明确是弱势群体，如在规划新的吉林省图书馆时，充分考虑了残疾读者的特殊需求。在建设之初，设计了轮椅坡道，并在整个图书馆铺设了盲人专用通道。同时，设计了一个特殊的残疾人厕所，并在大厅的显眼位置设计了直升机观光电梯，以方便残疾人在图书馆内无障碍通行。此外，在新建图书馆期间，将在一些城市地区设立视听阅览室和视障人士阅览室。另一方面，对弱势群体的关注补充了整个阅读促进项目。

第三章　图书馆阅读推广的形式

第一节　公益讲座、论坛与展览

一、公益讲座与论坛

公益讲座是指图书馆组织的由主讲人和听众共同参与和交流的文化活动，具有公益性、公开性、大众性等特征。图书馆组织讲座与论坛类读者活动，是图书馆履行社会教育和阅读推广职能的重要形式。

（一）发展迅速，已成为图书馆的核心业务之一

首届全国图书馆讲座工作研讨会在上海图书馆举行，就图书馆与讲座、讲座的策划与运作、图书馆讲座与城市文化建设、图书馆讲座优秀案例、讲座管理与品牌塑造五个方面进行了专题研讨。全国各级具备条件的图书馆纷纷推出了公益讲座，各种主题的公益讲座与论坛如雨后春笋般开展起来，讲座工作进入迅速发展时期。

（二）突出特色，公益讲座品牌化

有效的品牌建设与管理是确立公益讲座竞争优势的关键。随着公益讲座的持续发展，讲座品牌不断涌现，提升了图书馆的整体形象与美誉度。开展特色主题的公益讲座，有助于展示当代文化的多元化与大众化、民族化与全球化、历史传承与现实发展的特色，让人们在现代文明的大潮中拥抱传统，让心灵和思想都能在急进向前的环境中得到传统文化的滋养。

二、公益展览

图书馆展览主要通过展览等方式展示图书馆特定区域空间和网络空间中的文化和艺术，与商业会展相比，图书馆展览具有显著的公益性、思想性、知识性、艺术性的特点，是阅读推广的重要手段之一。展出场地、展出主题、展出方式、策展团队、宣传推广是决定展览成功与否的关键因素。随着图书馆展览实践的不断深入，图书馆展览服务逐渐呈现多元化发展趋势，展览的主题日益丰富，现代技术手段也被引入到了展览服务中，增强了互动性与趣味性。

（一）成立展览联盟，促进区域展览资源共享和发展

阅读推广活动的蓬勃发展推动了展览服务的全面开展。展览已成为一项重要的文化服务。由于展览展出的场地空间设计、地理位置、选题直接影响着展览的规模、频率和参展人数，展览资源的共享成为扩大影响力、效益最大化的重要措施，全国各地相继成立了展览联盟。随之而来的图书馆展览逐渐从内容的共享延伸到了服务的协作。

（二）馆藏特色文献展览，提升馆藏资源的利用率

文献展览是图书馆宣传文献的一种方式，也是馆藏报道的一种形式。图书馆收集馆藏中与特定主题相关的独特文献、珍本书或文献，并在一定时间内公开展示，以便向读者发布和推荐文献，促进文献的使用。长期以来，文献展览一直是图书广告和文化传播的重要手段。

（三）结合新技术，展览服务平台呈现多元化趋势

现代展览技术为展览形式的多样化提供了技术支持，使实体展览能够转变为在线展览，并有力地打破了展览服务的时空界限。互联网已成为扩大展览传播和影响力的重要平台，增加了展览的兴趣和与公众的互动。移动互联网技术的发展和应用将展览交给了读者，使他们可以随时随地观看展览。目前，网上展览已成为图书馆较为常见的展览形式，通常的做法是将展品数字化之后统一放在一个网站上供读者阅览。展览服务与新技术结合拓宽了展览服务的职能和内涵，并随着技术的发展呈现出多元化发展的趋势。

第二节　读者培训与书籍阅读推广

一、读者培训

读者培训是指在丰富的图书馆资源的基础上，图书馆针对不同层次读者的需

求，为读者定期或不定期举办主题丰富、形式多样的专题培训。根据目标受众的不同，广义上的读者培训分为党政干部培训、图书馆员业务素质培训、大众阅读推广培训三种类型。面向图书馆的读者大众，以提高读者大众文化素养、知识水平、阅读能力，以及图书馆利用能力为目标，开设课程包括图书馆读者服务介绍、电脑网络和数字图书馆使用指导、图书选择和阅读进阶等内容是当前图书馆的主要工作任务。

（一）读者培训深入开展，主题日益丰富

读者培训是图书馆一项重要的基础业务工作，是提高图书馆资源利用率、履行提升社会教育职能的重要手段。随着图书馆事业的发展，读者培训工作得到了较大发展。随着阅读推广工作的持续深入开展，图书馆读者培训在主题和形式上越来越丰富也越来越有吸引力，大致可以分为入馆培训、电脑与网络使用技能培训、数字资源利用与文献检索培训、文化休闲培训等类型。国家图书馆成立社会教育部（中国记忆项目中心、国家图书馆培训中心），下设中国记忆组、讲座组、教育培训组、摄编组、阅读推广组等科组，包含读者培训的职能，定期开展传统文化、业务技能、"关爱夕阳"老年课堂等培训项目。读者培训工作呈现出系统性、长期性、公益性的特点。

（二）文化休闲类培训蓬勃发展，但信息素养培训不足

图书馆文化休闲培训是各级图书馆根据自身资源、服务对象特点及当下热门话题开设的，旨在提升读者文化素养或丰富读者文化生活，主要包含文学艺术、健康养生等主题的系列读者培训。在国内的具体实践中，以杭州图书馆、佛山市图书馆、镇江市图书馆、苏州图书馆为代表的东部地区图书馆开展的公益活动较有特色，公益培训起步早，发展迅速，坚持公益、免费、零门槛的原则，与阅读推广活动紧密结合，且坚持以小班化的模式开展，充分保证培训质量。信息素养是人们在全球信息环境中必须具备的基本技能。在图书馆信息素养培训领域，主要手段仍然是开设文献研究课程、访问手册、编写用户手册、编写专题讲座、介绍数据库等。这些方式不免存在培训手段落后、缺少互动、吸引力低等问题。

（三）应用信息化手段，培训形式多样化

传统读者培训手段落后与信息技术不断发展的矛盾，引发了图书馆读者培训方式的创新性探索，一些图书馆培训的新形式不断涌现，如慕课（MOOC）在线游戏、微课程、网络自主培训平台等。依托新媒体、新技术的线上课程，积极适应用户学习时间碎片化的现状，具有课程新颖、互动性强、时间灵活等特点。

二、推荐书目

推荐书目是基于特定读者群的阅读需求，结合推荐者的阅读体验，遴选出来的文献目录。也可以说，它是满足特定个人特定学习或阅读需求的书籍列表。它通常包括许多书名、作者、问题、摘要或推荐。通常在前面会给出一个简短的引言或前言，以解释推荐书的对象、目的、内容、编排体例等，又称为"导读书目"。拟议的书目作品是图书馆一般工作的重要组成部分，也是图书馆参与促进公众阅读的重要途径。

（一）主题细分，推荐书目多元化

随着国民经济的发展和信息时代的到来，人们更倾向于通过付款而不是借书来获取书籍。为此，在向大众推荐书目的过程中，应该可以为购书的种类、版本做出针对性的划分，丰富书籍类目，为大众的书籍选择提供有价值的参考意见。

（二）年龄段细分，儿童推荐书目丰富

分级阅读起源于发达国家，要求按照少年儿童不同年龄段的智力和心理发展水平为儿童提供科学的阅读计划，为不同孩子提供科学的、有针对性的阅读读物。在分级阅读推荐书目的基础上，也要丰富其他类型的儿童推荐书目，需要注重对其体系的完善。

（三）依托图书智能推荐系统，提供个性化阅读推荐服务是发展趋势

我国实体图书馆和数字网络化图书馆的快速发展，促使阅读内容日益丰富，不仅仅包括印刷纸质书本、广告、报纸，还包括图形图像、音视频形式的多媒体化数据阅读。在这种形势下，阅读推荐不再局限于单一的图书推荐，而是基于多种资源的阅读推荐，预测目标用户对阅读资源的兴趣度成为阅读推广工作中的一项重要内容。个性化阅读推荐的实现有多种形式：一是以所有读者对阅读资源作出的评价、喜好、借阅次数为基础，向所有用户进行推荐；二是读者在搜索框中用关键词搜索，系统根据阅读资源的属性生成推送列表；三是根据读者的搜索记录或借阅记录，发现书籍间的相关性进行推送；四是基于不同读者之间的阅读喜好的相关性进行推送。因此，图书馆可以通过个性化图书推荐系统为读者提供更贴合其需求的检索结果，也可以发掘读者阅读兴趣，提升馆藏图书的借阅率，降低图书闲置率，同时，还可以帮助读者发现兴趣爱好一致的书友，这些已经成为推荐书目工作的发展趋势。

三、阅读推广活动

阅读推广活动指图书馆为促进阅读、提高读者阅读素养而开展的各项活动，

活动内容通常包含策划书、推广方式、实施过程和活动效果等方面。按照活动的频率，阅读推广活动可以分为常态性推广、策划性推广和随机性推广。

（一）形式多样，专业委员会主导开展丰富的阅读推广活动

多样多彩的阅读促进措施已成为图书馆服务的重要组成部分。图书馆通常会在4.23世界阅读日前后举办大型阅读推广活动，以启动年度阅读推广活动。在图书馆领域，阅读促进的主要领导者是各种专业协会、团体和政府。中国图书馆协会阅读促进委员会成立后，下设阅读促进理论研究专业委员会、图书馆与家庭阅读专业委员会、青少年阅读促进委员会、新媒体阅读促进委员会。这些专家委员会通过开展理论研究、出版专业教科书、举办学术会议、举办讲座论坛和其他形式，为各级图书馆提供专业咨询和培训，并开展行业发展。此外，政府大力鼓励制定阅读促进措施，使各级图书馆成为主要实施主体并设立关键岗位。同时作为发展现代公共文化服务的重要组成部分，政府采取了促进阅读的具体措施，并通过财政拨款和政策文件确保了促进阅读措施的顺利实施。

1.平面媒体

以纸张为载体、以文字符号及图片为内容来传递信息的印刷媒体，被称作平面媒体，具有视觉单一、维度单一的特点。比如报纸、杂志、图书等，作为形式相对单一的静态纸媒，它们都具有一些共同的特征：发行量大，阅读人群广泛；信息内容丰富，版面灵活多样；易于收藏，可重复阅读；阅读方式随意，不受时空限制等。同时，他们又具有各自的特点，比如报纸具有传播速度快、时效性较强、覆盖范围广、权威性较强等特点。杂志具有分类较细，专业性较强；对象明确，针对性较强；印刷精美，美感度较强等特点。图书具有保存时间长、传阅人数广、内容有深度、学术性较强等特点。

2.广播媒体

广播是指通过电波（无线或有线）传送以声音信息为内容的媒体形态。当前，有人认为广播媒体已经退化衰败，甚至把广播说成是司机的寂寞解药，其实不然，广播仍然具有庞大的用户群，特别是音乐、曲艺（相声）、新闻、热点话题等栏目深受听众喜爱。广播具有传播方式的即时性、传播范围的广泛性、收听方式的随意性、受众层次的多样性、制作成本与播出费用的低廉性、播出的灵活性、激发情感的煽动性等特点。广播靠声音进行传播，诉诸人的听觉，能给听众无限的想象空间，这也正是广播的魅力所在。正是凭借这些超凡的魅力，广播才能够超越时空，历久不衰。

3.影视媒体

影视媒体是集声音、图像、文字等符号于一身的综合性视听媒体形态，是大

众最容易接受的娱乐媒体。影视媒体主要包括电视、电影、录像等，已成为人们生活中不可缺少的一部分，是大众媒体中最喜闻乐见的一种。作为视听媒体，它们也有一些共同的特征，比如传播面广，受众人群非常巨大；直观性强，有较强的视觉冲击力和感染力；受收视环境限制，传播需要一定条件等。影视媒体在三种传统媒体中最具有娱乐性，特别是电视综合了声音、图像、文字、色彩、动态等全方位的视听信息，它既可以表现报纸、杂志的平面视觉效果，又具备广播的声音传播功能，还具有传统纸媒和广播所不具备的直观形象性和动态感。电视也因其收视成本低、节目内容丰富、适合居家收看等特点，使其成为大众首选的娱乐方式，这就不难解释为什么到现在人们还是坐在电视机前的时间最长。

（二）全民全域

1.全民众传播

在网络世界里，每个人都是媒体，每个人都是话题中心，数十亿网民共同缔造了自媒体时代。自媒体是所有人面向所有人进行的传播，这虽不是新媒体最完美的定义，但它却抓住了新媒体最核心、最精髓的东西，也就是新媒体的基本特征。新媒体不是多对一，也不是一对多，而是多对多地传播形式，而且每个参与者对信息内容都拥有对等的和相互的控制。有时，我们甚至难以区分信息生产者和消费者两大阵营，也分不清读者与作者。新媒体就是一个全民参与的媒体，是最能体现"人人为我，我为人人"理念的平台，个体已不仅是被动享受媒介提供内容的接受者，而是主动参与其中，成为传媒资源和内容的提供者、制造者和传播者。

2.全地域传播

新媒体只有借助于有线或无线的数字技术与网络技术，才能完全实现全球传播效应，彻底打破地域和空间的限制，消解地域之间的边界，再次把世界紧缩为地球村。不同肤色的人生活在不同的地区，使用着不同的语言，但却可以共享同一个网络，只需要设备和传输信号，就可以把信息发布到世界任何一个角落，信息的交流不会有任何死角。这极大地颠覆了传统媒体的传播路径，可以使我们与远在天边的朋友进行高清晰的视频对话，使地球村的居民们变得更加亲近。

（三）即时即速

新媒体可以通过互联网高速传播并实时更新，具备传播速度快、时效性强的特点。它不仅更新速度快，更新周期可以分秒计算，而且更新成本低，随时可以加工发布，甚至可以把即时的信息极速地传送给所有受众。这是以往传统媒体很难做到的，与报纸、广播、电视相比，只有新媒体才能做到信息的即时采集、即速发布，甚至在事件发生的同时就能够进行同步传播。而传统媒体却有明确的发布时效和时段，采用定时定量的发布机制，比如电台、电视台都有节目预告，可以安排出一周或者更长时间的内容安排，甚至包括新闻类节目。而新媒体不受印刷、运输、发行等因素的限制，信息上网的瞬间便可同步发给所有用户。正基于此，新媒体更关注当下，关注新闻事件的第一时间，并可以在随后的跟踪及跟进中不断深入、细化，可以使信息在24小时内始终处于更新状态，滚动发布。新媒体的即时刷新提高了新闻的时效性，其本身"接收的同步性"又方便受众随时随地按需要进行信息接收。毋庸置疑，新媒体做到了同步传播与同步接收相统一，即时采集与极速发布相统一，使人们彻底摆脱了必须按点按固定节目收看电视、收听广播的束缚，也因此改变了人们接收信息的方式和习惯，可以随时捕捉和交流信息。

（四）互联互动

新媒体由于形式多样，使每个参与者都不再是孤独的个体，而是互联网大家庭的亲密成员，并且可以通过各自的平台进行对等的交流。与此同时，传播方式的根本转变，也使得平台中的任何人都可以成为主体，进行各种形式的互动。从传播的方向和机制看，新媒体突破了传统媒体单向传播的模式，可以实现传媒与受众之间的双向互动，甚至传媒与受众、受众与受众等多向互动，能使信息传播具有很强的互动性。新媒体反馈系统的健全，突破了传统媒体下受众被动接受信息的局限，独特的网络介质使得信息传播者与接受者的关系走向平等，实现了受众驱动式传播，并赋予网民前所未有的主动权，进而可以使受众在互动中发出更多的声音。新媒体交互性极强，互动是新媒体最独特之处，它强调的是参与、互动、共享。

（五）多维多度

新媒体的形态随着数字技术和互联网的高速发展，不仅更新越来越快，且表现形式也越来越丰富，它们或各司其职，或协同作战，进行多渠道、多层面、多角度的信息传播。新媒体技术弥补了传统媒体获取信息的枯燥性、延迟性和单向直线性等方面的不足，使受众能够及时得到全覆盖、全方位、立体式的信息资源。新媒体客户端的多样化，也是其多维度特征的表现之一，为人们选择接收信息拓宽了渠道，人们可以坐在家里通过数字电视、电脑网络等纵览天下，可以在交通工具上享受移动电视带来的数字盛宴，也可以随时随地用手机获取个性化的资讯。

第三节　新媒体形式的阅读推广

一、新媒体形式

（一）网络新媒体

互联网已经迅速发展并深刻地影响着我们社会生活的各个方面，与此同时，网络新媒体更是极速成长。门户网站就是网络新媒体的一种形态，网络新媒体还包括搜索引擎、虚拟社区、网络广播、网络电视等一切依托于互联网的新兴媒体形态。

（二）移动新媒体

手机作为移动新媒体的代表，依托于电信网络，不仅成为新增网民的重要来源，在即时通信、电子商务等网络应用中均有良好表现。5G通信无疑会带给人们真正的沟通自由，并彻底改变人们的生活方式甚至社会形态。手机媒体具有携带方便、随时浏览、随意互动的特点，可以提供丰富多样的信息服务。

（三）数字新媒体

数字新媒体是指数字电视、移动电视、楼宇电视等所有依托于广播电视网络的媒体形态。

（四）新媒体的新形态——三网融合新媒体

融合新媒体是"三网融合"的混血儿，是未来媒体的发展方向。

二、新媒体发展现状

（一）新媒体产业快速发展

目前，我国新媒体产业前景广阔，市场规模不断扩大，新媒体企业稳步发展，随着5G时代的到来，移动互联网行业将迎来新的发展机遇，特别是随着国家对新媒体产业的政策环境放宽，会进一步推动我国新媒体产业的健康发展，并使新媒体产业经济规模不断迈上新台阶。

（二）新媒体技术日益成熟

随着计算机科学与网络技术突飞猛进地发展，新媒体传播的硬件技术和支持条件已经成熟，这是新媒体发展的先决条件。目前，计算机成为新媒体传播的中心环节，互联网成为基本载体，数字技术得到广泛应用，我国新媒体技术也日趋成熟，特别是在通信领域，技术上不但与国际发展水平相当，甚至多项技术能够领先于欧美等发达国家。

（三）新媒体终端迅速普及

新媒体终端可以是台式机或笔记本电脑，可以是电视或者移动电视，也可以是手机或其他智能移动设备，总之，就是把信息最终呈现在我们面前的媒介工具。同时，移动智能终端的操作系统越来越强大，并借力于云计算和云存储的能力，提供更加强大的信息处理能力。移动智能终端之所以重要，是因为其不仅是新一代的移动通信终端，更是新一代互联网接入终端和个人信息门户终端，也就是说，如今的移动智能终端已经成为人类进行社会交往和信息传播的一种重要的新媒体融合平台。数字终端的快速普及，为新媒体的发展提供了硬件支持。

（四）新媒体内容极大丰富

新媒体可以利用多元联结点提供丰富的内容，满足人们在任何时间及任何地点的需求。新媒体内容泛指一切信息产品和信息消费类的内容，主要包括网络信息、数字影音、电脑动画、数字游戏、应用服务、数字学习、内容软件、网络服务和数字艺术等。新媒体的市场逐年扩大，产业的规模也越来越大，新媒体传播的内容正在日益丰富，传统媒体每天传播的信息量不及互联网的1/4，互联网提供了丰富的内容，带来无尽的精神享受。新媒体内容的繁荣发展，是它的生命力所在，富有最新技术的新媒体内容将成为媒体行业的先锋，这就意味着用户可以拥有更多选择，比以往更容易享有一系列互动增值服务。传统媒体集团无论选择怎样的"全媒体"转型道路，最重要的不是媒体形态本身，而是如何借助各种渠道和终端，使原有的资源优势（新闻采编人才资源、信息资源、公信力和品牌资源等）更好地转化为竞争优势，为用户提供最需要的内容产品。而自媒体时代的来临更加速了信息内容的快速增长，因为自媒体的数量庞大，其拥有者也大多为草根平民，人人都有麦克风，人人都是信息传播者。新媒体的内容生产依然是媒体组织的核心工作，它极大地丰富了数字内容和信息资源。

三、新媒体环境下，阅读的优势

（一）传播内容丰富，阅读无限量

新媒体时代是信息大爆炸的时代，信息量成倍乃至成几何级的增长，各种各样的信息内容冲击着人们的头脑，浩如烟海的信息容量给了人们无限的选择。网络上各类信息汇聚成海：新闻、视频、音频、微博、电子书等都以秒为单位实时刷新着人们面对的各种屏幕，融合了文字、声音、图像、动画、视频等多种形式的媒体，不仅克服了传统的报刊、广播和电视之间难以逾越的障碍，而且阅读效果更是"图""文""声""像"并茂，内容更加形象生动，大大提高了人们的阅读兴趣。

（二）传播介质多样，阅读无障碍

传播介质的改变确实改变了人们的阅读方式和阅读体验，现在，人们可以借助各种各样的智能终端，在任何地点、选择任何形式去阅读，而且具有更环保、更便利、低成本等方面的优势。电脑在线阅读是数字化阅读中种类最为丰富的一个大类，包含了新闻、网络文学、网络杂志、论坛、博客、邮件、RSS订阅和各种教程等，通过浏览器或专门的阅读器向读者提供丰富的资讯。第一时间获得信息、第一时间反馈信息、音视频并茂、可以随意选取等特点，这是传统阅读所不能匹敌的。移动智能终端（特别是手机）充分发挥其灵动、智能、便携、快捷的优势，为人们提供丰富多彩的阅读形式。手机网民的规模奠定了手机成为第一大阅读工具的基础，无论何时，无论走到哪里，都可以看到手捧手机埋头阅读的"低头族"，他们或流连于娱乐资讯，或沉迷于网络游戏，或静心阅读一本小说，或陶醉于一部大片。同时，平板电脑和电纸书（电子阅读器）的迅速发展也不可小觑，并渐渐成为人们的阅读利器，尤其是电纸书，因其采用电子墨水屏而最接近纸质书籍的阅读感受，成为最适合数字阅读的设备。

第四章 图书馆阅读推广的对策

第一节 图书馆儿童阅读推广活动

近年来，中国的图书馆以多种形式为儿童开展了阅读促进活动，包括故事会、亲子阅读、比赛等。作为基本文化服务的一部分，图书馆有负责促进儿童阅读的推广。

一、儿童阅读推广活动

儿童阅读促进活动是指在各级图书馆和社会机构的共同努力下，通过提供丰富的阅读资源和良好的阅读环境，为儿童开展的各种形式的阅读交流推广活动，以期提高儿童的阅读水平和识字率。

二、图书馆儿童阅读推广活动的必要性

开展儿童阅读活动不仅可以激发儿童的智力和语言发展，打开儿童的想象力和创造力，促进儿童思维、视觉和听觉能力的发展，而且还利于增强成人和儿童之间的情感交流，从而促进儿童的心理发展。作为全民阅读的重要组成部分，儿童阅读促进措施至关重要。同时，作为儿童教育的第二课堂，图书馆有必要促进儿童阅读。

（一）我国儿童阅读现状的现实需求

目前，我国儿童阅读整体势头发展缓慢，不仅读者数量少，而且儿童校外阅读量不足。主要原因是中国孩子的家庭阅读氛围不够，家长对孩子的阅读不够重视，在一定程度上影响了孩子的阅读兴趣。图书馆的任务是"培养儿童良好的阅

读习惯，激发儿童的想象力和创造力，支持和参与各年龄段的扫盲活动和计划，并在必要时组织和开展此类活动"。因此，通过图书馆为儿童实施阅读促进措施，不仅弥补了家庭阅读教育的不足，而且在一定程度上延展了学校教育。这充分说明图书馆是实施高质量教育的重要场所，也是促进儿童阅读的重要阵地。

（二）儿童阅读推广活动是图书馆发展的必然趋势

儿童不仅是图书馆当前和未来的读者，也是长期读者。如果你从小就养成了良好的阅读习惯，你就可以轻松地阅读并享受它，从而爱上阅读。因此，图书馆要推动全民阅读，建设图书社会，首先要以促进儿童阅读为出发点，着力促进儿童阅读兴趣，提高儿童阅读能力，以实现全民阅读的目标。儿童阅读促进措施的持续发展不仅可以为国家阅读促进措施奠定基础，也体现了图书馆在实施国家阅读促进举措方面有所突破。

促进儿童阅读是一个长期而复杂的项目，它包含了儿童发展的心理特征、儿童成长和儿童阅读促进对象等因素和内容。在促进儿童阅读活动中，图书馆应结合自身实际，以科学理论为指导，以优秀案例为示范，开展儿童友好阅读促进活动，从而促进儿童阅读目标的实现。

三、儿童阅读推广活动的特点

（一）社会性

促进图书馆阅读活动是一项系统化、社会化的工程。仅仅依靠图书馆本身的力量进行阅读活动，并不能满足孩子们日益增长的阅读需求。只有将促进儿童阅读的活动置于社会环境中，充分考虑儿童阅读兴趣和阅读状况等微观因素、家庭成员和家庭环境等中观因素，以及文化、制度和习俗等宏观因素，才可以更好地实施图书馆的儿童阅读促进措施，并提供多样化的支持措施，以满足儿童的阅读需求。

（二）持久性

儿童阅读促进活动本身是一个长期、循序渐进、深入的系统项目，旨在培养儿童良好的阅读习惯，并注重阅读促进活动的可持续性。有些图书馆推出的儿童阅读促进措施只是用来应对评估工作，如阅读促进比赛。这些活动是短暂的，并没有对儿童进行持续的阅读促进活动，对儿童的阅读效果影响有限。因此，突击和临时的阅读促进措施是不可取的。

（三）悦读性

在阅读促进措施中，让孩子们体验并享受阅读乐趣非常重要。儿童阅读促进措施并不是为了教孩子阅读和提高学习成绩，而是为了让孩子们正确、快乐、良好地阅读，激发他们的阅读兴趣，培养阅读习惯。通过促进阅读，为孩子提供深入的阅读指导，让他们从被动阅读转向主动阅读，从浏览转向思考。

（四）情景性

儿童阅读促进活动应符合儿童的好奇心，满足儿童的求知欲，还应融合视听、手册和其他媒介，共同营造出良好的阅读情景。阅读绘本时，可以根据绘本内容设置阅读情境，进行绘本游戏、手工制作和续集活动，帮助孩子更好地理解故事内容，感受情境中阅读的乐趣。

（五）多元性

儿童阅读促进的多样性体现在阅读材料和形式上。阅读材料主要包括纸质阅读和数字阅读资源。纸质阅读以纸质书为阅读载体，让孩子感受到阅读的温度。数字阅读资源在很大程度上与网络和新媒体的出现有关。图书馆的数字资源包括电子书、电影、音乐、游戏和在线课程。阅读活动的形式主要是看、听、说和做。

四、图书馆儿童阅读推广

（一）以"故事会"为主题

"讲故事"旨在以讲故事的形式促进儿童阅读，这已成为中国大多数图书馆促进儿童阅读的最重要方式之一。

"故事会"主要以"一对多"的形式进行，即图书馆管理员或图书馆外的人为许多年轻读者阅读书籍。虽然时间不固定，但平均每月至少举行两次。根据读者的年龄和认知能力，图书馆可以提供符合他们身心发展的书籍来提高他们的阅读兴趣。

（二）以"读书积分"为主题

阅读评分系统是一种根据一定标准将读者的各种阅读行为量化为分数的方法。

促进儿童长期阅读是大型图书馆的主要活动之一。此类活动没有年龄限制，通常以未成年读者为主；活动周期很长，通过各种活动，读者可以根据执行的活动数量获得积分，获得排名，并授予荣誉称号等奖项。该活动的目的是通过一些奖励，促进儿童阅读的长期有效性，让他们长期养成阅读的好习惯。根据儿童的身心仍处于发育阶段，具有不稳定的特征，一些研究人员认为，"阅读积分制"体现了"读者导向"的原则，它旨在提高读者的道德水平和文明程度，还有助于鼓励图书馆提供增值服务，加强文化服务功能。图书馆类似的阅读服务管理活动不仅激发了读者的阅读兴趣和参与阅读活动的热情，也促进了他们良好的阅读习惯。

（三）以"图书漂流"为主题

图书漂流是中国图书馆促进儿童阅读的主要活动之一。这一活动不仅打破了传统图书借阅的限制，也使图书处于流动状态。大多数图书漂流活动都是与学校合作开展的，特别是针对一些贫困地区的学校，以便将书籍带到资源匮乏的地方，使当地学生有机会阅读大量丰富的书籍并交流阅读经验，改善书籍的使用，保持良好的阅读习惯并提高独立学习能力。

（四）以"小图书管理员职业体验活动"为主题

小馆员的职业体验是通过角色扮演让读者体验馆员的日常工作，让他们对图书馆的工作有更深的理解，对书籍有更专业的理解。通过参与图书馆工作过程和图书馆工作，孩子们可以真正了解图书馆，学会使用图书馆资源，并学会使用网络和数字图书馆寻找资料。这项活动通常在寒暑假期间进行，确保读者有足够的时间参与活动。同时，该活动本身具有娱乐性，深受年轻读者的欢迎。

五、儿童阅读推广活动优化对策

（一）多元主体的协同

图书馆的阅读推广是一项系统的、社会化的工作。依靠图书馆的力量进行阅读宣传活动，能在一定程度上满足孩子们日益增长的阅读需求。整合社会力量和资源，创建一个与学校和社区协调的图书馆，有助于促进儿童阅读。

（二）家庭阅读推广

家庭在促进阅读方面起着重要作用。目前，家庭更加重视孩子的阅读。家长通过与孩子分享同一本课外书、参考书或谈论阅读感受来传达阅读价值，从而建立积极的阅读行为。孩子们喜欢模仿父母的行为，如果父母阅读并喜欢阅读，他们将成为孩子的"好"榜样。孩子们会喜欢书，读书会很有趣。

（三）评估机制的创建

评估不仅是对儿童阅读促进措施的总结，也是下一阶段阅读促进措施的开始。当前，迫切需要改进评估图书馆儿童阅读促进措施有效性的机制。活动影响的评估机制应由国家和图书馆共同定义和实施。首先，应为国家一级的阅读促进措施设立专门的评估小组。每年都要进行一项全国性的图书馆促进儿童阅读的调查。其次，在年度报告中对参与者、志愿者和图书馆员进行跟踪和评估。最后，该报告定期发布在永久性社会监督网站上。集中披露评估结果将使家长和孩子更好地了解阅读促进活动，这将鼓励他们有选择地参加不同的阅读方法活动。

第二节　图书馆青少年阅读推广活动

随着我国现代科技的迅速发展,"互联网+"与时俱进,人们的生活节奏也发生了重大改变,使青少年阅读推广工作的开展面临着巨大的困难。对此,图书馆必须迎难而上,重视推广工作的开展,不断创新推广内容与形式,促使青少年养成良好的阅读习惯,循序渐进地提升他们的文化素养。

一、图书馆开展青少年阅读推广活动的意义

首先,在新的历史时期,倡导全民阅读是重振中华文化并实现强国梦的重要内容,这也是建设科学社会的基本前提。图书馆作为重要的社会非营利文化教育机构,是建设科学社会的重要阵地应承担起促进阅读和为科学社会做出贡献的重担。

其次,阅读是青少年获取知识信息的重要方式。书籍是传递知识、增长见识的平台。阅读书籍是最直接且有效获得知识的方式,特别是对青少年来说,由于知识和经验缺乏,他们只有通过阅读和大量的知识累积,才能与时俱进,开拓创新。阅读能让青少年洗涤心灵,为他们将来适应急剧变革的社会打下良好基础。

最后,阅读是青少年树立世界观、人生观和价值观的重要途径。书籍能在精神和心理上给予人劝诫和安慰,具有不可估量的价值。年轻人处于身心发展的敏感和叛逆阶段,他们的心理发展特点大都集成熟与幼稚、独立与依赖、自信与盲目等多种矛盾并存,容易出现各种心理和行为问题。科学有效的阅读不仅能帮助青少年观察和认识世界、净化心灵、陶冶情操,还可以潜移默化地帮助青少年树立正确的人生观、价值观。

二、当前青少年阅读的现状分析

(一)阅读随意性较大,科学阅读指导缺位

全国国民阅读调查显示,9~13岁青少年图书阅读统计率为97.3%,14~17岁青少年图书阅读统计率为87.4%,但在青少年读书倾向调查中发现,青少年主要倾向于选择小说、漫画类读物,家长却对这两种读物很排斥。青少年群体中大部分没有个人的读书计划,而是依据兴趣阅读图书,极具随意性。因此,青少年科学阅读指导存在缺位。

(二)课外阅读时间不足,为应试而"阅读"

我国青少年普遍面临课后作业繁多、学习压力大的现状,加之课外兴趣班等,

学生真正剩余的可利用的阅读时间十分有限，青少年为应试而"阅读"的成分偏大，这种阅读忽视了阅读的本质，不利于青少年自身素质的提高。

（三）阅读方式占比失调，传统阅读面临挑战

随着互联网的发展及智能电子设备的普及，数字阅读成为青少年首选的阅读方式。网络阅读常常是碎片化、快餐式地阅读，这种"走马观花"式的阅读方式，不能让青少年静下心来精细阅读，削弱了阅读的自主性。在网络阅读时，青少年往往会受不良信息影响，严重情况下还会歪曲青少年的价值取向。

（四）图书馆资源紧张，造成图书阅读资源分配不均

就综合情况而言，我国图书馆的人均拥有率仍然偏低。再加上城乡地域差异，农村偏远贫困地区的青少年很少有机会能走进图书馆，而且馆藏的书籍中满足青少年阅读的书籍数量偏少。少数乡镇图书分馆也存在着"有馆无藏"或者馆藏不合理的现象。

三、青少年阅读推广策略探析

（一）图书馆可设置专职阅读推广员负责阅读推广

图书馆可成立阅读推广部，招聘专职阅读推广员来引导青少年科学阅读。推广部要合理选聘成员，其成员必须热爱阅读，乐意且有合适的专业技能从事阅读推广工作。

（二）根据馆藏资源创新青少年阅读推广方式

1.创新书籍推荐方式

为使青少年读者尽快了解图书馆新进图书，充分利用馆藏图书资源，图书馆应积极开展新书推荐活动。图书馆可以通过设置新书推荐宣传栏、设置专门的新书书架、策划新书展等方式来向青少年推荐新书。当前互联网快速发展，可以通过微信公众号、朋友圈等向青少年推荐有利于青少年发展的新书、好书，以此来达到阅读推广的效果。

2.创新阅读引导方式

青少年处在成长进程中的关键节点，是一个个性鲜明的群体，图书馆可根据青少年的兴趣和性格特点，对青少年进行差异化阅读引导，实现"为书找人，为人找书"。同时，也可根据家长期待值差异进行分类引导。在图书排架上，可按照青少年性格阅读倾向差异设置特色的阅读读物专区。

（三）展开多种多样的互动阅读推广方法

第一，图书室应根据青少年的身心发展特点，开展形式多样的阅读推广活动。

例如，结合"少年强 中国梦"主题活动，开展爱国教育读书交流会、爱国角色扮演读书会、爱国知识有奖竞赛、爱国主题征文、爱国主题摄影展等活动。图书馆也可联合学校开展"今天我荐书""我是图书管理员"等社会实践活动鼓励青少年参与阅读推广活动。阅读对于青少年来说，不应该是一个单向的阅读过程，更多的应该成为一种双向的互动。

第二，图书馆可以开设亲子共读体验区，父母以身作则参与阅读，不仅能够鼓励孩子养成良好的阅读习惯，也能帮助家长更好地了解孩子的阅读爱好，从而引导孩子正确地选取合适的书籍。

（四）推动阅读推广活动入驻校园

基于图书资源分配不均的现状，图书馆可以开展"送书进校园"活动，把书送到学校，特别是农村偏远山区的学校。在学校或班级设立图书角，开展图书漂流等活动引导青少年养成阅读习惯，让更多的孩子享受到阅读的乐趣。

（五）理性看待数字阅读，加强互联网的利用

数字阅读时代的来临无可争议，而作为有机生长体的图书馆，在坚持倡导以传统纸质阅读为主的同时，必须适时跟上数字化变革的潮流，充分利用新兴的数字化技术，升级改造图书馆的馆舍设备，为数字阅读提供良好的条件。

目前，人们的生活越来越依赖网络，年轻人已经成为网络的最大用户群体。因此，图书馆应加强对网络的利用，以提高青少年阅读促进的整体水平。首先，整体清理网络大环境。图书馆要积极支持年轻一代有时间进行网络阅读，与管理部门合理要求时间，加强对网络不良信息的清理。第二，为年轻人创造更和谐的网络服务。为了提高绿色上网的质量，图书馆应该开发一个绿色上网网站，并在桌面上建立网站，以便年轻人可以随时上网和阅读。第三，开展在线教育。图书馆应开展广泛的在线教育课程，不断优化内容，以唤起年轻人的学习兴趣。此外，图书馆还可以积极开展线下和线上丰富的体验活动，增强年轻人的阅读兴趣，从而提高图书馆图书资源的利用率。

第五章　图书馆智能化管理理念

第一节　图书馆智能化战略管理

应用现代科学的理论与方法，遵照图书馆工作和图书馆事业的固有规律，合理地组织和最大限度地发挥图书馆的人力、物力、财力等各种资源的作用，以便达到预定目标的决策过程。这就是图书馆的科学管理。用科学发展观指导图书馆的发展，是现代图书馆工作的一项战略任务。科学发展观为图书馆管理提供了科学的世界观和方法论。面对发展变化的市场经济和充满挑战的国际形势，图书馆需要更深层次地融入世界图书馆体系。

一、现代图书馆创新需要先进理论做指导

现代图书馆既需要观念层面、管理体制和运行机制的创新，又需要工作内容、服务方法和技术手段的创新。科学发展观强调以人为本，注重全面、协调和可持续发展，为图书馆事业的发展提供了科学的理论指导。科学发展观是图书馆创新的基础和标准，另外，图书馆的性质决定它与知识、信息最为密切，因此，图书馆必须用科学发展观指导现代图书馆的管理。

科学发展观是全面、协调、可持续的发展观。它是对马克思主义发展观的丰富和发展。人类社会的不断进步和图书馆自身的建设都需要科学发展观的引领。和谐社会的发展进步，离不开文化的哺育与支持。图书馆作为社会文化发展和建设的重要组成部分，在构建和谐社会的主旋律下，应加强自身建设，成为和谐的典范。构建和谐图书馆要体现以人为本。图书馆学家施莱格曾强调："人本价值观念是图书馆职业的核心。"以人为本，倡导人文关怀，实行人本管理，提供人性化服务，是现代图书馆的发展方向。

（一）树立"以人为本"的现代图书馆发展观

学习实践科学发展观，要求我们坚定以人为本的管理核心理念，图书馆一切管理活动都是围绕着如何认识人、选用人、教育人、留住人、服务人而展开的，"人"是图书馆最核心的资源，其他资源都应围绕着如何充分调动"人"这一核心资源，以及如何服务于"人"而展开，这是科学发展观的本质和核心，也是科学人才观的出发点和立足点。

（二）树立有效协调的现代图书馆发展观

科学发展观着眼于全面发展。作为一个整体，图书馆有着自己完整的业务链，只有当各业务链的节点有机连接起来，图书馆才能发挥整体的功能和效益。从业务链的角度来看，从采访、编目到流通、典藏，从一般咨询到课题或项目咨询，每一个环节之间都是相互联系的，因此，在发展过程中，需要全面、综合的考虑。科学发展观着眼于协调发展，它要求系统之间、部门之间和谐互补、共同发展。所以，图书馆在运作过程中，要把握好多方面的协调关系。一是要确保图书馆服务功能的协调发展，二是要确保图书馆的信息资源建设有效协调发展。此外，图书馆在文献资源的购进、管理、开发等方面也必须做到有效的协调发展。

（三）实现可持续性的现代图书馆发展观

科学发展观要求图书馆管理者在规划和管理图书馆的时候，必须着眼于可持续发展。在资源采集上，要处理好当前需求与潜在需求之间的关系，不能仅满足于当前需求来采集资源。在资源管理上，要做好现代处理方式与未来处理方式的衔接。在资源服务上，要着眼于处理好当前利用与未来利用之间的关系，特别是一些珍贵或稀有资源，不能一味追求方便利用而缩短资源寿命。要开发出有特色的专业数据库，并不断完善。此外，在人才的使用、设备引进、馆舍的布局等方面均应克服一切短视行为，坚持可持续发展战略，以推动图书馆事业的健康发展。

二、图书馆"以人为本"的管理是社会发展的需要

科学发展观，第一要义是发展，核心是以人为本，基本要求是全面协调可持续，根本方法是统筹兼顾。具体到图书馆管理中的以人为本，是指以"用户"和"馆员"两者为核心。用户满意是衡量一个图书馆价值的重要标准，也是衡量管理者的主要指标。图书馆管理需要利用资源系统，通过对人力资源、文献信息资源、财力资源和物质资源投入与配置，为用户提供满意而高效的服务。图书馆人力资源管理需要在工作中激励馆员，使其能够通过服务工作获得成就感和荣誉感，形成一种良好的"馆员—读者"互动机制。

"以人为本"是和谐社会发展的需要。和谐社会是社会文明发展到一定水平后的理想的社会形态。图书馆既是和谐社会的一个重要组成部分，也是促进社会向和谐社会发展的重要力量。

传统的社会经济发展模式是以掠夺和索取可利用资源来维持社会经济的快速发展，虽然可以带来一时明显的文明发展和进步，但对自然环境和社会的破坏效果会在积累到一定程度后反作用于人类社会，会给社会发展带来种种弊端，破坏了可持续发展的能力。

图书馆的发展在过去也同样存在这些问题：重视物力和人力的投入，重视发展，轻视投入的比例和合理性，以一些有形的和可以统计或计算的指标作为衡量图书馆先进与否的唯一指标，而不是以读者的满意度、图书馆资源的可利用性及可持续发展为衡量指标，忽视了发展过程中图书馆馆员和用户的互动在提高服务效益中的价值。同时，在这个过程中，传统的行政管理体制又降低了管理效率，给图书馆的发展带来了一系列的问题和矛盾。

可持续发展是图书馆管理的主要目标之一。在图书馆的发展资源中，人是最主要也是最关键的资源。在传统的图书馆管理中，将文献拥有的数量和质量作为图书馆最重要的资源，"人"则被视为次要的资源。实践证明，这种观念是错误的，因为它忽视了图书馆作为一个社会性的文化服务机构所具备的基本特点。图书馆事业的发展实践证明，在图书馆管理过程中，充分尊重馆员利益和用户利益的图书馆，其馆藏文献资源才会得到好的开发与利用。

三、图书馆实行"人本管理"的必要性

知识经济与以往的经济形态的最大区别在于其发展和繁荣直接依赖于智力资源，因而具有经济决策知识化、价值取向智力化等特点。从这种意义上说，知识经济是更人性化的经济。

在知识经济时代，图书馆应具有以下人本主义的特点：第一，馆员自身的知识素养和对图书馆的奉献态度将决定自身和图书馆在市场竞争中的命运。第二，馆员在信息社会中对信息的取舍取决于自身的价值取向。第三，图书馆任何决策的实施有赖于全体高素质馆员的团队精神。第四，图书馆核心竞争能力的形成有赖于馆员个体的创新能力，图书馆真正的"比较竞争优势"来自员工团队的"集体创新"和"集体责任感"。第五，馆员作为独立的个体，在人格上是平等的。第六，馆员在行为上的自由追求要遵循全馆的"共同信念"。

知识经济时代呼唤"人本管理"，图书馆工作需要"人本管理"。图书馆的采购、编目、参考咨询、系统管理等业务工作具有较强的学术和技术性要求，专业技术性强。优秀图书馆员是图书馆完成其工作和任务的保障，"人本管理"的方式

将调动他们为图书馆事业奉献的积极性。

四、"以人为本"的管理模式

"以人为本"的人本思想产生于古代儒家思想，表现为当时治国的"仁政""民本"等主张，最初的人本思想属于一种哲学的含义，近现代又有更进一步的发展，阮冈纳赞的"为书找人，为人找书"理论，可以说把人本思想发挥得淋漓尽致。人既是知识、科技、信息的文化载体和创造者，又直接构成了现代文明最宝贵的原动力。"以人为本"的管理模式正符合时势的需要。围绕激发人的主动性、积极性、创造性，且以实现人与图书馆共同发展为目标而举办的一系列管理活动，其管理的主客体都是人，图书馆的一切活动都是由人来完成的。在"以人为本"的管理活动中，人是管理的核心。如何激发人的积极性在管理中是极其重要的，激励的方法主要包括物质激励和精神激励两种。物质激励是最常用的激励方法，表现形式多种多样，该种方法使用效果如何，关键在于控制物质激励中的量化标准，过大和过小都起不到良好的作用，所以，运用物质激励一定要适当。精神激励也是一种重要的激励方法，根据马斯洛的需要层次理论，个人在物质需要得到满足后，还会考虑精神需求。在实践中应把两者结合起来，会起到更好的效果。

五、图书馆科学管理的基本原理及原则

（一）图书馆实行科学管理的重要性

实行科学管理，可以使全馆行为符合自身的发展规律。无论从事什么工作，只有按照客观规律办事，才能取得成功，否则，就会失败。图书馆工作当然也不例外。图书馆实行科学管理，就是要按照图书馆工作的客观规律来组织、协调全馆的工作，使其符合自身发展规律的要求，以求得较好的管理效益。

实行科学管理，可以使全馆保持正常的工作秩序。图书馆组织机构是图书馆科学管理的一项重要内容。其目的就是根据图书馆方针、任务，并结合本馆的具体情况和各项条件，在一定原则思想指导下，科学安排人力资源和物力资源，使其符合系统机制的整体性、层次性、相关性，从而获得较高的整体效益。这要求图书馆形成一整套科学的管理法规和工作条例，如机构设置、人员结构的比例规定，专业技术职务聘任制，岗位责任制的建立及实施措施。只有建立和完善了各项合理的规章制度，科学管理才能有客观的依据和准绳，图书馆工作才能有法可依，有章可循，从而保持优化的工作秩序，更好地发挥图书馆的社会效益和经济效益。

实行科学管理，可以促进图书馆人才培养，有利于发挥工作人员的积极性。

科学管理的一个重要原则是明确岗位职责，做到责、权、利三者的统一。这就要求图书馆必须建立严格的责任制和人员考核、奖惩、晋升制度，合理安排人员结构。

实行科学管理，可以促进图书馆工作的现代化。图书馆实行科学管理，必然要求图书馆组织系统化、各级工作标准化和管理手段现代化。而组织系统化、工作标准化、手段现代化是图书馆现代化的重要内容。

（二）实行图书馆科学管理掌握的基本原理

图书馆科学管理的基本原理主要有：系统原理、人本原理、动态原理、效益原理等。

1.系统原理

现代图书馆科学管理的对象是一个具有多部分、多层次的复杂结构的系统。它包括部门系统、单个图书馆系统、行业图书馆系统、地区图书馆系统、国家图书馆系统、国际图书馆系统。它既包括图书馆的各项工作，如收集、整理、典藏、流通等，也包括行业、地区、国家、国际图书馆行业的建设和合作，是特定的系统。现代图书馆科学管理的每一个基本要素，都不是孤立的，它既有自己的系统内容，又与其他系统发生各种形式的联系。为了达到图书馆科学管理的目的，必须对图书馆系统进行充分的综合分析，了解要素、分析结构、研究其联系、把握其功能，这就是图书馆科学管理的系统原理。

首先，对具体图书馆的管理，要注意把握图书馆系统的整体性，应该从整体着眼看待部分，做到从整体而不是从局部观点来组织安排图书馆的人力、物力、财力及设备等，做到在一个目标下把管理对象——图书馆管理的各要素形成一个整体，以期最合理、最经济、最有效地创造社会价值。同时，还必须承认，自己管理的整体在更大的系统中又是一个有机组成部分。因此，还必须考虑更高层次对系统的要求，摆正自己在管理系统的位置，使之为大系统的全局效益服务。

其次，要把握图书馆系统的目的性。不仅有整个组织的目标，也有各个小系统的目标。图书馆整个系统的目标是一致的，但各个行业或不同图书馆或图书馆不同部门的目标是有区别的。因此，各系统图书馆只有把握住自己的目的，才能多快好省地出成果。目标混淆，必然是混乱的管理。此外，还要把握系统的层次性，系统的各层次之间应该职责分明，达到有效管理。

2.人本原理

为了提高图书馆工作效率，实现图书馆科学管理，采取精简机构、改革体制、制定法规、完善条例、运用现代科学技术等措施都是必要的，但再好的机构、体制、法规、条例和技术方法，都不会自动起作用，必须通过人进行调整、控制才能实现。图书馆的机构、体制是由人构成的，管理的职责亦由人来完成，而且体制的改革亦由人做出决定，政策、法规同样由人制定和执行。因此，人是管理中最活跃的因素。图书馆管理工作，只有把各级管理人员及所有工作人员的主动性、积极性和创造性充分调动和发挥出来，才能保证实现管理的目标，才能实现最大的社会效益。

正是对管理核心的科学分析，我们才得出对人本原理的基本认识。图书馆管理中的人本原理具有特定的含义，要求管理者把调节、控制和管理人的行为看作管理好整个系统的中心和关键，把调动人的积极性和创造性看作做好整个管理工作的根本。从思想上高度重视要做好整个管理工作，管好财、物和更好地利用时间、信息等，都必须紧紧抓住做好人的工作这个根本，做到知人善任、量才使用、人尽其才。

3.动态原理

图书馆科学管理工作的全过程，从分析，明确方向到制订计划、健全机构组织力量、指挥行动、跟踪变化、调节关系、控制系统，最后，总结、评估，前后至少有十个环节，周而复始，循环往复。这些环节在排列上可以有先有后，在实际管理过程中，不能机械地分开，往往是交错进行的，而且每个环节可能会有多种因素，各种因素又可能受到相同的或不同的因素影响，彼此互相制约。因此，从全过程来看，十个环节都是复杂的动态系统。

4.效益原理

效益是任何组织努力争取的目标，从对图书馆科学管理的目的分析，图书馆科学管理的最高宗旨是最大限度地满足读者的需求。图书馆科学管理的目的在于最大程度地发挥图书馆的社会作用，创造出更多有形的或无形的经济效益，能够为社会做出有价值的贡献，进一步实现图书馆工作的社会效益和经济效益的统一，这就是图书馆科学管理的效益原理。

因此，所谓效益原理，实质就是在图书馆系统的科学管理中注意讲求实效，为实现图书馆系统的总目标，管理好系统的各个部分。

（三）图书馆科学管理的原则

1.与系统原理相应的原则

原则是根据对客观事物的基本原理的认识而引申出来的，要求人们共同遵循的行为规范。图书馆科学管理的原则是指管理工作者在实际管理工作中需要遵守的规范。系统原理是图书馆科学管理的首要原理，与系统原理相应的原则是整分合原则和相对封闭原则。

（1）整分合原则

整分合原则是系统原理在图书馆管理实践中要求遵循的第一条原则，即要提高工作效率，首先，必须对如何完成图书馆整体工作有充分细致的了解；其次，将图书馆整体系统科学地分解成为多个组成部分或基本要素，并明确分工，使每项工作规范化，建立责任制；最后，进行总体组织综合，实现图书馆系统的目标。把握整体、科学分解、组织综合，这就是整分合的主要含义。

（2）相对封闭原则

相对封闭原则要求在图书馆系统内，管理手段必须构成一个连续封闭的回路。否则，管理大敞口，就无法实现管理的效益。科学管理的相对封闭原则，要求作为管理手段的机构有回路封闭，管理制度也应该符合这个封闭回路，执行机构必须准确无误地贯彻决策机构指令。

2.与人体原理相应的原则

在图书馆的科学管理中，强调以人为核心，以做好以人的工作为根本的人本原理。主要体现为能级原则、动力原则和行为原则。

（1）能级原则

图书馆科学管理的能级是不以人的意志为转移而客观存在的。正是能级构成了管理的"场"与"势"，使图书馆管理有规律地运动，以获得最佳的效率和效益。

图书馆科学管理的岗位能级是合理的、有序的，而人才的运动又是无序的，这样才能合理地进行图书馆管理。贯彻能级原则不是制约人的才能，而是要用人所长，各尽所能，实现人才的合理流动。

（2）动力原则

图书馆科学管理和其他管理一样，必须有强大的动力，正确地运用动力，使管理持续而有效地进行下去，这就是图书馆科学管理的动力原则。这一原则在很大程度上影响着其他原理、原则的效能。能级原则必须有充分的能源才能实现，没有强有力的动力制约因素，能级可能蜕化为封建等级。"人才辈出，人尽其才"这一愿景只靠人们的美好愿望是无法实现的。只有当某种动力因素迫使人们非用人才不可，才能真正做到不拘一格选人才。

（3）行为原则

调动各类各级人员的积极性是做好整个图书馆科学管理工作的根本。如何科学地对下属的行为进行管理，这是一个十分关键的问题。行为原则要求管理者对图书馆系统中的各类人员的多种行为进行科学分析和有效管理。图书馆科学管理应该遵循行为准则，其根本目的是要最大限度地调动和充分发挥各类人员的劳动积极性。

3.与动态原理相应的原则

图书馆系统随着系统内外条件的变化和发展，人们对它的认识必然会不断加深，衡量具体目标的准则也会相应发生变化。在这种情况下，计划的变化、力量的调整，甚至目标的变换等都有可能发生。在图书馆系统运动、变化的情况下，如何注意调节、适应各种变化，以达到、长远的目标，这就是动态原理的实质。因此，管理者必须重视搜集信息，随时进行调节，保证充分的弹性，保证取得最佳效益。

4.与效益原理相应的原则

在图书馆科学管理中体现和衡量效益原理的是价值原则。

图书馆科学管理价值原则所强调的价值是社会价值和经济价值的统一，又特别强调社会价值，是更高意义上的价值概念。

科学管理的价值原则，要求管理者必须时刻不忘管理的根本目的：最大程度发挥图书馆的社会效益，使其创造更大的社会价值。而它的社会价值主要体现在传递科学技术知识、提高人们的科学文化素养、促进社会主义物质文明和精神文明建设。

第二节 图书馆全面质量管理智能化理念

一、图书馆质量管理的概念及工作方法

通常而言，一个组织在质量管理上，会以质量为中心，以全员参与为基础，以让顾客满意、本组织所有成员及社会均受益为目的，采取多种措施提高管理质量。

（一）全面质量管理的含义

什么是全面质量管理？中国质量管理协会在《质量管理名词术语（试行草案）》中对企业全面质量管理定义为：企业全体职工及有关部门同心协力，综合运用管理技术、专业技术和科学方法，经济地开发、研制、生产和销售用户满意的产品的管理活动。由此可见，全面质量管理的宗旨：靠企业全体职工牢固的质量意识、责任感、积极性构成的"同心协力"；其手段：综合运用管理技术、专业技术和科学方法。也就是说，全面质量管理是企业保证最经济地生产用户满意的产品而做的全部组织管理工作。它与以往的质量管理相比，全面质量管理的一个重要特点在于它管理的全面性。实行的是全过程、全员参加的质量管理，以及全面、灵活运用各种科学方法的综合的质量管理。

全面质量的管理。它包括工作质量管理、产品质量管理、服务质量管理。强调要管好产品质量，必须管好工作质量，而且要以管好工作质量为质量管理的重要内容和工作重点，着重分析、研究、发现工作质量上存在的问题和缺陷，及时采取措施，加强改善。三者之间，工作质量是产品质量的根本保证，产品质量又是工作质量的集中反映，二者同时又是服务质量的基础，服务质量又是对二者的检验和评判。

全过程的质量管理。其管理范围是生产全过程，它要求每道工序严格把关，树立"努力为下道工序服务""下道工序是用户"的思想，把不合格的产品消灭在它的形成过程之中，实行以防为主的全过程质量管理，形成一个能够稳定生产合格产品的生产系统。

全员参加的管理。为保证和提高产品质量，必须依靠企业所有人员在各自的岗位上学习和运用全面质量管理的思想、观点和方法，高标准、严要求地搞好本职工作。全员参加的质量管理，不仅是为了使全员对产品质量关心、负责，更重要的是围绕质量管理活动，通过民主的管理方法来提高全员的质量意识、知识水平、技术业务水平、责任感、积极性。总之，根本目的是提高人的素质。

（二）全面质量管理强调以下几点

一是一个组织以质量为中心，质量管理是企业管理的纲；二是质量管理要全员参与；三是生产与服务的全过程都要进行质量管理；四是全面的质量；五是谋求长期的经济效益和社会效益。

图书馆在很多方面与企业有着惊人的相似之处。第一，图书馆有顾客，它的顾客就是读者；第二，图书馆有产品，它的产品就是信息，并提供信息为顾客服务；第三，信息的生产也像企业产品的生产一样，存在着由各个环节组成的系统生产流程，在信息的生产过程中也同样存在着大量重复的或机械性的日常劳动。

（三）全面质量管理通用的工作方法

全面质量管理通用的工作方法是以计划、实施、检查、处理四个阶段为主的循环方式。

1.计划阶段

计划阶段包括制订方针、目标、计划、标准、管理项目等。首先，要在调研的基础上，根据用户的要求确定组织的方针和目标。如生产一种设备，就要确定生产类型是什么，质量指标如何，产量多少，什么时候交货等等。为了完成上述目标，组织要制订个计划，然后，要有执行这个计划的生产标准，标准中包括产品图纸和技术条件、工艺规程、管理规章等，即包括产品质量标准和工作质量标准。

2.实施阶段

实施阶段是根据上一阶段制定的标准进行工作。在实施前，应从思想上和方法上做好充分准备工作，要分别在各类人员中把标准、要求讲解清楚，并解释疑难问题。在实施阶段，各部门要按照总的目标和标准制定出本部门的标准，严格地完成本部门的工作。

3.检查阶段

检查阶段是对照所制定的标准，检查执行的情况和结果，看其是否达到要求，以便及时发现计划和标准过程中的问题，并进行修改。

4.处理阶段

处理阶段是根据检查的结果，将成功的经验巩固下来，使其标准化，对失败的结果，查出原因予以改进，未解决的问题放到下一个循环中继续解决。

二、现代图书馆质量管理的意义

（一）有利于图书馆员工素质的提高

全面质量管理是全员参加的管理活动，要求每一位员工不仅在业务工作上要掌握全面质量管理的新思想、新技术、新方法，而且在思想观念上要树立"质量第一，质量就是图书馆工作的灵魂"的质量意识，"用户是上帝，一切以满足用户为出发点"的服务思想，"团结协作，为共同的目标而奋斗"的团结精神，并且以尊重员工的人格和主人翁的地位来培养员工的主人翁意识。这种意识能促使员工自觉地为组织目标的实现而努力工作，积极主动地关心图书馆质量管理工作，为推动全面质量的有效实施全身心地投入。同时，重视员工的智力开发和技能应用，提供教育和培训，旨在推进和提高全体员工素质和质量管理水平。实际上，图书馆推行全面质量管理正是不断提高员工素质的过程。

（二）有效改善图书馆的服务质量

当今世界质量竞争异常强烈，以往的口号是"以质量求生存"，现在发展到"以质量求繁荣、质量是消费者的权利"等。许多企业的产品已获得了国际机构的质量认证，许多服务业也做出了便民服务的承诺。

对于图书馆来说，服务质量的提高同样是图书馆管理的最终目标。建立图书馆全面质量管理体系，对图书馆工作的各个环节采取有效措施进行质量控制，建立起质量约束机制，改善图书馆服务质量无疑将起到积极的作用。

图书馆每个部门基本上各自独立成为小单位，在近乎封闭的环境中，按照自己的工作方式自行运作。虽然它们之间常常相互提供服务，但缺乏真正的了解。这种结构适合于有上下级关系的纵向管理，但难以应付围绕整体目标进行的跨部门的、强调协同工作的业务流程，在不同部门的人员之间常常出现由于责任和接口不明确，缺乏整体上的规划和协调，以及信息兼容和沟通上的问题等因素造成的延误和差错。在这种情况下，将全面质量管理的概念引入图书馆无疑为图书馆管理者提供了一种新的思考角度和有效的管理技术与方法。

全面质量管理强调质量管理的全过程和全员性，对服务的全过程进行管理，并要求全员参与，把用户需求放在第一位。这里的用户有两个概念：第一是指最终用户即读者，第二是下道工序的用户，如采访的用户为编目，编目的用户为流通等，上道工序要对下道工序负责，并为下道工序提供合格的产品。这样，既可使一个部门的图书馆馆员树立用户第一的思想，了解到自己的工作对下一工序的影响，也有助于其参与到问题的解决中去，从而获得更强的目标感，又可以避免在错误发生时相互推诿，逃避责任。

因此，图书馆推行全面质量管理是一种有效的方法，将过去面向固定业务的工作方式转变成为读者提供全方位服务为目标的思路，并根据读者的具体要求安排相应的业务流程。这对图书馆协调各工序的业务关系，提高服务质量，满足用户需求是非常必要的。

（三）有利于文献资源的开发与利用

图书馆推行全面质量管理的最终目的是用质量的观点充分开发和利用文献资源，有效地服务社会，使其产生更大的社会效益和经济效益。为达到这一目的，图书馆必须全方位、多层次、积极主动地为社会和用户提供高质量的服务产品，这是推行全面质量管理贯穿始终的指导思想和根本原则。在这一指导思想和原则的推动下，图书馆一方面要积极改变目前的管理机制，强化图书馆的服务质量；另一方面，要积极去争取用户、占领市场。争取用户、占领市场靠的是质量服务，以高质量的服务去感化用户、吸引用户、留住用户、扩大用户。用户多了，自然会推动文献资源的开发与利用，形成良性循环。

（四）弥补现有图书馆管理方法在质量控制方面的不足

现行图书馆的管理方法常常偏重于活动结果的考核、控制和处理。如现在图书馆常采用的目标管理和量化管理，由于其自身的原因，造成了管理功能上的局限性。在管理思想上，造成思想僵化、墨守成规、缺乏应变能力；在参与管理上，形成只有领导及少数人参与的局面，大多数工作人员只满足于完成任务、应付检查，普遍缺乏参与意识和创新意识；在管理方式上，形成只注重结果、抓事故，大多数工作人员成了被管理者，积极性得不到有效的发挥，而少数管理者却往往是忙于修漏补缺，疲于应付；在管理的效果上，造成工作人员责任心不强，部门之间互相推诿，文献信息资源开发利用率较低，读者服务的质量不高等结果。

　　全面质量管理的引入，显然能够克服传统的管理方法所带来的弊病，显著提高服务质量，更好地满足用户的信息需求。一些发达国家的大学图书馆和商业机构的图书馆早已相继引进了全面质量管理，并且取得了巨大的成功，他们的成功经验为我们进行全面质量管理开辟了新的领域，也坚定了我们执行全面质量管理的信心。

　　21世纪的社会信息化程度越来越高，面对充满竞争和压力的信息环境，用户对图书馆的服务会提出越来越高的要求。他们对文献信息的需求也将呈现出多元化、多层次的特点。图书馆只有提供高效、高质量的服务，对不断变化的需求做出反应，借鉴其他行业的质量管理方法，不断改进服务质量，以质量求发展，才能使自身得到更大的发展空间，获得更多用户的满意和认可。

　　建立图书馆全面质量管理体系，可通过确定组织机构与职责、程序文件、岗位工作指导书等，明确各项工作的程序及其控制原则与方法，明确各工作环节之接口的处理方法及各自的责任，明确各个工作岗位的具体工作流程与行为规范，从而增强图书馆工作的个体规范性。这种做法的深入与推广不仅会逐渐提高广大图书馆工作者的工作规范化意识，而且将加速整个图书馆行业工作规范化的进程。

　　实施全面质量管理，追求更高质量，满足并超越用户不断变化的信息需求是图书馆的最终目的。

三、图书馆质量管理体系

（一）图书馆全面质量管理体系的要素

　　图书馆作为社会文化机构，其使命是搜集、整理、收藏和流通文献资料，以供读者进行学习和研究。图书馆全面质量管理体系包括以下几方面要素：

　　1.持续改进

　　持续改进服务质量应当是图书馆追求的一个永恒目标。

　　随着环境的变化、社会的发展，以及技术上的巨大突破，用户对图书馆的要求是不断变化的。用户对图书馆服务提出了越来越高的要求，他们渴望从图书馆获得多样化、高质量的服务。因此，图书馆应建立一种适应机制，积极对外界环境的变化作出反应，增强图书馆的适应能力并提高竞争力，这种机制就是持续改进。

　　持续改进是图书馆增强满足用户要求的能力的循环活动，通过PDCA循环（P代表计划，D代表执行，C代表检查，A代表处理）不断改进图书馆服务质量，确保用户满意，同时也向社会证明自身存在的价值。

　　全面质量管理是一个长期过程，而不是一次就完成的工作。从某种意义上说，全面质量管理应成为一种"生活方式",而不仅仅是一件"事件的变化"。全面质量管理所带来的是一种文化上的转变、观念上的更新,这有助于在整个机构中真正树立起"质量第一"的观念。

持续改进包括两个方面:一是以图书馆量化绩效指标为基础,建立起可测度的目标,并监控达到这些目标的进度,还要不断改进,使图书馆为用户提供的服务质量达到或超过用户的期望质量。二是掌握一系列解决问题的工具和技巧,如流程图、管理图等,利用这些图表可以显示出图书馆的工作流程是否合理、所要解决的一系列问题的相对重要程度和所产生的变化是否达到预期的结果等。

2.关注用户

全面质量管理认为一个组织的服务质量是由顾客满意程度决定的,能否吸引顾客直接关系着组织的生存和发展。96%不愉快的顾客从不抱怨,但90%不愉快的顾客从此不再回头;吸引一个新顾客比保留一个现有顾客会多消耗一些时间、精力和财力。因此,图书馆应始终以用户为关注焦点,将理解和满足用户要求作为考虑和安排一切工作的出发点。由于用户的需求是不断变化的,因此,图书馆不但要理解用户当前的需求,还应预测用户未来的需求,满足并争取超越用户的期望。如图书馆卡片目录不但可以通过书名、著者、主题、分类四种途径帮助用户找到所需要的图书,还通过"参照"和"相关参照"为用户提供了其他有用线索,这就是超越用户期望的一种努力。

以用户为关注焦点,建立起图书馆对用户的快速反应机制,增强用户的满意度,从而提升用户的忠诚度,并为图书馆带来更大的效益。

3.人员素质的有效提高

人员素质和培训是图书馆实施全面质量管理的必不可少的要素之一,全面质量管理是"以人为本"的管理,即把员工视为管理的主要对象及图书馆的重要资源。

馆员素质决定了图书馆的服务质量。图书馆想要提高服务质量,让用户满意,就必须对馆员进行全面质量管理与技能的培训,加深馆员对改进服务质量、为用户提供更高质量的信息产品和信息服务重要性的理解与认识,使全体员工真正树立起"用户第一、质量第一"的服务观念,并把这种观念通过具体的工作表现出来,从而不断改进服务质量,提供优质服务。

4.全员参与

人是管理活动的主体,也是管理活动的客体。人的积极性、主观能动性、创造性的充分发挥,以及人的素质的全面发展和提高,既是有效管理的基本前提,也是有效管理应达到的效果之一。

图书馆员是图书馆事业的灵魂,图书馆员是图书馆之本。图书馆的全面质量管理只有通过图书馆内各职能、各层次人员的充分参与,才能形成一个人人关心服务质量、人人为服务质量负责的良好环境，才能保证达到既定目标。而全员参与的核心是调动图书馆员的积极性，当每个人的才干得到充分发挥并能实现创新和持续改进时，图书馆用户将会获得最大收益。

5.协同合作

尽管图书馆按职能的不同划分为若干部门，但各项服务之间却都存在或直接或间接的关系。同时，任何一项服务也往往是由多名图书馆人员共同承担的。因此，图书馆全面质量管理特别强调服务中的相互协调和配合，倡导不同部门或同一部门的图书馆人员共同解决部门中或部门间存在的服务质量问题。

6.领导重视

为用户提供满意的服务是图书馆的宗旨，图书馆服务的实现及有关的活动形成了图书馆的运作方向。只有当图书馆的运作方向与图书馆的宗旨相一致时，图书馆才能实现其目标。

图书馆管理者的作用就在于确立图书馆的宗旨和方向，并保持其一致性，创造一个全体员工能充分参与实现图书馆目标的内部氛围和环境。因此，图书馆馆长及其他管理者的支持对全面质量管理的实施非常重要的。这是因为，如果高层管理者不重视全面质量管理，会给其他人员对质量不负责提供借口。

7.教育和培训

对图书馆员进行专业知识和有关全面质量管理知识、技能的培训，是实施全面质量管理必不可少的一个要素。一些实施全面质量管理而没有收到效果的组织，其失败的一个重要原因就是急功近利，缺乏对工作人员进行适当的培训。一个有效的全面质量管理过程需要高强度的培训给予保证。

通过培训，一方面，能够加深图书馆员对改进质量、为用户提供优质服务的理解和认识，为全面质量管理活动奠定思想基础；另一方面，有助于图书馆员熟练掌握全面质量管理活动所需要的多种方法和技巧，为持续改进提供技术支持。用户对图书馆服务质量的要求是不断提升的，而培训则能帮助图书馆创造追求质量改进的框架和结构。

8.服务质量的科学管理

服务质量是图书馆全面质量管理的核心，它通过对图书馆整个服务过程的全面质量进行有效控制。

达到提高服务质量，且令用户满意的目的，对服务质量管理应体现在以下几个方面：一是服务的满足度。图书馆提供的文献信息满足用户的需要，可以通过文献保障率、用户借阅率、用户拒借率等指标表示。通过制定这些指标标准可以衡量图书馆的服务质量。二是用户的便利度。图书馆为用户利用文献资料提供方便的程度，包括馆址是否适宜；交通是否方便；服务布局是否合理；标示系统是否完备等。三是对用户的关心度。图书馆对用户给予的关心、关切和照顾程度，具体表现为图书馆工作人员在为用户服务过程中的情感投入，对用户的关注。四是用户的满意度。即图书馆为用户提供的服务使用户在总体上满意的程度。满意度是对图书馆服务工作的全面评价，是满足度、关心度、便利度等评价指标的综合体现，因而意义特别重要。追求较高的满意度应成为提高图书馆服务质量的最终目标。

9.绩效测量

不能测量，就无法了解；不能了解，就无法控制；不能控制，就不能改进。因此，作为以持续改进为目标的图书馆全面质量管理，更应强调对服务绩效的测量。通过评价服务质量，明确问题之所在，进而找到改进的机会。

图书馆全面质量管理不仅强调服务过程的评价，对服务结果的测量也被放到了同等重要的位置。正是通过这种全面的测量控制和改进，才保证了整个图书馆服务质量的完美无缺。

（二）建立质量管理体系的方法

1.质量管理体系的策划与设计

所谓质量管理体系，就是为实施质量管理的组织结构、职责、程序、过程和资源。质量管理体系的策划与设计，是图书馆实行质量管理的前期工作。其主要内容有：

（1）有关质量管理的教育与培训

要保证质量管理体系的高质量建立和有效运行，对本馆工作人员开展有关质量管理的教育和培训是必要的。通过教育和培训，图书馆工作人员能够了解并掌握有关质量管理的基础知识，明确建立质量管理体系的指导思想，即保证工作质量和工作水平，使图书馆工作职责明确、工作程序规范，并强化全员的工作质量意识。

（2）拟定质量管理体系建立计划

组织成立质量管理体系规划小组，根据上级的规划和要求，制定本馆合乎实际需要的质量管理体系计划。计划中要明确目标、进程和工作重点。

（3）进行本馆质量现状分析

由规划小组组织开展本馆以往工作质量情况分析，针对好、中、差等情况分别采取相应措施；对已有的各项规章制度重新进行认证，对行之有效的要继续保留，对无效的要统一进行修改或废除；同时，对照标准找不足，并采取整改措施。

（4）确定质量方针与目标，完善组织机构

要根据本馆的任务、方针，结合本馆的质量现状和各方面办馆条件，客观地确定本馆的质量方针与目标。根据质量管理要求重新审视本馆的组织机构设置，进行适当调整，实现按客观规律来设置组织机构，明确各自的职责和权限，从而促使各部门的质量责任进一步明确。

2.图书馆推广全面质量管理应注意的问题

第一，推行全面质量管理是一个长期艰苦的过程，它涉及思想观念、价值观念和行为准则的转变。质量文化的建设通常也要几年才能有所成就，任何侥幸和投机取巧的思想都将导致管理的失败，期望立竿见影的短期想法也是行不通的。

第二，全面质量管理是全员参加的管理，需要每一个员工和管理者的全力投入和不懈努力，在各自的岗位上，学习和运用全面质量管理思想、观点方法，高标准、严要求地做好本职工作。只有人人重视质量，人人管理质量，图书馆全面质量管理工作才能做好。而认为质量管理只是少数人或个别部门的事，与自己无关，把责任都推给别人，这种想法和行为也必将导致全面质量管理的失败。

第三，推行全面质量管理的过程本身是一个质量过程，必须认真规划和制定质量目标，否则，不但不会提高质量，反而会降低效果。

第四，全面质量管理每一步都离不开信息，实行全面质量管理必须建立健全信息反馈网络，它是改善和提高质量管理必不可少的条件，缺乏这一环节就会使全面质量管理的实施寸步难行。

第五，图书馆引进和推行全面质量管理理论和技术决不能生搬硬套，要结合国情、馆情，有分析、有比较、有选择地学习，并结合国内外好的经验，创建一套具有自己特色的、适应图书馆管理的全面质量管理体系。

第六，正确评价质量管理体系，是完善、改进质量管理体系的重要环节。其主要内容包括：规定的质量方针和质量目标是否可行，体系文件是否覆盖了所有主要质量活动；各文件之间的接口是否清楚，组织结构能否满足质量管理体系运行的需要；各部门、各岗位的质量职责是否明确；质量体系要素的选择是否合理；规定的质量记录是否能起到见证作用；所有馆员是否养成了按体系文件工作的习惯，执行情况如何。

第七，实施全面质量管理要认真做好质量评估工作。做好评估工作的目的在于总结经验教训，只有不断完善全面质量管理体系，进一步提高员工的质量意识，调动管理部门和员工不断提高工作质量和管理质量的积极性和创造性，才会使全面质量管理走上良性循环的道路。

四、图书馆质量评估的意义与原则

（一）图书馆质量评估的意义

图书馆评估是指科学地制定图书馆评估标准，以评估标准及其指标体系为依据，全面系统地收集图书馆的各种相关信息，对图书馆实现预期目标的条件、行为及其状态作出客观的价值判断的过程。评估是图书馆实现管理目标、提高管理效益不可或缺的技术方法。

通过评估，可以检验图书馆管理效果，发现图书馆管理中存在的各种问题，并根据预期的管理目标做出相应的调整，以推动图书馆各项工作的深入开展。图书馆评估要依据客观的评估标准及其指标体系，对评估客体的条件、状态和水平作出价值判断，估价和评判受评馆达到目标的程度，并依据存在的问题，指出相应的管理措施，明确努力的方向，使图书馆工作沿着既定的管理方针、管理策略和管理目标行进。

通过评估，能够确定一个图书馆的现时状况，以及在全行业中的发展水平，促进馆际间的相互交流、学习，引进竞争机制，推动图书馆事业的发展。评估是对图书馆工作条件、工作水平和工作成果进行综合评价的过程，它通常是在一定范围内展开的。一个地区、一个专业系统，乃至全国范围的图书馆评估，必然产生并刺激馆际之间的竞争。各受评馆在自我评估的同时，便自觉或不自觉地和其他馆相比较，通过比较，相互竞争、取长补短、共同提高。所以，评估有助于图书馆之间相互了解和交流，有助于图书馆间的评比和竞赛，有利于促进图书馆行业整体服务能力和服务水平的提高。

通过评估，能够逐步推进图书馆工作的规范化、制度化、标准化，促进图书馆管理水平的不断提高，推动各项工作朝着科学化的方向迈进。图书馆评估中最核心的问题是建立标准，制定一个统一的标准，并以此来检验图书馆的基础业务工作、读者服务工作与自动化建设，使之朝着规范化、标准化方向健康发展。

（二）实施图书馆质量评估应遵循的原则

图书馆评估的主要目的是加强国家及各省（自治区、直辖市）行政主管部门对图书馆事业的宏观管理和具体指导；为制订图书馆事业的有关政策、法规和发展规划提供依据；促进图书馆改善条件，改进工作，提高服务水平、学术水平和科学管理水平，以推动整体图书馆事业蓬勃发展。

为了使评估达到上述目的，必须从制定评估办法和评估指标体系到组织实施的全过程中，遵循下列评估原则：

1.客观性原则

评估要自始至终坚持实事求是、客观公正的科学原则。评估指标体系及实施方案的制订，应从实际出发，以现时的各种条件为基础和前提。评估指标和指标体系要反映图书馆工作及其事业发展的客观规律，反映决定图书馆本质的主要因素及其内在联系。评估材料要正确反映各馆的实际状况。在评估过程中，坚持以客观事实为依据，以评估指标体系和计分细则为准绳，力求各项资料和数据的统计全面系统，对图书馆的评估和打分客观公正。

2.整体性原则

为了保证图书馆评估工作的连续、完整和统一，有必要对图书馆评估工作进行全面、系统的规划和组织。无论是全国范围的评估，还是各专业系统图书馆的评估，都应该制订总体规划，并提出统一要求。各地、各基层图书馆也应根据全国或本专业系统的统一要求和规定，组织和落实具体的评估工作。在设计和制定评估指标体系时，要兼顾图书馆工作的各个方面、各个环节，使评估指标能够较好地反映图书馆的全貌。各地、各专业系统在制定本系统评估指标时，也应以全国的总体要求为基础，保证评估的整体性与协调性。在评估工作中，坚持整体性原则对宏观控制和微观调节都是极为必要的。

3.科学性原则

图书馆评估工作的根本要求是不断提高评估的科学化水平。在评估工作中，科学性原则的应用包括：

第一，不断加强评估工作标准化、规范化和制度化的研究和应用，以提高评估的科学性。

第二，运用科学的方法和手段制定评估指标体系，使指标体系既体现先进的技术要求，又符合图书馆的实际水平，提高指标体系的可行性、适用性和可接受性。

第三，评估指标项应以大量统计、测算、研究和实践为基础，凡能够量化的项目，要尽量拟订定量分析指标；对难以量化的项目，再进行定性评估。各项定量指标应具有易于获取、测定、计量和可比的性质。各项定性指标的含义应具有确定性和唯一性。

第四，采集各项统计指标的原始数据，必须准确、真实。采集的方法和途径也应贯彻科学性原则。要杜绝非科学性因素对指标、指标体系、统计分析及评估的影响。

4.指导性原则

指导性原则亦称导向原则，是指评估要有明确的方向，评估指标要对图书馆各项工作具有指导作用，通过评估，要把图书馆工作引导到正确的方向上去。国家行政主管部门颁发的各种图书馆条例、规程及有关政策，反映了图书馆事业发展的规律，代表了图书馆事业发展的方向，是图书馆各项工作的准则。这些条例、规程及政策通常都体现在行政主管部门所制定的评估指标体系中。评估指标的设置、不同指标之间权重值的分配、测评标准的拟定，以及评估工作的组织方式等，都反映了主评部门的价值取向，具有明显的导向性。如果主评部门注重图书馆读者服务工作的效果，那么，在评估中就可以用提高服务工作指标的权重系数，达到引导图书馆关心和重视读者服务工作的目的。因此，在评估中，应该坚持并合理地运用导向性的特性，并以此作为评估的基本原则，指导具体的评估实践。

5.效益性原则

讲求效益是现代图书馆管理的一项基本原则，作为图书馆管理的一个重要组成部分，图书馆评估理应把办馆效益作为评估工作的重要原则。在评估中，既要考虑评估的总体效益，力争少花钱多办事，又要考虑评估的个体效益，把图书馆服务效益作为评估的一项重要内容。也就是说，要树立投入与产出进行比较的效益观念，既把效益作为评估立项的内容，又把效益作为评估行为的准则，以体现效益原则的完整性。

五、实施图书馆质量管理评估应注意的问题

（一）重视用户与提高满意度

对一个图书馆来说，无论其文献规模、设备规模、人力规模如何，追求高品质的服务永远是图书馆追求的目标。"以读者为中心，以服务为宗旨"是不变的。全面质量管理通过对图书馆服务质量和效率标准的制定和评价，规范图书馆的各项工作，提高工作质量和服务质量，可以更好地为读者服务。

（二）全员参与，提高服务意识

全面质量管理着重强调全员参与，只有调动图书馆全体员工的积极性和创造性，树立起"用户第一，质量第一"的服务理念，以用户满意为原则，站在用户立场上考虑和解决问题，并通过具体的工作表现出来。在图书馆内部树立"服务质量，人人有责"的服务意识，把提供高质量的产品和服务作为自己的职责，才能营造出一个"人人关心服务质量、人人为服务质量负责"的良好环境。

（三）尊重事实与真实反映服务质量

全面质量管理以数理统计为主要手段，在分析质量问题时，应坚持实事求是、科学分析，一切用事实和数据说话。

这就要求在全面质量管理工作中具有科学的工作作风，在研究问题时，不能满足于一知半解，对问题不仅要有定性分析，还尽量要有定量分析，做到心中有"数"，从而避免主观盲目性。通过对读者进行调查，了解读者的需求和对图书馆的满意程度，调查时一定要有一套量化的评价标准，不能简单地使用"满意"或"不满意"来衡量。同时，还必须运用图书馆统计学方面的知识，分别从质和量的方面对所做工作进行评估。如统计出图书馆机读数据库被检索的次数；采访部所采购的各专业图书种类、数量，各专业图书的实际使用情况等。通过用户调查、

效率测量和审计，树立科学的分析、控制质量波动规律的工作作风。

（四）积极预防与及时消除质量隐患

在图书馆的全面质量管理工作中，要认真贯彻预防的原则，实行预防为主、防患于未然的方针，把影响质量的隐患消除在服务质量的形成过程中，把服务质量全过程的各个环节全面地管理起来，形成一个综合性的质量管理工作体系，做到以防为主，防检结合，重在提高。

对图书馆而言，任何一项服务活动都是一个连续过程，图书馆最终能向顾客提供所需服务同样需要多个人员、多个部门的共同配合才能完成。

第六章　图书馆智能管理体系构建

第一节　图书馆智能管理体系构建

一、现代图书馆管理的特点

图书馆管理是指人类在进行文献信息资源的搜集、整理、储藏、利用过程中形成的一种管理活动。图书馆管理除了具有一般社会实践活动的共性特征，如客观性、能动性和社会历史性等，还具有自己特有的特点：

（一）综合性

管理是以研究企事业单位中人的活动规律，用科学的方法改进管理工作，充分调动人的积极性的一种行为。它主要是以人为中心的各种管理行为为对象，总结活动规律，并通过合理地组织和配置人、财、物等因素，提高企事业单位的工作效率，调动人的积极性，最终达到提高生产力水平的目的。而图书馆服务工作的主体是读者，以读者为中心，推动图书馆服务工作的正常运行和发展进步，离不开图书馆的管理者解决好人与环境、人与人之间各种关系问题。所以，图书馆管理实质上是围绕管理和服务进行的，是多种综合因素共同作用的结果。

（二）理论性

图书馆管理是一项特殊的管理活动。在管理的实际运行中，可以借鉴多种基础理论的研究成果，如管理学、图书馆学、情报学、经济学、心理学等一系列学科。这些学科的某些优秀成果与图书馆管理相结合，并具体运用到管理的实际运行中去，使图书馆的管理以深厚的理论为基础，以便能更好地推动图书馆事业的发展，提高图书馆在人类社会进步中的地位和作用。

（三）科学性

图书馆管理是一项具有科学性的活动，从图书馆产生之初，人类就知道应采用一些方法以便更方便地查找文献信息。因此，在图书馆管理的过程中，人们发现了很多的方法管理和利用文献信息资源，这些方法逐渐形成了图书馆管理工作的规定，有些甚至上升成标准和法律。因此，图书馆管理是项具有科学性的活动。

（四）组织性

随着图书馆事业的发展，图书馆已经逐渐形成了规模化，图书馆管理活动也变得复杂起来。管理活动中涉及的各种资源越来越多，人力、物力、财力、文献信息等因素交织起来影响着图书馆的管理活动运行。对这些资源管理的好坏直接影响着图书馆的正常运行，所以，在图书馆管理中要有计划、有目的地进行管理，图书馆管理是一项系统地有组织的管理活动。

（五）动态性

管理活动的本身就是要在不断变化的环境中进行。为了应对不同的读者需求、更新文献信息的形式以及随时改变的社会环境，管理活动都要随之变化。所以，图书馆管理是一项要随着服务对象、工作环境和社会环境等因素的变动而进行改变的活动。只有跟上时代的变化，随时适应影响图书馆发展的各项因素，才能使图书馆符合社会发展的需求，不被时代所遗弃。

（六）协调性

图书馆管理涉及图书馆各项业务活动和行政管理活动等方方面面具体的活动。这些具体活动直接影响着图书馆管理能否正确、正常和有序地进行。图书馆管理要使这些具有关联性的各种业务活动和行政管理活动中的人际关系、利益关系处于一种和谐、平衡的状态，消除管理活动中的各项不利因素，从而减少内耗、降低摩擦，发挥组织的协同作用，使图书馆有限的人力资源、信息资源发挥出最大的效用。

二、现代图书馆管理环境

图书馆管理环境是指可能对图书馆行为和管理活动产生直接或间接影响的各种因素的总和。根据各种因素对图书馆管理的影响程度不同，可以将环境分为图书馆管理的外部环境和内部环境。图书馆管理要了解这些因素变化的情况，及时掌握环境变化的信息，从而进行正确的决策。

（一）图书馆管理的外部环境

1.一般环境

一般环境是图书馆管理的外部环境之一，又称为宏观环境，是指对图书馆管理活动产生影响，但其影响的相关性不强或间接相关的一些因素。这些因素对图书馆的影响虽然不是直接的，但有可能对图书馆产生某种重大的影响。具体包括以下几个因素。

政治环境，政治环境的稳定是图书馆发展的基础因素，国家对图书馆的重视程度直接决定着国家对图书馆的宏观调控政策、财政对图书馆的支持和图书馆管理的对外交流情况。

经济环境，指的是包括社会经济结构、经济发展水平、经济体制和宏观经济政策等几个方面，它们构成图书馆生存和发展的社会经济状况及国家经济政策。

法律环境，指的是与图书馆相关的社会法制系统及其运行状态。当前，越来越多的国家将图书馆和图书馆管理纳入法制化管理渠道，为图书馆的发展提供了稳定发展的基础和保证。我国目前的图书馆和图书馆管理还没有上升到法律层面，有必要向此方向发展。

科技环境，是指图书馆所处的社会环境中的科技要素及与该要素直接相关的各种社会现象的集合，包括社会科技水平、社会科技力量、国家科技体制、国家科技政策等。科技环境对图书馆的影响巨大，现代图书馆的快速发展与科技发展密切相关，所以，关注科技环境有利于图书馆的发展。

社会文化环境，包括一个国家或地区的人口、家族文化教育、传统风俗及人的道德和价值观念等。这些因素影响着图书馆的数量、文献信息资源的收集方向及图书馆的服务对象等方面。

2.特殊环境

特殊环境又称微观环境或任务环境，是指对图书馆的组织目标实现产生直接影响的外部环境因素。与一般环境因素相比，这些因素对图书馆的影响更频繁、更直接。具体包括以下几个因素。

读者或用户，是指利用图书馆文献信息资源的人群，是图书馆服务的对象，是图书馆存在的必要条件，对图书馆的影响起着决定性作用。

文献信息资源的供应者，包括出版社、图书馆经销商、数据库的开发者和经营者、信息设备的开发者和生产者，当然也包括各种信息、技术和服务等。这些供应者提供的产品或服务的数量、质量和价格直接影响着图书馆文献信息资源的优质程度、水平和服务的质量。

图书馆的竞争者和合作者。网络信息服务使传统图书馆的发展面临着巨大的困难，它的方便、灵活、丰富性影响着传统图书馆的管理，为此，传统图书馆的管理要向网络信息服务的管理模式借鉴，并及时调整自身的战略目标。同时，与网络信息服务合作，发展自身特色的网络信息服务平台，促进自身发展。

业务主管部门。多数类型的图书馆都受相关部门的领导。与这些部门进行良好沟通是保证图书馆朝着既定目标前进的基础之一。

以上这些环境因素构成了图书馆管理的外部环境。外部环境的不确定性和复杂性，使图书馆在存在和发展过程中要不断密切关注这些因素的变化，建立一定的缓冲机制和弹性机制以适应这些因素的影响，并加强自身对外部环境的控制，努力调适图书馆管理，使外部环境对图书馆的负面影响降至最低。

（二）图书馆管理的内部环境

图书馆管理的内部环境一般包括图书馆文化（图书馆内部气氛）和图书馆的基础条件两部分。

第一，图书馆文化是指处于一定经济、社会、文化背景下的图书馆在长期的发展过程中，逐步生成和发展起来的日趋稳定而独特的价值观，以及以此为核心而形成的行为规范、道德规则、群体意识、风俗习惯等。一般可分为三个结构层次，即：

（1）表层文化即物质文化层，包括馆舍馆貌、工作条件、工作设施配备情况等，这些是图书馆内层文化的物质体现和外在表现。

（2）中层文化即制度文化层，是指对馆员和图书馆自身行为产生规范性、约束性影响的部分，主要包括工作制度、责任制度和其他特殊制度等，这些是图书馆物质文化和精神文化的中介。

（3）内层文化即精神文化层，包括用于指导图书馆开展读者服务活动的各种行为规范、价值标准、职业道德、精神风貌及馆员意识等。

以上这三个结构层次的文化互相联系、互相依赖、互相影响并互相转化，共同构成图书馆文化的统一体。对图书馆的管理起到了导向功能、凝聚功能、激励功能、规范功能，以及渗透功能。

第二，图书馆的基础条件是指图书馆所拥有的各种资源的数量和质量情况，包括人员素质、文献信息资源的储备情况、科研能力等。

这些因素与其他因素一样，影响图书馆目标的制定与实现，而且还直接影响图书馆管理者的管理行为。

三、图书馆管理的职能

图书馆作为一种提供信息服务的社会机构，对人类社会文明的贡献是巨大的。从古代的哲人到现代的科学家、文学家、思想家等，凡是在历史上为各个学科领域的发展提供了某种新思想或做出某种创造性贡献的人，其成功无一不是与充分利用图书馆文献信息资源息息相关的。图书馆无论在历史上和现今社会，还是未来社会中，都是对人类文明的进步和发展起着不可替代作用的组织。而图书馆之所以能获得如此高的评价，是因为图书馆管理工作在其中起了决定性的作用。

图书馆管理的职能指的是管理在图书馆的业务、政务管理和职工生活管理过程中所发挥作用，是管理职能在图书馆的具体执行和体现。

（一）决策职能

决策是行动的先导，是最重要的管理职能。一般说来，这项职能是图书馆领导机关的主要功能。当然，为了在图书馆管理的过程中最大限度和最有效地发挥决策职能，还应该实现管理决策的科学化、民主化，建立健全民主决策制度，注重信息的公开化。因为决策不仅是方案的最终呈现，而且贯穿于图书馆管理过程的始终，管理的其他各项职能都离不开决策活动，整个管理实际上是一系列决策的总汇。可以说，管理就是决策。

（二）计划职能

计划职能是指图书馆各个部门为了实现既定的行政决策目标，对整体目标进行科学分解和测算，并筹划必要的人力、物力，拟定具体实施的步骤、方法及相应的政策、策略等一系列管理活动。具体包括计划的制订、执行和检查监督等环节。其目的是使图书馆的各项工作能够有计划、有步骤、有方法地进行，以杜绝领导工作的随意性，避免对图书馆管理的消极影响。

（三）组织职能

图书馆管理组织职能的目标是具体落实和实现决策和计划，组织职能是实现管理目标和管理效能的关键性职能。组织职能具体包括对图书馆各种工作机构的设置、调整和有效运转；各机构职权的合理划分；对全馆工作人员的选拔、调配、培训和考核；对资金、固定资产和其他物品的安排和有效利用；对执行活动中的各项具体工作进行督促、检查和指导等。

（四）协调职能

图书馆管理中的协调职能，是指对图书馆行政部门、业务部门及全体工作人员之间的各种工作关系进行调整和改善，使它们按照分工协作的原则，互相支持、密切配合、步调一致，共同完成本馆内预定的任务和工作。现代图书馆管理是专业化协作的管理，没有协调却要达到共同目标是不可能的。因此，协调是管理运行过程中的一项职能，具体内容包括：协调行政管理机构之间，业务管理机构之间，行政管理和业务管理机构之间，工作人员之间，工作人员与行政管理部门、业务管理部门之间，与本单位之外的政府、企事业和其他组织之间的关系。

（五）控制职能

控制职能是指管理按照行政计划标准，衡量计划完成情况并纠正计划执行中的偏差，以确保计划目标的实现。图书馆管理的控制职能贯穿于行政管理的各个方面和全过程。做好控制职能一般要注意以下几个方面：第一，确立控制标准，使各项工作有可衡量的指标，以采取正确的纠正措施。第二，对管理行为的偏差进行检查和预测，对图书馆管理工作的实际结果与质量标准监测，获取管理工作的偏差信息，为下一步采取控制措施提供依据。第三，采取相关措施对图书馆管理工作的行为和过程进行调节。即判断管理行为偏差的性质和层次，确定偏差的程度和范围，找出产生的全部原因，制订相应具体的纠正措施。第四，实行有效的监督。即根据行政目标、计划和控制标准，监察、督导行政过程的正常发展和行政系统的有序运转。

总之，图书馆管理的职能是图书馆各个机构设置和改革的重要依据，也是管理运行的必需环节，科学地认识、确定管理各方面、各阶段的职能，并保持它们之间有机的联系，同时，适应环境和形势的变化，及时转变职能，对有效地进行图书馆管理，具有十分重要的意义。

第二节　图书馆智能行政管理体系构建

一、图书馆行政管理的定义

"管理"一词的历史与行政相比，显得更加久远，范围也更加广泛。可以说，人类社会的管理现象与人类社会是同时产生的，只要存在着两个以上的个人或两个以上群体的共同活动，就有了管理活动。对于行政管理概念的理解存在着一些分歧，主要有以下三种观点：一是狭义的行政管理。从国家"三权分立"的角度理解行政管理，认为行政管理是国家行政组织即政府系统依法对国家事务和社会公共事务进行管理，是国家行政权力的运用。二是广义的行政管理。这种观点从整个国家管理的角度理解行政管理，认为行政管理的范围应该包括整个国家的管理活动，即凡属国家机关的活动都是行政管理活动。三是最广义的行政管理观点。认为行政管理不仅包括一切国家机关的管理活动，而且包括企业、事业单位和群众团体管理活动。

在第三种观点中，行政管理行为已经不限于国家权力的行使，而将企业、事业单位和群众团体的管理活动纳入行政管理研究的范畴，这主要是由于国家和所有的单位、团体、组织都是出于某种确定的目的而形成的，需要对这个单位、团体、组织的行为进行必要的指挥和协调，具体包括行政目标的确定，决策、计划的制订和执行，人员的安排，经费的管理等一系列行为，组织内的所有行为都是为实现统一的目的而做出的。所以，国家行政管理与其他单位、团体、组织的行政事务管理相近似，这就使得第三种观点越来越得到大家的接受，除学术或专指国家行政权的行政管理概念，日常生活中人们提到的行政管理，指的都是最广义上的行政管理观点。

图书馆的管理工作按不同的工作内容可以分为业务管理和行政管理。其行政管理工作指的是图书馆的管理者按照本单位的工作特点和工作性质，采取计划、组织、决策、指挥、控制、协调等一系列行为，使图书馆的人力、财力、物力、时间等资源合理地得到合理利用，以帮助完成图书馆工作最终要求达到的目的。图书馆行政管理作为图书馆管理工作的重要组成部分，承担着图书馆建设中的辅助作用，为图书馆业务发展和读者管理提供有效的保证。

二、图书馆行政管理的特点

图书馆行政管理作为图书馆管理的重要组成部分，在图书馆的建设和发展中具有重要作用，影响着图书馆管理的成败，这主要是由于行政管理的特点所决定的。图书馆行政管理具有以下特点：

（一）约束性

图书馆作为一个组织整体，必须要具有统一的目标和工作标准，这就需要依靠具有约束力的行政手段来实现。在行政管理的实践中，并不是全面采取这种具有约束力的行政手段，如图书馆工作中的决策、计划的制订需要以民主为基础，但在决策、计划的执行上则需要具有约束性的行政手段介入，从而强制保证决策、计划的实施。

（二）引导性

所谓行政管理的引导性指的是行政管理工作对图书馆的正常运行起着引导作用。

行政管理部门负责本单位规章制度的制订、执行和监督，这对工作人员的行为产生了一种导向作用，引导工作人员按照一定的标准和要求进行工作，使图书馆管理工作达到事半功倍的效果。

（三）凝聚性

凝聚性决定着图书馆内部发展的活力。在当今社会，图书馆作为公共事业单位，在发展中面临着众多困难，这中间包括资金因素、人员因素及社会因素等。当这些因素对图书馆的发展产生影响的时候，作为图书馆调解中枢的行政管理部门，要发挥其凝聚性，解决这些不稳定因素给图书馆带来的负面影响。

三、图书馆行政管理的基本原则

图书馆行政管理的原则是行政管理本质的反映，其实际内容和具体的表现形式，是决定行政管理工作如何进行、怎样进行的基本准则。

（一）服务性原则

图书馆行政管理的服务性原则的内涵为行政管理工作是为本单位的各项基础业务管理提供服务的，既包括工作人员的需求，也包括广大读者的需求。服务性原则，不仅贯穿于行政管理过程的始终，而且贯穿于行政管理的各个领域和各个环节。

1.为图书馆业务提供服务

图书馆是一个以为读者服务为基础业务的组织，这项基础工作受诸如财力、物力的支撑，工作人员的选择、培训等多种因素的影响，而行政管理工作正是可以左右这些因素的关键环节。行政管理必须秉持对业务管理服务的原则，根据业务管理的需要，有效、及时地满足业务管理过程的需要，促进图书馆事业的发展。

2.为工作人员提供服务

图书馆工作人员是图书馆事业发展最活跃、最积极的因素，充分调动这部分人的积极性、主动性、创造性，使他们将爱岗敬业的精神真正地投入工作中去，才是实现图书馆事业创新发展的保证。行政管理工作的一项重要内容就是要妥善做好人力资源的管理工作。人事管理不仅要注重提高全体馆员的职业和道德素质，还要努力促进馆员的工作积极性，使他们在工作中没有后顾之忧，解决好工作人员的各种合理需求，保护馆员的身心健康。这要求行政管理者要将服务原则运用到人事管理中，要具体结合本单位的实际情况，切实了解馆员的需求，耐心细致地开展人事管理工作。

3.为广大读者提供服务

读者是图书馆的服务对象，图书馆的所有服务和业务都是以读者为核心，围绕读者展开的。行政管理也是一样，虽然行政管理人员并不直接与读者接触，但行政管理所承担的涉及财务、后勤等工作与图书馆的对外服务密切相关。行政管理在读者和业务管理中承担着调解中枢作用，是读者所享有的各类信息服务、知识服务的保证。

（二）效率原则

效率原则在图书馆行政管理中的运用是指用最少的行政投入（包括人、财、物等），获得最大的行政产出（包括社会效益、经济效益等）。具体应该从以下几个方面着手。

1.建立高效率的行政组织机构

行政管理工作需要建立高效率的行政机构，设立这种机构应该做到：一是合理设置行政机构。机构的种类、数量的多少、层次的划分、规模的大小都要从实际出发，部门之间要分工合理。二是科学地确定行政管理机构内部的人员结构。任何行政管理机构都是由若干职位构成的，根据实际需要确定行政机构内部的各种职位，按照职位配备具有相应才干的人员。三是实行定编定员。行政人员的数量应科学地设置，注重精简机构，避免人员过多而无所事事而人员过少，穷于应付，妨碍行政效率的提高。四是要不断提高行政工作人员的职业素质和道德修养。行政管理是一门科学，从事的工作对行政人员的文化素质和职业道德有较高要求，同时，从事这项工作还要对图书馆的基础业务有所了解，才能适应图书馆的发展要求。

2.建立和健全行之有效的行政工作程序

图书馆行政管理工作涉及的范围非常广，处理的问题也非常复杂，很多问题还具有专业性。因此，为了有效地执行日益复杂的行政事务，行政管理工作程序必须科学化、制度化，才能使行政管理工作在具体操作时做到有章可循，同时，还有利于行政管理工作的考核。

3.健全岗位工作责任制

岗位工作责任制是提高工作效率的有力保证。图书馆应根据行政工作的性质和特点，明确划分行政责任，职责要分明、分工要详细，应有数量、质量、时间等具体指标的要求，明确政绩考察的内容，建立各项考核和奖罚制度。一旦出现问题，立即追究，形成人人有动力、有压力，充分发挥职工工作的主动性和创造性，提高行政效率，避免不必要的人、财、时间的浪费。

（三）整体原则

图书馆行政管理工作是一个多方面、多层次、多环节相互依赖、相互作用的有机整体。一方面，行政管理工作对图书馆基础业务具有辅助作用，为图书馆业务管理提供财力、物力的支持；另一方面，行政管理工作又决定着图书馆的发展方向。所以，行政管理部门要积极与业务管理部门互相沟通，让行政信息协调、统一地在各部门之间运行，促使业务部门与行政管理部门形成一个相互促进的整体，从而实现图书馆管理的目标。

四、图书馆行政管理的组织结构

（一）图书馆行政管理组织结构设置的必要性

图书馆行政管理组织是图书馆开展本单位管理活动的基础。依靠行政管理组织，图书馆工作人员可以在本单位这个框架内进行交往互动，满足各种工作需求，实现图书馆业务的正常进行。图书馆行政管理组织是一种有着相对明确的边界、规范的秩序、权威层级、沟通系统及成员协调的集合体，这一集合体具有一定结构性，其从事的活动往往与多种目标相关，其活动对图书馆工作人员、图书馆本身及外部社会环境都产生一定的影响。

具体地讲，图书馆的行政组织结构是指在图书馆中建立起来的各种部门或机构之间，以及以部门机构为依托的图书馆成员之间的权利和责任关系的结合方式，是表现图书馆各部分排列顺序、空间位置、聚集状态、联系方式，以及各要素之间相互关系的一种模式。即按照本单位的工作性质把工作进行精确分工，然后，在分工基础上进行协作以完成工作目标。主要内容包括设定工作岗位，将岗位组合成部门，确定达到什么样的要求，如何使不同层次的部门能按时完成本单位的工作任务，最终实现本单位的目标，达到预期的结果。图书馆行政组织的结构建立是一件非常复杂而细致的管理工作。因为，没有一种合适的行政管理组织，没有严密的分工与协作，是不可想象的。图书馆行政组织的工作目的是要通过建立一个适于本单位工作人员相互合作、发挥各自才能的良好环境，从而消除由于工作或职责方面的原因引起的各种冲突，使工作人员能够在自己的岗位上为实现本单位的目标做出应有的贡献。

（二）图书馆行政管理组织结构设置的原则

在现代化图书馆的行政管理中，合理的行政组织结构是各项基础业务的客观要求，这要求图书馆在设置行政管理组织结构时应遵循以下原则。

1. 权责对等原则

图书馆行政管理职责是本组织成员在一定职位上应该担负的责任。而其职权则是为了担负责任所应该具有的权力，组织中的每一个职位的任职者都具有相应的权力并承担相应的责任。由于权力、责任和职位之间的相关性，人们往往把职位上的责任和权力简称为职权、职责。为了能够使行政管理人员完成其职责，又不滥用权力，在组织结构设置时要注意权责对等。

2. 统一指挥原则

图书馆内部的部门和职位之间的地位并不平等，而是具有层次结构的，这就产生了上级如何指挥下级的问题。因此，在图书馆的行政管理中，要求贯彻统一指挥的原则，以避免多头领导和多头指挥。

3. 高效精干原则

图书馆的行政管理组织设置要把高效精干原则放在首要位置上，力求减少管理层次，精简管理机构和人员，充分发挥组织成员的积极性，提高管理效率，在保证行政管理职能的基础上，更好地实现本单位的工作目标。

4.分工协作原则

图书馆组织设计要确保组织内既有合理的分工，又要在分工的基础上保持必要的协作。由于组织机构之间的分工不能过细，以避免机构增多、浪费人力资源、部门之间责任不清和职能交叉等情况。所以，应根据组织的具体情况从各项管理职能的业务性质出发，在行政管理的组织内部进行合理的分工，划清职责范围，提高管理专业化程度，并且加强协作、相互配合，以达到提高工作效率的目的。

（三）图书馆行政管理组织结构模式

职能型组织结构是图书馆行政管理组织在自身的发展过程中形成的结构模式。这种结构是在馆长统一领导下，按照各项工作职能分工设置图书馆的若干部门，每个职能部门直接对其上级领导负责，并在其职能范围内对本部门的员工有指挥、协调、监督等控制权力。

职能型组织结构的优点是各级管理者分工明确，可以充分利用本部门的资源，有效地处理比较复杂的问题，而且对提高馆员的积极性、主动性和创造性具有良好的效果。同时，职能型结构还可以减轻上级领导的工作负担，使其能更好地处理重大问题。但是，这种组织结构的缺点是容易造成多重领导，出现政出多门的现象，各部门容易从各自的利益出发，造成互相推诿的情况，导致影响统一指挥、增加了协调的困难。这种情况下，需要较高层次的领导在进行管理的过程中关注大局，从图书馆的整体发展出发，避免各自为政的现象。

（四）图书馆行政管理组织的工作内容

行政管理工作在图书馆管理工作中起着中枢作用，决定了图书馆行政管理工作的多样性。这些具体的工作按照职能进行划分，可以分成以下几项工作内容：

1.人力资源的管理

人是图书馆构成要素中的活跃因素，管理好人力资源才能做好各项基本工作，进而发挥图书馆的信息资源优势。因此，人力资源管理是图书馆行政管理工作的核心，是行政管理工作的重中之重。

2.财务管理

对于以政府财政拨付为主要来源的资金和资产进行管理，保证图书馆运行的物质基础。

3.对外事务管理

作为文化事业单位，图书馆在正常业务活动中要不断地与外界进行交流，既包括举行各种文化活动、学术交流，还包括接待上级单位检查、兄弟馆的参观等一系列外事活动，而这部分工作需要由行政部门策划、接待和处理。

4.规章制度的建立和完善

图书馆工作是一项兼具学术性、业务性、服务性的复杂劳动。为了能更好地完成图书馆的职能和工作，实行科学化管理非常重要。而实行科学化管理的关键就是建立健全图书馆的各项规章制度，这些制度的内容应该包括：馆内各个部门的工作职责；每个工作岗位的工作细则；各级管理者的权利与义务；各种会议制度；各种工作规范；考核、考勤制度；休假制度；奖惩制度等。这些制度是行之有效的管理工具，既有制约作用，也有激励作用，对规范馆员的各种工作行为具有重要意义。

5.内部事务的沟通、协调

图书馆行政管理工作中一项重要内容就是承上启下，做好信息沟通工作。这里的承上启下指的是接受领导的指示、决策和命令后向下级各个部门进行传达，并将下级部门对指示、决策和命令的反应和执行情况向上级领导进行反馈。

6.读者接待服务工作

一般说来，接待读者为其提供服务并不是行政管理部门的主要工作，但作为图书馆的一分子，行政管理部门在工作中也要注意配合业务部门，尽可能为读者提供服务，解决读者在接受服务过程中遇到的困难。

7.后勤管理

后勤工作虽然表面看起来简单，但其工作内容却是与图书馆职能的正常运转密不可分的。后勤工作具有服务和保障特性，主要为图书馆提供各种服务和资源性保障，具体包括水电维护、设备维修、办公物品采购等。这些日常工作为馆员和读者提供了便利，是行政管理工作中不可分割的一部分。

总之，行政管理工作艰巨繁杂又零散琐碎。本章对人力资源管理和财务管理这两项行政管理工作中最重要的两项进行了专门论述，行政管理工作的其他内容虽然并没有进行详细的论述，但在行政管理工作中同样重要，其工作效果的好坏也直接影响着图书馆工作的正常运行。图书馆应该加强行政管理的各项工作，以科学、合理的方法使行政管理工作充分发挥其枢纽作用。

五、图书馆人力资源管理

行政管理无非就是对人的管理。图书馆人力资源管理的任务是确保图书馆在适当的时间获得适当的人员（包括数量、质量、层次和结构等），实现人力资源的最佳配置，使图书馆和馆员双方的需要都能得到满足。所以，人力资源管理部门作为图书馆行政管理的基础部门之一，承担着对馆内工作人员的规划和选拔、培训和开发、保留和激励、评价和考核工作。有效的人力资源管理，有助于管理者成功地实施组织战略。图书馆的人力资源管理应以确认、发展、激励和评价与组织的目标一致的活动为着眼点，着重发挥馆员的创造力，构建学习和创新的工作环境，从而打造一支成功的高素质图书馆工作人员队伍。

（一）馆内人力资源的规划工作

人力资源的规划目的是为了保证实现单位的各种目标，并有助于改善人力资源的配置，降低用人成本，同时，力求人力资源使用的平衡，促进人力资源科学有效的开发。图书馆人力资源规划指的是为了达到本单位的战略目标与战术目标，根据馆内当前的人力资源状况，为了满足未来一段时间内组织的人力资源质量和数量方面的需要，而做出的决定引进、保持、提高、流出人力资源的工作安排。当然，在制订人力资源规划时，要充分考虑图书馆内外环境的变化，注意图书馆的战略与馆员规划的衔接务必以图书馆发展为前提。

图书馆工作人员按工作岗位划分，可分为行政管理人员、业务管理人员和后勤人员。其中，行政管理人员和业务管理人员是图书馆工作人员的主体。行政人员主要负责图书馆内部事务的管理和对外事务的沟通，而业务人员主要负责图书馆的各项特色业务，但无论是行政人员还是业务人员，其工作内容、职位安排都需要根据图书馆的战略计划进行特色发展设计，以满足图书馆未来发展的远景规划。因此，人力资源管理部门要根据馆内人事的需求，通过人事决策、工作设计和职位优化组合，加强有特色的馆员配置，制订相应的政策体系，及时发布人事信息，以便在不断变化的图书馆工作中有效地管理好本馆的人员，促使图书馆最活跃的因素——馆员，最大限度地发挥作用。

（二）馆员的招聘

在图书馆人事管理中，聘用合适的人员尤显重要。一方面，保证聘用到优秀的组织成员，能够胜任工作，做到人尽其职；另一方面，优秀的馆员能满足本单位的工作需求，从而使"职得其人"，有利于图书馆的发展。因此，聘用是人力资源管理系统工作中的首要功能，是图书馆补充人员的主要渠道，也是获得最佳人选的好办法。因此，对招聘进行有效规划，可以使馆员队伍拥有更高的知识、技能和能力。

（三）馆员的培训与再教育

对图书馆来说，馆员培训开发具有十分显著的作用。图书馆是一个以提供信息服务为主的组织机构，而当今社会又是信息社会，信息更新之快，让人目不暇接，加之信息技术的不断发展，计算机技术、多媒体技术、网络技术等被大量引入图书馆，使图书馆的资源结构、信息处理技术、服务项目和手段都已经发生巨大变化。在这种信息高速发展、变化的时代，如何保证图书馆的发展，是图书馆在发展过程中遇到的一项困难，而对馆员进行再教育和培训是解决这个困难的关键因素。教育和培训的目的是提高馆员的知识水平，通过补充和提高馆员的专业技能，帮助馆员发展相互沟通、配合的能力。只有加强在职人员的知识更新，不断提高馆员的专业素质和修养，才能使其与图书馆事业同步发展，并跟上信息时代的变化。同时，根据馆员知识更新的情况，考查他们的业务水平，继而对其进行评议，做到择优选拔。

（四）馆员职业生涯规划和设计

图书馆的工作人员在自己完整的职业生涯中，有安全性、挑战性和自我发展的需要。人力资源管理部门要善于有效地把图书馆的工作目标与馆员个人的职业发展目标结合起来，关注馆员的职业愿望、职业价值、职业感知和对职业经历的有效反应，努力为他们确定一条可依循、可感知、充满成就感的职业发展道路。通过本单位的职业发展规划、晋升计划等，达到保留和促进馆员自我发展的目的，以提高图书馆业务水平。

（五）馆员激励

图书馆行政管理的目的是充分利用馆内所拥有的资源，使图书馆处于高效运转的状态。图书馆所拥有的资源，主要是人、财、物和信息四大类，但人才是这四类资源中最重要的资源，其余三种资源都需要人来操作，才能发挥其功能。所以，图书馆人力资源管理要注重馆员激励措施的运用，提高馆员的工作热情。这里可以将激励理解为创设满足馆员工作、生活的各种条件，用于激发馆员的积极性，使之产生实现图书馆工作目标的积极行为。主要包括以下几种激励措施：

1.物质激励

通过激励手段，即发放奖金、津贴、福利等措施调动馆员，以期大家多做贡献。激励措施要公之于众，形成制度稳定下来，在实践过程中要力求公正，不搞"平均主义"。

2.精神激励

精神激励属于在较高层次上调动职工的工作积极性，较之物质激励，精神激励能在更大程度和更长时间里起到刺激效果。精神激励主要有以下几种形式：

目标激励。图书馆作为一个组织机构，应将自己的长远目标、中期目标和近期目标进行宣传，加强馆员了解自己在目标实现中所起到的作用，使馆员认识到只有在完成本单位的目标过程中，才能实现个人事业的发展和待遇的改善。

工作激励。一位日本的学者曾经说过："工作的报酬就是工作本身！"这句话表明工作本身具有激励作用。在工作中，人们如果获得足够的重视和发挥的空间，就会力求将自己最大的潜能发挥出来，以期表现出自己的才能，最终获得一种自我实现感。人事管理工作中，图书馆要重视工作本身的激励作用，多为馆员创造发挥的空间。

荣誉激励。荣誉是众人或单位对个体或群体的正面评价，可以满足人们的自尊需要，是激发人们奋力进取的重要手段。荣誉作为一种激励手段，不需要太多的资源，但其效果深远，是人事管理中很好的管理手段。

3.情感激励

情感激励指的是加强与馆员的感情沟通，尊重馆员，使馆员始终保持着良好的情绪以激发职工的工作热情。这会使得馆员在良好的心态下拓宽思路，从而快速解决所遇到的工作问题。可以看出，情感激励是一种动机激发功能，它具有创造良好的工作环境、加强管理者与馆员之间的沟通与协调的作用，是情感激励的有效方式。

4.发展性激励

发展性激励是指图书馆为馆员创造学习与成长的机会，包括设置挑战性的工作任务、提供更多的学习与培训的机会、合适的轮岗安排、职业生涯设计等。其中，职业生涯发展体系通过为馆员构建职业开发与职业发展轨道，最大限度地开发个人的潜能并充分发挥其潜力，使之与馆员的职业需求相匹配、相协调、相融合，使图书馆的发展与馆员的需求达到最佳的结合，以满足馆员和图书馆的需要，获得双赢的结果。因此，职业生涯发展成为发展性激励的主要内容。

（六）馆员的绩效考核

1.绩效考核在图书馆人力资源管理中的含义和作用

馆员的绩效考核，一方面是图书馆对本单位工作人员完成工作质量和数量所进行的评价，即馆员是以什么样的态度完成了所分配的任务，以及完成任务的程度如何；另一方面是对馆员的能力、性格、适应性等素质方面进行综合的评价。在图书馆人力资源管理中运用绩效考核，可以用来衡量和评估馆员某一时期的工作表现，协助他们在本单位更好地发展。因此，绩效考核是一种有效的人事管理手段，具有积极的作用。

第一，绩效考核可以为人事管理和其他管理工作提供客观依据。绩效考核可以根据馆员素质、成绩的全面鉴定和评价，了解馆员的能力和素质，考核结论对于职务升降、调动培训、奖惩等提供重要的依据。

第二，作为人力资源管理的竞争和激励机制，绩效考核打破了人员维持现状、不求进取的心理状态，从而刺激了图书馆发展的活力。绩效考核是人力资源管理制度建立和完善不可或缺的手段。因为，绩效考核可以创造竞争和激励，为馆员的工作行为提供测量标准，从而起到鼓励先进、鞭策后进的作用，使馆员保持旺盛的工作热情，出色地完成工作任务。

第三，绩效考核为考核者和被考核者提供了一个正式沟通的渠道，使双方可以面对面地讨论考核结果，指出优缺点和需要改进的地方。考核者可以及时了解被考核人的实际工作状况及深层次原因，从而对人力资源管理各项决策的效果进行评估，及时发现问题和不足，为人事管理政策的改进提供依据。同时，被考核人员也可以及时了解管理者的管理思路和计划，可以更加了解单位对自己的评价，有利于更清楚地接受组织目标，把馆员对工作的不满减少到最低限度。

第四，绩效考核能把馆员的行为与图书馆的目标有机结合在一起。通过将馆员的行为与图书馆目标相结合，能够使馆员的行为与图书馆目标的实现达成一致。绩效考核实质上是一种行为规范方式，通过认可的、有助于目标达成的行为方式和行为标准，试图把馆员的行为导向图书馆期望的目标，并将行为结果与馆员在组织中发展的前景联系起来。

2.绩效考核的原则和内容

为了做好图书馆绩效考核工作，需要在现实的工作中坚持以下原则：

（1）客观公正原则

绩效考核要以绩效这一事实为基点，考核的重要依据可以因馆员职位不同而不同，但考核的指标要客观。也就是说，绩效考核绝不能主观臆断，无中生有，编造事实；考核的重要依据不能因人而不同；指标要准确具体，要具有针对性和可操作性，应反映具体职位的基本特点，便于衡量和考核。此外，指标要尽可能量化，以增加考核的科学性和准确性，能够准确地评定和反映人员的实际工作绩效水平。不准确和不公正的考核往往会使馆员丧失对图书馆的信任，从而影响馆员的工作积极性。

（2）民主公开原则

考核工作要民主、公开和透明，应让馆员了解考核的目的和意义。也就是说，不能搞一言堂，特别是不搞"暗箱操作"，应把考核条件、考核范围、考核标准、考核程序、考核结果等事项都加以公开，只有公开的评估，才是公正的，才能得到图书馆全体馆员的认可。

（3）注重实绩原则

馆员的实绩指的是馆员的工作绩效，包括完成工作的数量和质量、对馆内建设的贡献等。它是馆员工作态度、工作作风、工作经验、工作技能和知识水平等方面的综合表现。注重实绩的考核有利于激励馆员认真履行工作职责；有利于馆员不断提高自身素质，以便更好地完成本职工作；有利于克服考核过程中可能产生的不当行为，为考核确定了一个量化的标准和工作指南，增加了考核的准确性、可操作性和公平性。

此外，在馆员绩效考核中，要注意考核原则的一致性和可靠性，要适应各类型、各层次人员,具有可执行性。考核应及时、针对性地进行反馈。这是因为,把考核结果反馈给被考核人,能够让馆员了解自身的优缺点,以便发挥长处并克服短处。

馆员绩效考核的基本内容包括德、能、勤、绩四个方面。德、能、勤、绩是一个有机的整体,德和能是业绩考核的基础,勤和绩则是工作过程和成果的具体表现。其中,绩是德、能、勤的综合体现,不能抛开工作业绩空谈馆员的思想品德、工作能力和工作态度。在对德的考核中,应当注重馆员的政治思想素质、道德素质和心理素质;在对能的考核中,应当突出馆员的能力素质;在对勤的考核中,应着重放在馆员勤奋敬业的精神上;而对绩的考核则应放在馆员的工作绩效上,包括完成工作的数量和质量、经济效益和社会效益。

3.绩效考核的程序和方法

图书馆绩效考核是一项细致的工作,必须遵循一定的程序来进行。一般而言,绩效考核的程序可以分为横向程序和纵向程序两种。

横向程序是按照绩效考核工作先后顺序形成的过程来进行的,主要环节包括:第一,准备阶段。获取馆内的支持,对馆员进行必要的宣传和动员;确定考核的时间、地点、方法和考核人;制订考核标准,避免主观随意性。第二,具体执行阶段。首先,由馆员在一定范围内进行述职,介绍自己在被考核阶段的工作情况,取得的工作成绩及存在的不足之处。然后,由考核人进行民主评议,对馆员的工作绩效进行考证、测定和记录。考核人根据已有的资料和对被考核人情况进行了解,就评估的结果进行分析,把考核的记录与考核标准进行评定,从而获得考核的结论,由考核人客观、公正、实事求是地填写考核表。第三,结果反馈。考核结论通常应告知被考核人,使其了解本单位对自身的看法和评价,从而发扬优点、克服缺点。同时,还要对考核中发现的问题采取及时的纠正措施。将考核结果与奖惩、晋升、培训、工资等人力资源管理环节结合起来,有针对性地修正下一阶段的工作计划和人力资源的发展规划。

纵向程序是按照馆内组织的层级进行的,先对基层进行考核,再对中层考核,最后对高层考核,形成自下而上的过程。它包括:第一,基层考核。由馆内各科室部门的考核人进行考核,考核内容包括馆员的工作行为、工作绩效,也包括影响其行为的个人特征和品质。第二,中层考核。内容包括各科室部门负责人的工作行为与品质,也包括该部门总体的工作绩效。第三,高层考核。主要是对馆领导层的考核。由图书馆所隶属的上级机构来进行,内容主要包括图书馆目标的达成等内容。

在选择考核方法时,应该考虑考核的目的和内容、考核人和被考核人及考核的次数、方法等。一般说来,可以同时采用多种考核方法,将这些方法综合起来使用，优势互补，以保证考核的有效性。与晋升有关的考核往往采用叙述、评语、图表评等级、排序等方法；与发展有关的考核一般采用行为定向、关键事件法、叙述、评语等方法；与加薪有关的考核一般采用目标管理、工作标准、排序、强迫分配等方法。以下是几种有代表性的绩效考核方法：

（1）比较法

比较法是通过馆员之间工作绩效的比较来进行绩效考核。它用的排序形式包括：简单排序法，是由考核人依据工作绩效将馆员从最好到最差进行排序；配对比较法，是考核人将每一个馆员相互进行比较，比较中得到好评最多的人员接受最高等级；强制分布法，是考核人在每一个优胜档次上（比如"最好""一般""最差"）都分配一定比例的人员，强制性地把馆员确定为A级、B级、C级等。

（2）量表法

在量表中，列出一系列被认为是成功绩效所必需的个人特征，每一特征都伴有一个评定分数。量表上用数目或描述性的词语指示不同的绩效水平。

（3）关键事件法

此方法指考核人将每位被考核人在工作中表现出来的非同寻常的良好行为或不良行为（或事故）记录下来，每隔一段时间，根据记录的特殊事件来讨论被考核人的工作绩效。

（4）目标管理法

目标管理法是把图书馆的具体工作计划以指标的形式分解到每一个馆员的身上，以这些具体指标作为对馆员工作业绩的考核依据的一种考核方式。目标管理通过使每个馆员都为完成工作目标而努力去实现图书馆的要求。主要包括两个方面的内容：与每一位馆员共同制订一套便于衡量的工作目标；定期讨论目标完成情况。

（5）平衡记分卡法

此方法采用一种衡量图书馆未来业绩的驱动因素来考核工作人员，具有战略管理的功能。由于平衡记分卡与奖金和业务流程改进相联系，因而把图书馆战略与绩效管理结合在一起。它把目标设定为多个战略目标，每个战略目标都有一个或几个量化的指标，每个指标又都设有目标值，实现每个关键目标都要有一个行动方案。图书馆目标逐级向下分解，一直落实到每个馆员。可以对目标进行定期或经常性地回顾，然后，根据不断变化的内外环境，对战略、目标、目标值或行动方案进行调整。

六、图书馆财务管理

(一) 图书馆财务管理概述

行政管理体系中除了对人的管理以外，另一项重要的管理对象就是对钱和物的管理。众所周知，在现今这个高度组织化的社会，无论是从事社会管理的政府，还是从事营利活动的企业，甚至一个家庭都离不开人力、物力、资金等要素的运转和支撑。当然，企业等以营利为目的的机构组织，追求利润最大化是其终极目标，它代表了企业等组织努力实现价值的最终结果。而图书馆作为一个为社会提供信息服务的非营利性公共组织，其业务活动的目的不是追求利润，而是为社会提供一种公益性服务，其所拥有的财务资源只是实现最终目的的手段，利润本身并不是图书馆的最终目标。但图书馆的财务资源管理仍然是图书馆行政管理工作中的一项重要内容。因此，加强图书馆资金的管理、扩大图书馆资金来源的渠道、严格控制各项费用的支出、合理安排资金计划，从而使图书馆资金预算计划顺利完成，是保证图书馆正常运行的物质基础。

图书馆的财务管理是在日常管理中遵循资金运转的客观规律，对图书馆的财务活动及其所体现的财务关系进行有效的管理。这里的财务管理活动包括资金的筹措和分配、制订财务计划和预算、设立专门的财务管理组织、实施财务计划和预算、进行财务监督的全过程。其目标是控制图书馆的经济活动，提高经费使用的经济效益，维持图书馆良好的财务状况，为图书馆基础服务工作提供物质保证。

此外，在进行财务管理的过程中，图书馆作为非营利的公共服务组织，要严格遵守财务管理的原则。

第一，实行依法管理。对于图书馆的财务管理要依照国家法律法规、图书馆章程和财务管理制度的规定进行，图书馆的财务活动只有在这些制度范围内进行，才能保证有限资金得到合理的利用。

第二，实行计划管理。由于国家财政对图书馆资金的投入量并不能与图书馆的实际发展相符，因此，对财务的管理要有计划地进行，对影响图书馆活动的各种情况要进行预测，对预测结果进行分析后做出决策，并用财务预算的方式表示出来，以提高预见性。

第三，实行统分结合式的管理。图书馆的财务管理应该实行统一领导与分级管理相结合的方式，即财务管理由图书馆的领导者负责，设置单独的财务管理机构和相应的人员对钱和物进行集中管理。财务管理过程中，要根据图书馆发展需要，合理安排各部门对资金的使用，保证重点项目和基础建设的资金，并接受馆员的监督。

（二）图书馆运转资金的筹措

图书馆作为非营利的公益性服务组织，其运转资金主要依靠政府的投资。所以，图书馆的发展在很大程度上由国家财政投入的程度决定。自改革开放以来，我国国力逐渐强大，政府对公益性组织的资金投入比例也逐年增长。不过，我国公益性组织众多，图书馆只是其中之一，而由于图书馆的运转资金来源单一，使图书馆在发展过程中依赖现象严重。当前，我国各种类型的图书馆都存在着经费紧张的现象，极大影响了图书馆的信息服务质量。在现有情况下，如何扩大图书馆运转资金的来源又能保持图书馆作为非营利组织的公益性，这就要求在图书馆发展中扮演幕后角色的财务管理发挥其应有的作用，在资金筹措中为图书馆开辟新的途径。

1.继续加强政府对图书馆工作的重视，提高政府对图书馆的投资力度

图书馆的资金运转来自政府投资，这一点是毋庸置疑的。单纯依靠图书馆自身的收入维持图书馆的运行并不可行，也会失去图书馆公益性的本质。因此，不断强化政府对图书馆作用的重视，使政府认识到图书馆在现代文化生活中的作用和价值。而要做到这一点，需要图书馆人不断发展和创新图书馆和各项专业信息服务，使更多的公众认识、了解并利用图书馆。让图书馆成为信息社会不可缺少的信息助手，尤其在面临网络发展的时代，更不要使图书馆在社会生活中沦为可有可无的文化机构摆设。

2.利用图书馆自身优势，扩大资金来源

第一，图书馆是信息资源汇集的场所，近些年，从事图书馆管理工作的人员素质大幅度提高，硕士、博士等专业型人才大批涌入图书情报领域，使图书馆利用自身的信息优势开挖深层次的信息服务成为可能。当前的科技查新、专题信息跟踪服务等有偿服务工作已经成为图书馆服务的亮点，这些项目不仅扩大了图书馆的服务领域，也为图书馆开辟了新的资金来源。第二，图书馆是文化教育的宣传场所，增加图书馆文化服务领域的活动能带来一定的经济效益。这些活动主要有信息培训服务，如使用各种数据库的相关培训等；文化娱乐活动，如美术、摄影展览等；与图书馆有关的经济活动，如图书展销、珍藏版图书中介等。以上这些活动的举行不仅不与图书馆作为公益服务性组织冲突，还能为图书馆创造经济收益。

3.加大图书馆宣传力度，吸收各方捐赠

由于图书馆是政府投资的公益性组织，所以，一直以来，图书馆多数都是静候读者上门，然后，向其提供相应的服务。因此，社会各界和普通公众对图书馆的认识模糊，利用率也低。宣传力度的欠缺和服务方式的懈怠造成图书馆物质资助的一个重要来源——捐赠受到严重影响，常常是时有时无。其实，捐赠一直以来就是图书馆获得物质资助的一种方式，主要以捐赠图书、期刊为主，金钱性质

的捐赠并不是主流形式。目前来看，图书馆的捐赠者大概有三种类型，即个人、公司、基金会。图书馆如果想吸收各方的捐赠，就要有计划和目的地向这几种类型的捐赠者进行自我宣传，宣传方式可以灵活多样，但态度要真诚，对吸收的捐赠的管理要公开、透明。

（三）财务预算管理

由于资金的有限性和支出需求的无限性，图书馆要在资金的分配过程中，对可能的支出目标进行选择，找出优先的支出重点，这对本单位的资金分配具有重要意义。因此，财务预算管理在图书馆财务管理中是一项重要工作内容。所谓财务预算管理指的是图书馆对一定期间内取得及使用资金的计划。通过对预算资金的筹措、分配以及运用到所进行的计划、控制、协调、监督等活动中。其目的是完成预算收支任务，提高资金的使用效率，控制财务风险损失。

图书馆的财务预算是一种权利规制管理，体现了以政府为主要出资者的管理者对资金获得者的权利中授予与约束。尤其是图书馆作为非营利性的公益组织，其资金来源于国家财政拨款。为了更好地履行自己的职能，优质高效地完成图书馆的任务，图书馆应该接受国家、政府及公众对自己的资金进行约束和监督。管理者应该认识到财务预算不等于一个简单的财务预测或计划，而是作为一部内部"宪法"，在图书馆中贯彻执行。

财务预算的关键在于预算编制。对于图书馆的预算编制来说，第一，根据图书馆的发展需要，确定具体的资金分配方案，要具体化、数量化；第二，应该综合、全面地考虑和分析图书馆发展中的可能变化，并以货币计划的形式具体、详细地反映出来；第三，坚持综合平衡收支、略有节余，尽量避免预算赤字；第四，应量入为出，根据财务具体情况安排支出。

（四）财务收支管理

图书馆财务收支管理包括收入管理与支出管理两个方面。收入主要以政府拨款、各方捐赠及图书馆自创经费等几种形式，其中，前两项是图书馆的主要收入来源，这些收入按照规定要纳入财务部门的统一管理之下，这是财务管理的客观需要。而支出管理由于种类多、用途广，管理起来则更加困难，所以，有必要对资金的使用范围、用途、指标进行管理，用以实现对图书馆各项财务活动的控制，避免差错或问题，保证图书馆的正常运转。因此，收支管理作为财务管理的基本内容，增强其管理的科学性和规范性，提高收支管理的水平是至关重要的。具体操作要注意以下几点：

1.严格遵守收支计划

图书馆财务收支计划是经过图书馆各部门讨论形成并经过严格程序通过的。

因此，收支计划一旦通过，就被赋予了相应的效力及约束力，非经特定的程序不得随意修改。在计划期间内，各部门和各单位凡是有收入的都必须按规定入账；有支出的，也应按计划规定的项目、金额、时间进行开支；对于没有列入计划的开支项目，财务部门要拒绝为其开支。如果实在必要，应该履行相应的审批手续、编制补充计划并说明原因，并经过审核后才能列支。

2.建立健全财务支出管理制度

图书馆为了保证财务收支合理有序，应该按照财务管理制度的要求建立健全支出管理体系，针对不同的支出项目建立相应的管理制度。对于经常性支出的核算、使用、效益、标准等实现统一化管理，同时，对重大支出项目要遵循严格的程序，完善调研、立项和审批制度。

3.保证馆内基本项目支出

基本项目支出是维持图书馆正常运转的物质基础，因此，应严格专项支出的管理。在考虑全馆的基础上，切实保证经常性开支的资金供应。为此，一方面，要严格遵守支出计划；另一方面，要本着节约的精神，对于超计划、超范围、超标准的开支坚持抵制，从根本上做到计划开支、有序开支、专款专用。

（五）图书馆资产管理

图书馆资产是图书馆占有或使用的以货币来计量的经济资源，具体包括流动资产、固定资产和无形资产三类。这其中任何一种资产都具有其特定价值，可以为图书馆的正常运转提供客观条件和物质保证，因此，图书馆资产管理是图书馆财务管理的重要范围。

一般来说，流动资产是指在一年内可以变现或者耗用的资产或资金。具有周转速度快、循环周期短等特点。对于图书馆来讲，流动资产主要指短期内可以周转的货币资金。

固定资产则是指期限超过一年并且在使用过程中保持原有实物形态的资产，对图书馆来讲，主要包括房屋、建筑物、运输工具、图书资源，以及其他诸如桌椅、电脑、书架等设备。对于这些设施，图书馆应做好管理工作。首先，需要做好固定资产管理的各项基础工作，如建立固定资产分级管理责任制、编制固定资产目录、建立固定资产的登记簿或卡片、做好固定资产的计价和折旧工作。其次，应当加强对固定资产实物的管理和维修，对新增固定资产做好验收、移交及入账工作。再次，对清理报废及有偿调出的固定资产、租出和租入的固定资产必须做好登记。最后，对使用中的各种固定资产要做好日常维护、保养和检查、修理工作。

无形资产是指图书馆所控制的，虽不具有实物形态，但可以长期发挥作用且能带来经济利益的资源。在当今社会，随着时代的发展和科学技术的进步，无形资产的管理日趋重要。而图书馆作为信息服务的公益单位，其凭借自身优势发展而取得的各种专利技术、文献信息加工成果及其他信息资源的成果等对图书馆的发展具有重要作用，它所创造的效益也有发展的趋势，图书馆应该对这部分资产做好管理工作。

（六）财务的监督管理

由于图书馆是政府财政支持的单位，财务监督在图书馆管理中显得越发重要。图书馆财务监督是指根据国家有关财务管理的法律、法规和财务制度，对图书馆的财务活动进行审核和检查的行为。

图书馆财务监督的主要内容有：监督资金的筹措和运用、监督预算的执行情况、监督资金的日常使用、监督资产管理状况等。在监督过程中，主要依靠财务报告和财务分析，把图书馆一定时期的财务状况和预算执行情况编写成书面文件，用财务报表和财务情况说明书具体反映资金的运行情况以方便财务监督的进行。

监督的主体主要有本单位职工、上级主管单位、国家财务监督和审计部门。这些主体进行财务监督，可以使图书馆财务管理存在的问题显现出来，有助于改进和完善图书馆在发展过程中的财务制度，还可以提高资金的利用率，实现资源的有效配置。

七、图书馆的管理者与领导者

图书馆取得的发展成就是图书馆馆员共同努力的结果。图书馆业绩的优劣在很大程度上是由图书馆馆员的种种行为所决定的，而普通馆员的劳动和工作又受管理者及其管理行为所引导、组织和调节。可以这样说，管理者、领导者及其管理行为决定着图书馆的发展和成就，而管理行为首先是管理者与领导者的行为。因此，管理者与领导者，特别是高层管理者的战略决策决定着图书馆的业绩好坏，关系着图书馆的兴衰和发展。

（一）图书馆管理者的重要性

从图书馆的性质和职能来看，无论管理者从事的是图书馆的基础业务，如采、编、流等工作，还是从事其他工作，如财务、办公室等，所有馆员从事的都是一种管理工作。但这种管理工作仅是一种同管理有联系的业务活动，并不从事对人的管理，故而只能称为业务管理人员，而不是真正意义上的管理者。对图书馆工作来说，只有在从事管理过程中对图书馆的普通馆员进行领导、组织协调和监督的人员才是真正的管理者，即中级管理者各部门的主任和高级管理者馆长。

管理者对图书馆的发展具有非常重要的作用。第一，图书馆的生存发展在很大程度上取决于这些管理者的决策，特别是高层管理者的战略决策，取决于高层管理者能否审时度势，把握环境的变化，抓住机遇，有胆略地进行风险决策。第二，图书馆要取得良好地运行效果，必须要有严格的管理，而严格的管理要依靠管理者设计、拟订和实施一整套符合图书馆运行的管理制度。第三，合格的管理者本身应是创新者和改革者。在图书馆快速发展和信息膨胀的当前环境中，若墨守成规、不改革、不创新，图书馆的发展将无法适应变化的形势。这要求管理者尤其是高层管理者作为变革者，克服发展中的重重阻力，排除各种干扰，积极改革创新，利用自身敏锐的洞察力和创新胆量营造图书馆的未来。第四，图书馆的发展在很大程度上依靠本单位各部门间的协调和配合，因此，在面对各部门之间的沟通和矛盾方面，管理者既要有权威又要有经验，才能把各部门的力量集中到实现统一的工作目标中来。第五，图书馆工作目标和社会效益的实现，要依靠广大馆员的工作热情和奉献精神，这需要管理者在工作中充分调动馆员的积极性、创造性，开展深入细致的思想工作，不应单纯地说教，而应贴近馆员的生活实际和工作实际，从而加强图书馆的工作凝聚力。

（二）图书馆管理者的职能

图书馆管理者的工作是纷繁庞杂的，既有图书情报专业方面的工作，又有日常管理上的工作。一般而言，管理者工作层次越高，他将着重于非结构化的、非专业化的、长远性的工作安排。而低层管理者主要是保证组织内部稳定的工作，更关注的是当前的、具体的、集中的和短期性的工作。归纳起来，管理者必须做好的基本工作有以下几项，只有将这些基本工作完成，管理者才有可能综合各种资源，实现图书馆的工作目标。

第一，拟定工作目标。不论是中级管理者还是高层管理者，都应拟定一定的工作目标，以这些目标为基点，决定为达到这些工作目标所做的事情。然后，将工作目标向负责管理的馆员解释清楚，借以使目标有效达成。

第二，组织执行工作。分析所需要完成的工作目标，将工作分类，并将其交给相关的执行部门或个人。

第三，联络协调工作。将负责各种业务的馆员组织起来，并开展必要的沟通和协调。

第四，考核。管理者对其管理的部门和个人的业绩进行科学、客观的评价，将各种考核的评分及其结论传达给部属、上司及同事，以便做出必要的改进。

第五，培养人才。善于发现下属的特殊能力和才干，有目的地进行培养。

（三）图书馆管理者的素质及其培养

由于管理者要在图书馆的管理工作中充当多种角色，履行管理的各项职能，因此，他们要有坚实的知识背景和基本的管理技能。那么，管理者应该具有什么样的素质呢？众多管理学家们提出了很多观点，总体来看，一个管理者的素质应该包括品德、知识水平和能力三大方面。品德是推动一个人行为的主观力量，决定着个人工作的愿望和干劲。知识和能力代表了一定的智能水平，决定着一个人的实际工作能力。可以说，素质是决定着管理者为谁干、为何干、能干得怎么样的内在基础。

1.品德方面

一个人的品德体现了其世界观、人生观、价值观、道德观和法制观念，持续有力地指引着一个人对现实的态度和行为方式。作为一名管理者，应该具有强烈的管理意愿和良好的心理素质。

（1）管理意愿和责任感

作为管理者，必须具有为他人工作承担责任、激励他人取得更大成绩的愿望。如果管理者缺乏这种意愿，那么，他就不可能是一个成功的管理者。管理愿望是决定一个人能否学会并运用管理基本技能的主要因素。只有树立起一定的信心，有强烈的事业心和责任感，管理者才能在管理岗位上有所作为、有所贡献。

（2）良好的心理素质

管理工作具有其特殊性，作为一名管理者，除了要有强烈的管理意愿外，良好的心理素质也是必备要素之一，即要具有创新精神、实干精神、合作精神和奉献精神。面对复杂多变的管理环境，管理人员要具有创新精神，善于引进新的技术、起用合适的新人、采用全新的管理方式，要敢于冒险，并承受风险带来的损失。缺乏这种心理素质的人是不适合从事管理工作的。当然，管理者要有与人合作共事的精神，善于团结群众、依靠群众。此外，图书馆的管理者还要有一种服务图书馆、馆员和读者的奉献精神。

2.知识方面

图书馆管理工作要求管理者掌握一定的图书情报专业知识，这些专业知识同管理知识一样，是提高管理水平和管理艺术的基础与源泉。因此，管理是一门综合性的科学，涉及的学科知识很广。一般来说，图书馆的管理者应该掌握以下几个方面的知识。

（1）政治、法律方面的知识

管理者要掌握党和国家的路线、方针、政策，以及有关的法令、条例和规定。

（2）图书馆学、情报学和管理学知识

要求管理者具有图书情报知识背景，并且管理学知识也是图书馆管理过程中必不可少的知识。

（3）心理学、社会学方面的知识

善于协调人与人之间的关系，以及调动员工的积极性。

（4）计算机方面的相关知识

图书馆在当今社会的发展离不开计算机的支持，不论是图书馆业务管理方面和信息提供方面，还是图书馆行政业务的管理，计算机专业知识的应用必不可少。

3.实际能力方面

一个成功的管理者并不意味着只要把管理的理论、原则、方法背得滚瓜烂熟即可，而是能很好地把各种管理理论与业务知识应用于实践，进行具体的管理，解决实际问题，这才是管理者的实际能力。而要提高管理技能的最有效的方法就是实践。在实践中，管理者的基本理论和专业知识不断积累和丰富，既有助于将能力与知识联系起来，使实际能力有所增长与发展，又能促进管理者对基本理论知识的学习消化和具体运用。

（四）　领导者——图书馆中一类高要求的管理者

管理和领导是两个既有所相似又有所区别的定义，相似之处在于两者都涉及对要做的事情做出决定，并尽力保证任务能得到完成，两者都是完整的行为体系。区别在于管理强调微观方面，侧重具体事项，注重的事情基本在几个月或几年的时间范围内，时间较短，看重风险的排除及管理行为的合理性。领导则注重宏观方面，侧重于发展的整体性，关注更长时间范围的事情，具有一定风险战略的部署。更基本的是，领导和管理具有各自的主要功能。领导能带来有用的变革，管理则是为了维持秩序，使事情高效运转。

基于以上认识，对图书馆的不同管理者要有所区别。馆长作为图书馆管理者，超出了其他管理者，是一种领导者地位，在图书馆的发展中占有更加重要的位置。而领导者——馆长也要有区别于普通管理者的素质和领导行为。

1.领导者（馆长）应具备的素质

与普通管理者相比，领导者（馆长）应拥有以下几种素质。

第一，战略思考能力。领导者（馆长）对图书馆发展的指导思想和长远目标应该具有很好的战略思考能力，不论遇到何种挫折和失败，都应坚持和奋斗下去。

第二，充满激情。领导者（馆长）应对未来的图书馆事业和工作充满激情，真心喜欢自己所做的工作。在工作中，用自己的激情鼓舞图书馆的馆员，使馆内的工作氛围浓烈，促进各项工作的完成。

第三，公正。这里的公正包括领导者（馆长）对自己能力的公正评价和对其属下工作人员能力和工作成果的公正评价。因为一个人不了解自己的优缺点和真正的能力是不可能取得成功的。而善于观察、善于和他人共事、善于向别人学习，以及对自己属下的工作能力和成果进行公正、真实地评价，同样也是领导者应具备的素质。

2.领导者（馆长）的关键行为

第一，为图书馆构建远景。图书馆的领导者（馆长）只是一个不变的工作岗位，但实际执行人却总是在不断变化中的，这使图书馆的发展受到很大影响。因此，图书馆要想成功发展，需要在管理中注重保持不变的核心价值观和发展目标，这是图书馆不断地适应外部变化并取得成功发展的稳定标志。而图书馆核心价值和发展目标的确定需要领导者（馆长）的远见卓识和有活力的远景规划。

第二，帮助并关爱下属。真正的领导者应该了解下属的工作内容和在工作中面对的压力。通过仔细倾听和敏锐观察，认识到下属的需要，在合理范围内考虑他们的最大利益。当前，在图书馆行政管理中，需要处理的各种关系呈现多样化的发展趋势，领导者（馆长）处于这种关系网的核心。这要求领导者（馆长）必须了解其下属的观点和态度，这既是向他人表示尊重和认可的最佳方式，也是向群众学习的一种表示。

第三，正确利用和提高下属的工作能力。领导者（馆长）的一项基本任务，就是不断地提高其下属把共同的价值标准付诸实践的能力。为了实现这一任务，领导者（馆长）要增强下属的能力和自信，提高图书馆这个团队的工作能力，树立起领导者（馆长）的威信。此外，为了实现这一任务，必须保证下属受教育的机会，以便增加其知识和技术，并在提供资源上给予支持，使下属能够将其能力投入对图书馆有益的用途中。

第四，服务于图书馆的发展目标。领导者（馆长）的职责是为图书馆的发展目标而服务，这要求他们要以行动表明自己将图书馆的发展目标置于工作首位，要在各自岗位上做好自己的本职工作，以实际行动表明自己的决心，努力为图书馆的利益去奉献。只有这样，才能感染下属，使他们为同样的目标而奋斗。

第五，保持希望。一般情况下，图书馆都是国家投资的事业单位，这使图书馆在发展过程中缺乏企业那样的竞争性。这种竞争性的缺乏，使图书馆的发展缺少了一份活力和激情。因此，领导者（馆长）应该让馆员充满希望，努力激发他们的才智和能力，使图书馆的发展一直保持希望，保证图书馆拥有发展的活力。

第三节　图书馆智能服务管理体系构建

一、图书馆外借和阅览管理

（一）图书馆外借服务管理

1.图书馆外借服务的概念

图书外借服务是图书馆服务中最传统和最基础的业务活动。这是图书馆针对自己的服务对象提供的一种服务，即允许读者将馆内藏书和其他类型的文献带出馆外使用。

为了能享受到这种服务，读者一般要符合一定的条件。第一，必须在该图书馆注册，成为该馆正式享有外借服务的读者。第二，读者必须向图书馆提供一定的担保，这种担保有时是一定数量的金钱，有时是具有某种特定的身份。第三，必须履行一定的借阅手续，遵守一定的外借规定才能获得图书馆的允许。第四，读者享受的借阅时间是有限的。

2.图书馆外借文献的管理方式和服务类型

目前，图书馆对自己拥有的馆藏图书或其他类型文献资源的管理方式一般有三种模式：

第一种是开架式管理方式。这种方式是现在最流行的一种管理方式，读者可以与文献近距离接触，仔细挑选自己所需的文献内容。

第二种是半开架管理方式，读者可以看到这些文献，但不能直接接触到这些文献，必须办理一定的手续才能使用这些文献。

第三种是闭架式管理方式，读者只能通过检索的方式得到文献的相关信息内容，在办理手续后，才能接触到这些文献。

目前，这几种外借文献的管理方式在图书馆都有采用。根据文献的内容、形式、年代等因素由图书馆灵活掌握，在保证读者正常使用的情况下，年代较新、复本较多的图书一般采用开架和半开架管理，而对一些特种图书可以通过闭架管理进行保护。

对于允许外借的文献，图书馆的外借服务类型比较丰富，其中最主要的类型有：

个人外借。个人外借是指读者以个人的身份独立进行外借的方式。读者可以凭借本人的图书馆借阅证到图书馆服务台办理相关借阅手续。

集体或单位组织外借。这是专为相关企业、行政单位或具有团体性质的服务对象设立的一种文献外借服务方式。对这种服务对象的外借要求上，图书馆可以给予一定的优惠政策，如数量、时间等可以适当增加或延长。

馆际互借。根据图书馆之间签订的某种合作协议，双方图书馆给予对方服务对象与自己服务对象相同的外借服务，以满足更多读者或用户的文献信息需求。

图书预借。对已经外借的文献，读者可以通过预约，保证自己能及时获得该文献的使用权的一种外借服务类型。

流动外借。这是一种通过流通站、流动车、送书上门等形式，实现读者外借文献的方式。目前，其已成为公共图书馆系统中一种常用的服务方式。

（二）图书馆阅览服务管理

图书馆阅览服务，又称为内阅服务，是指图书馆利用自身的文献资源和空间设施提供给读者在馆内阅读的服务活动。阅览服务是图书馆基本服务工作的重要组成部分，在当今社会的图书馆中，阅览服务与外借服务基本已融为一体，很多时候，外借是在阅览的基础上进行的，很多图书馆的外借室也是阅览室。目前，最流行的图书馆文献管理方式是藏、借、阅一体化的服务模式，也可以称这种服务模式为一站式服务。在这种服务模式中，图书馆彻底采用了"以人为本"的服务理念，在阅览过程中，读者无须通过任何手续就可以自主实现文献的选择，充分享受了自由阅读方式带来的便利。为了能给读者提供更优质的阅览服务，图书馆应在阅览服务中做好以下工作：

1.提供舒适的阅览环境

阅览室是读者最常使用的地方，所以，多数图书馆的阅览室人群密度都比较大，环境也显得拥挤。在这种情况下，图书馆更应该改善阅览室的环境。

第一，对阅览室的桌椅要精心挑选，尽量选择那些符合人体曲线的设计。

第二，保证阅览环境的光线，配备充足的照明设施。

第三，加强阅览环境的室内绿化，使读者在疲倦之余，能放松休息。

第四，保证空气清新、环境整洁。过多的人会导致阅览室空气污浊，因此，在保证阅览环境整洁的基础上，应加强空气流通。

2.保证阅览时间

阅览服务是图书馆的基础服务，其开放时间的长短是衡量图书馆服务品质的一项重要指标。除非工作需要，大部分读者只有在空闲时间才能够走进图书馆。如果图书馆也同其他社会组织一样实行正常上下班和公休制度，那么，有些人可能很难享受到图书馆提供的服务。因此，目前很多图书馆都在节假日开放，个别公共图书馆还实行24小时开馆，全年无公休日的服务时间。所以，如果能在阅览时间上给读者以保证，将是图书馆服务工作中一件实在的惠民举措。

3.保证提供文献资源的数量和质量

鉴于阅览室是广大读者最常使用的地方，图书馆对阅览室的文献资源安排应从数量和质量上予以保证。数量是指文献资源的种类要齐全，要有一定的复本量，以保证读者使用。质量是指文献资源要丰富，文献的时效性要强，此外，由于阅览室的文献利用率高，破损也严重，所以，要随时注意修补，并及时淘汰那些无法修补的文献。

二、图书馆参考咨询服务管理

参考咨询服务是图书馆工作人员对读者在利用文献和寻求知识、情报方面提供帮助的活动。它以协助检索、解答咨询和专题文献报道等方式向读者提供事实、数据和文献线索。对图书馆来讲，参考咨询服务是19世纪下半叶就兴起的一项服务内容，其实质是以文献为根据，通过个别解答的方式，有针对性地向读者提供具体的文献、文献知识和文献途径的一项服务工作。目前，许多图书馆设有专门的参考咨询部门，集中参考工具书和检索工具书等建立参考馆藏，配备具有一定专业知识和熟悉检索工具的专职参考馆员来开展此项工作。

（一）参考咨询的特点和作用

1.参考咨询的特点

参考咨询工作在图书馆服务中是一种深层次的服务。第一，参考咨询的内容具有专业性，它是以图书、情报、信息为基础的具有专业性的服务。第二，参考咨询涉及的内容具有多样性。读者可能向从事参考咨询的工作人员提出各种各样的问题，这些问题涉及的范围、种类和层次多种多样。第三，参考咨询工作是一件实用性工作，用以解决读者在文献获取时遇到的实际困难。第四，参考咨询是一项智力性工作，它和外借、阅览服务不同，在参考咨询工作过程中，需要工作人员以自己的个人能力和专业能力来保证服务的进行。

2.参考咨询的作用

图书馆参考咨询工作在图书馆服务工作中起到了积极的作用。第一，参考咨询具有发挥图书馆情报职能的作用。图书馆情报职能指的是将无序的文献信息资源整理成有序、有价值、有针对性的文献信息，然后，将其提供给有需求的读者。第二，参考咨询工作能开发馆内的文献信息资源。工作人员在开展参考咨询工作的同时，能将馆内现有的信息资源进行开发，使之成为更加有用的或更方便使用的文献形式。第三，参考咨询工作可以提高文献的利用率。读者或用户通过参考咨询可以更好地了解图书馆的文献信息资源，更频繁、更高效地利用这些资源，从而提高它们的使用频率。

（二）参考咨询的服务内容

参考咨询服务所涉及的内容方方面面，是一项既简单又复杂的工作，其主要工作内容包括：

1.图书馆的服务指南工作

参考咨询工作的最基本内容就是回答读者和用户的提问。这些问题中很多是关于图书馆基本情况的问题，如图书馆的位置、一些部门的联系方式、某些业务的部门归属、图书馆的整体布局等信息。所以，参考咨询工作承担着图书馆的服务指引工作，其工作内容琐碎。

2.图书、期刊等馆藏文献的定位和咨询

在读者利用图书馆的过程中，经常会发生找不到图书、期刊这些馆藏资源的情况。有些是读者对于图书馆不熟悉造成的，有些则是其他原因造成的。咨询人员应根据具体情况给予帮助和解答。

3.向读者做简单的检索方法介绍和检索工具的使用

对不了解图书馆文献信息资源分类情况的读者，在做咨询解答时，咨询人员要对读者进行必要的图书分类介绍。对操作容易的检索工作，可以向其演示使用方法，以培养读者自我服务的能力。

4.专题性参考咨询工作

对于较专业化的课题或研究项目，读者若需要图书馆提供专题服务，图书馆应根据实际情况，组织相应的人员来完成。

5.读者咨询工作的反馈总结

对于咨询工作中的常见性问题，咨询人员应有计划、有目的地进行总结，建立反馈信息表，为以后的咨询工作奠定基础。

（三）参考咨询的服务方式

1.设立咨询服务台

在图书馆显著位置设立咨询服务台，由专人进行负责。

2.建立常见问题解答标识板

在馆内相应位置，设立常见问题回答板，根据反馈信息及时公布回答结果。

3.电话咨询

向社会公布图书馆参考咨询服务电话，在图书馆开馆时间内保证畅通。

4.网络咨询

利用公众号、QQ等方式建立相应的网络咨询体系。

三、图书馆文献检索服务管理

文献检索有广义和狭义之分，广义的文献检索是指将信息按一定的方式组织和存储起来，并根据用户的需要找出有关信息的过程。狭义的信息检索则仅指该过程的后半部分，即从信息集合中找出所需要信息的过程，相当于人们通常所说的信息查询。图书馆基础服务中的文献检索服务指的是狭义的文献检索。图书馆开设这种服务的目的是帮助读者节约时间和精力，使他们能方便快捷地获得所要查找的相关文献信息。同时，还可以为读者或用户提供最新的知识背景，使读者和用户花费最少的时间了解最多的信息资讯，并可以跨越语言和专业的限制，对其他国家和领域的文献进行深入了解。

（一）文献检索需要运用的语言

文献检索语言是为加工、存储、检索文献信息而编制的一种具有统一标准、用于信息交流的人工语言，也就是用来描述信息源特征和进行检索的人工语言。检索语言在信息检索中起着极其重要的作用，它是沟通信息存储与信息检索两个过程的桥梁。在信息存储过程中，用检索语言来描述信息的内容和外部特征，从而形成检索标识；在检索过程中，也要用检索语言来描述检索提问，从而形成提问标识；当提问标识与检索标识完全匹配或部分匹配时，结果即为命中文献。检索语言按原理可分为四大类：

1.分类语言

分类语言是指以数字、字母或字母与数字结合作为基本字符，采用字符直接连接并以圆点（或其他符号）作为分隔符的书写法，以基本类目作为基本词汇，以类目的从属关系来表达复杂概念的一类检索语言。

2.主题语言

主题语言是指以自然语言的字符为字符，以名词术语为基本词汇，用一组名词术语作为检索标识的一类检索语言。以主题语言来描述和表达信息内容的信息处理方法称为主题法。主题语言又可分为标题词、元词、叙词、关键词。

3.代码语言

代码语言是指对事物的某方面特征，用某种代码系统来表示和排列事物概念，从而提供检索的检索语言。

4.自然语言

自然语言是指在文献中出现的任意词。

（二）文献检索服务工作的步骤

文献检索是一项实践性活动，它要求图书馆工作人员在掌握文献检索的规律下，利用文献检索语言在可获得的馆藏文献和非馆藏文献中迅速、准确地查找读者或用户所需要的文献。一般来说，文献检索可分为以下步骤：

第一，明确读者或用户查找文献的目的与要求。

第二，选择适当的检索工具。

第三，确定检索途径和方法。

第四，根据文献线索，查阅原始文献，然后，根据要求提供文献检索结果。

（三）文献检索的途径

文献检索途径是指通过什么角度开始检索过程。目前，采用的方式有：著者途径，即通过著者、编者、译者、专利权人的姓名或机关团体名称等进行检索的途径统称为著者途径；题名途径是指通过书名、刊名进行检索；分类途径，即以学科分类为基础，从学科所属范围来查找文献资料，主要是利用分类目录和分类索引；主题途径，通过主题目录或索引，对反映一个主题方面的文献进行检索；

引文途径，利用文献所附参考文献或引用文献，而编制的索引系统进行检索；序号途径，通过文献具有的特定序号，如专利号、报告号、合同号、标准号、国际标准书号和刊号等进行检索；代码途径，利用事物的某种代码编成的索引，如分子式索引，可以根据特定代码顺序进行检索；专门项目途径，从文献信息所包含的名词术语、地名、人名、机构名、商品名、生物属名、年代等特定顺序进行检索，可以解决某些特别的问题。

（四）文献检索服务中常用的方法

直接法，又称常用法，是指直接利用检索系统（工具）检索文献信息的方法。它又分为顺查法、倒查法和抽查法。

追溯法，是指不利用一般的检索系统，而是利用文献后面所列的参考文献，逐一追查原文（被引用文献），然后，再从这些原文后所列的参考文献目录逐一扩大文献信息范围，一环扣一环地追查下去的方法。它可以像滚雪球一样，依据文献间的引用关系，获得更好的检索结果。

循环法，又称分段法或综合法。它是指分期交替使用直接法和追溯法，以期取长补短并相互配合的检索服务方法。

在检索过程中，各种检索方法要结合使用，以取得更好的检索效果。

四、图书馆文献传递服务管理

（一）文献传递服务的含义和作用

文献传递服务是早期图书情报机构作为馆际互借的一种手段出现在图书馆服务中的，是一种重要的资源共享方式。简单来讲，文献传递是把特定文献从文献源传递给特定用户的一种服务。现代意义的文献传递是以信息技术为基础发展起来的，具有简便、快速、高效的特点。这种服务方式对图书馆服务具有十分重要的积极作用。

首先，弥补了图书馆的馆藏，解决了馆藏资源不足的问题。由于各种客观条件的限制，图书馆不可能拥有读者或用户需求的所有文献信息。而图书馆服务的最终目的却是满足读者或用户的文献需求，文献传递服务正是解决这二者之间矛盾的最好方法。通过这种简便、易行的服务方式，读者或用户很快能得到自己所需的文献信息资源，保证了文献资源的供应能力。

其次，增加了图书馆的收入，缓解了图书馆经费的不足。资金不足一直是图书馆发展的瓶颈，虽然国家对图书馆事业投入了很多资金，但分解到每个图书馆的资金却是有限的，所以，图书馆如何从服务中获得经济利益是图书馆发展中应注意的问题。文献传递在图书馆服务中一般都是收费的服务项目，因此，利用好文献传递服务的经济性极为重要。

（二）图书馆文献信息传递服务管理中存在的问题

1.来自图书馆传统管理方式的影响

图书馆文献传递服务虽然在图书馆服务中存在时间较长，但其实质作用却一直未获得改变，这方面主要受图书馆管理的传统观念影响。目前，许多图书馆的经费主要还是用于购买纸版书刊，用于文献传递中的费用投入较少。即使在一些图书馆评估的标准中，也把馆藏实物书刊量作为主要统计指标。这种观念必然会影响文献传递服务的建设发展。

2.读者或用户的态度对文献信息资源的影响

近些年，在我国图书馆信息传递服务中，出现了用户需求下降的趋势。文献传递数量逐年降低，使本来发展前景就艰难的文献信息传递服务工作，面临着前所未有的压力。

3.来自网络信息服务的影响

进入新世纪，互联网的迅速发展和普及，使图书馆文献传递服务面临有史以来最大的挑战。这是因为，随着各种情报机构和文献信息服务机构服务的网络化，人们获得文献信息的渠道大幅度拓宽了。诸如期刊网等学术数据库的开通，更加大了文献信息服务的难度。

4.来自知识产权保护的影响

随着人们法律意识的增强，越来越多的人开始注重自己的知识产权保护，而这又为文献信息传递提出了新的挑战。如何既能满足读者的信息需求，又不损及权利人的法律权利，已经成为图书馆界研究的一项重要课题。

（三）对文献信息传递服务存在问题的解决方法

1.转变传统观念，建立新文献信息传递服务思想

国外文献传递服务对我国图书馆的启示是要冲破观念上的束缚，提高对文献传递重要性和必要性的认识。图书馆在进行文献信息资源的采集时，在合理利用现有经费扩充馆藏资源的同时，应重新设计其馆藏资源形式，利用文献传递来弥补资源的不足。因为文献传递可以用最少的投入获得最大的收益，其提供文献范围广、品种齐全是任何馆藏都无法与之抗衡的。目前，发达国家基本上都存在地区性和全国性的馆际互借与文献传递系统。图书馆评价体系应根据文献传递服务的全面铺开改变以往的评价标准促进图书馆的评价由"你拥有多少藏书"向"你提供多少服务"转移，以便更好地促进文献信息传递服务的发展。

2.加强文献信息传递服务的宣传工作

发展我国图书馆文献传递的服务，要向文献信息传递服务的需求者进行全面

系统的宣传，使读者或用户将未能获得满足的信息需求交给文献信息传递服务工作。而从事信息传递服务工作的图书馆工作人员要及时按用户提供的要求进行检索、传递，力图在最短的时间内满足读者的需求。

五、图书馆定题服务管理

定题服务，又称SDI服务，是指根据用户需求，主动进行调查，确定服务专题，开展跟踪信息服务，连续地将符合用户需求的最新信息传送给用户的一种服务模式。定题服务是图书馆根据社会经济建设、科学研究和教育教学的需要而开展的一项信息服务方式。

图书馆开展定题服务的历史并不算短，但却一直作为图书馆可有可无的服务方式进行。这主要是由于我国图书馆的定题服务在各个方面都与国外发达国家有着较大差距，其服务多数还处在较为传统的定题服务层面上，没有发挥图书馆定题服务的优势。而当前随着数据库网络资源的不断发展和丰富，很多用户都可以自己完成资源的查找，这使图书馆的定题服务发展更加难以为继，如何在网络信息时代开展图书馆定题服务，是图书馆服务管理中的一项重要工作内容。

（一）图书馆开展定题服务的可行性

第一，网络时代，信息资源膨胀，对很多个人和单位来讲，现在不是信息资源的匮乏，而是信息资源的爆炸。多样化的数字信息资源给使用者带来方便的同时，也产生了一些问题，虽然有一些简便的检索工具可供利用，但利用Internet检索的资源，其信息的发布、出版的自由度和任意性较大，致使信息的可读性、学术性、科学性及正确性大打折扣，给用户的取舍带来了极大的不便。而对于各种专业的信息资源的检索平台，大多数的图书馆、读者或用户对此却并不熟悉，为了能获得相关实用的信息，他们不得不耗费大量时间来甄别和筛选，这就给图书馆开展定题服务提供了可行性。

第二，图书馆是一个拥有大量文献信息资源的地方，如何提高这些信息资源的利用率、有效管理和使用这些数字信息资源，是图书馆工作人员应该关心的问题。图书馆如果要加强自己在信息处理、加工上的能力，就要在这种专业性较强的服务上开展图书馆工作，使图书馆能适应信息时代的发展。

第三，定题服务的特点，决定了定题服务在图书馆发展中的可行性。定题服务是图书馆的一种主动性服务，在图书馆信息服务工作人员对社会生活中的某一方面进行深入了解后，选择的服务项目，通过与用户主动联系，为其搜集与其发展相关的最新文献信息动态，从而编制定题服务报告的活动。此外，它从选择题目调研到形成相应报告的活动都是针对图书馆某一类服务对象进行的。图书馆和定题服务对象在整个服务过程中要互相协作，服务对象要及时表达自己的需求，而图书馆信息服务工作人员也要及时根据用户的要求，改进自己的服务内容和服务方向。

第四，图书馆定题服务是一种可以创造社会效益和经济效益的活动。如果做得好并形成一定的服务规模，可以帮助图书馆解决一部分经济困难，缓解图书馆经费紧张的局面。

（二）定题服务的步骤

定题服务的一般步骤根据每个定题的内容和要求有所不同。

第一，为了能很好地开展和管理定题服务工作，图书馆会要求用户填写一份"文献定题服务委托书"，详细列明委托课题的资料，以便作为图书馆和用户之间相互沟通的依据。

第二，取得定题的委托工作后，图书馆由专门从事该定题服务的工作人员根据课题内容，采取多种方法深入了解与课题相关的研究内容和专业知识，为下一步定题的展开做好准备。

第三，针对用户需求制定相应的检索策略，然后，进行相关资料的查找和筛选。查找过程中，工作人员要充分利用各种专业数据库、馆藏文献（包括图书和期刊），以及网络上各种免费的全文期刊。

第四，检索工作完成后，根据查找和筛选的资料，编写一份包括文献的题名、作者、来源和文摘等相关信息的结题资料。

第五，对用户进行回访，然后，将反馈信息进行整理，以便做好下次的定题服务。从整个定题服务的过程来看，定题服务是一项长期性、连续性的工作，每一次定题服务的开展都是下一次工作的积累，需要不断地总结和实践。

（三）定题服务中图书馆信息服务人员需要具备的素质

1.信息服务人员应该具有高度的责任心及责任感

定题服务工作与图书馆的其他工作一样，都是为读者或用户提供帮助的工作。而定题服务工作又区别于其他类型的图书馆工作，它是一项更需要工作人员尽心尽力为读者或用户服务的工作。如果从事定题服务的工作人员没有奉献精神，不愿意全心全意地投入到工作中去，不愿意尽自己最大努力去完成每一项定题服务工作，那么，在这种心态与状态下提供的定题服务难免会出现敷衍了事的情况，完成的任务也一定不会得到用户的满意。所以，在一定程度上，一个人的工作态度很大程度决定一个人的工作效果。因此，定题服务从业人员必须要有一颗高度负责的心，才能做到全心全意为用户服务，急用户之所急，想用户之所想。所以说，责任感和责任心是定题信息服务工作人员首要具备的素质。

2.应该具有相当广博的知识体系和较为深厚的专业技术能力

这一点对于图书馆的定题服务业务来说显得尤为重要。这是因为，对图书馆来说，能来要求定题服务的用户，多半是从事相关科研和具有一定专业背景的人。而对这些人，他们自身就拥有一定的专业知识和检索能力，所以，从事定题服务人员也要具有相应的专业知识。只有这样，才能准确地理解用户意图，明确地知道用户所需要的信息类型，进而科学地制定检索策略和方案，确定解决问题的正确途径。同时，提供定题服务的工作人员还应具备深厚的图书情报学知识，能熟练运用各种检索技术，只有这样，才能在最短时间内为用户提供最到位的信息服务。

3.熟悉相关专业及相关领域的信息资源状况，具有不断探求最新信息资源的能力

定题服务是一项对信息服务工作人员要求极高的工作，它不仅要做到根据不同用户的不同需求，而快速准确地在浩如烟海的信息源中找到用户需要的信息，而且还应具备在掌握原有基本信息源的基础上，进行开创新信息资源的能力。网络时代，各种各样信息资源充斥在我们四周，而且这些信息资源都以一种无序化状态分散在"网络海洋"之中。所以，一个称职的定题服务人员对网络中的信息应具有相当的敏感程度，应能准确判断哪些是有用的信息，哪些是垃圾信息。只有这样，才能满足客户日益增长的信息资源需求，才能得到用户的认可和信任。

4.熟练掌握检索工具、检索语言及检索技巧

文献信息资源虽然以一种无序的状态存在于信息世界中，却并非无迹可寻，而是具有一定存在规律，只要认真研究其特点，就会发现这些规律，并能加以利用。一般情况下，科研人员虽然也可以通过上网查询一些他们需要的信息，但由于对信息源的了解不够、对检索方法的掌握不足等问题，难免会影响其查全率和查准率。正因为文献检索具有一定难度，给定题服务业务提供了一个发展空间。所以，定题服务人员应抓住机遇，不断提高自身的业务水平，不论在检索词的选择与组配上，还是在检索语言的选择、检索策略的制订上，抑或在检索结果的价值判断上都应该比一般科研人员的水平略高一筹，并且还要注意在工作实践中不断摸索，不断积累，总结经验。可以说，这是一个定题服务人员相对于用户来说具有较大优势的方面。同时，也是定题服务业务得以持续发展下去的关键因素。

5.具有一定的英语水平、语言表达能力及写作水平

对于科研工作来讲，必须跟上世界发展的步伐，而我国科技水平与发达国家存在差距，因此，需要多了解现在国外的发展情况。很多科研人员之所以要进行定题服务，在很大程度上是要了解国外同类学科研究的水平及程度。这就要求定题人员应具备一定的英语阅读能力。毫无疑问，只有在读懂内容的前提下，才能进行必要的筛选和分析。另外，定题服务人员的语言表达能力和写作能力也是重要的一环。只有具备这两点，才能顺利地与客户进行交流，并写出内容清晰明了、切中主题的定题服务报告，为客户提供深层次的定题服务。

（四）定题服务中还须注意的其他问题

1.服务态度

让用户满意应该成为定题服务工作的宗旨，工作人员要秉持认真的态度，做到热心、细心、耐心，要始终具有一颗做好工作的责任心。另外，图书馆可以采取一些措施加强与用户的联系，对服务情况进行跟踪，以取得良好的服务效果。

2.安全保密

定题服务需要用户提供个人资料和一些阶段性的成果，这样一来，用户的个人隐私和科研资料就会暴露在工作人员面前。因此，工作人员必须以高度的责任感保护用户的隐私权，不能向外透露，以免被人恶意使用，导致侵犯用户的利益。

3.加强管理

对图书馆来讲，能够胜任定题服务工作的人员总体上人类不多，基于这种现状，有必要对图书馆工作人员进行有效的配置。但在管理中，也不能过于强调技术层面而忽视了科学和人文层面，要树立"以人为本"的管理观念。

总之，信息获取方式的多元化给传统的定题服务带来了挑战，这对新时期的定题服务工作提出了更高的要求。但只要细心研究，多下功夫，提供高质量的信息，定题服务就一定能得到用户的认可，重新焕发勃勃生机。

六、科技查新服务

（一）科技查新的概念

科技查新服务工作，又称查新服务、科技查新咨询工作，是指查新工作者通过各种信息检索手段，为科研人员、评审机构或评审专家提供与查新项目有关的文献、数据及分析比较的结论。科技查新工作是20世纪80年代中期在科技文献检索和科技咨询的基础上产生发展起来的一项新型的科技信息服务业务，为科研立项、成果鉴定、专利申请、发明创造的新颖性、先进性、实用性及其他指标提供文献依据。其目的在于减少科学活动的低水平重复，避免成果评审、鉴定的失准。它既是一种特定形式的咨询，又是一种特定形式和有特定目的的检索。相对于常规文献检索，查新服务需在确定的检索范围内保持全面性、系统性、连续性；进选的文献应具有代表性、针对性、可比性；得出的结论应体现科学性、客观性、正确性。这对科学研究起着定向、调节、控制和评价作用，因此，又可以说是一项具有特殊含义的检索工作。

（二）科技查新的服务对象与作用

科技查新服务是一项适用范围非常广泛的工作，在科技发展日益快速的今天，科研人员如何保证自己所研究的内容具有可研究价值，并且没有被其他人研究过，以及如何保证自己所要研究的项目具有新颖性，这时就需要科技查新服务工作的介入。目前，我国在以下阶段的研究课题必须进行相应的科技查新，并由查新部门提供相应的检索证明，才能获得通过或实行。即申报国家级或省（部）级科学技术奖励的人或机构；申报各级各类科技计划、各种基金项目、新产品开发计划的人或机构；各级成果的鉴定、验收、评估、转化；科研项目开题立项；技术引进；国家、地方或企事业单位有关规定要求查新的。

政府和有关部门之所以如此重视科研项目的查新认定工作，是因为科技查新对科研工作具有如下积极的作用。

第一，科技查新能为科研立项提供客观依据。科技查新工作能够为科研课题在论点、研究开发目标、技术路线、技术内容、技术指标、技术水平等方面是否具有新颖性做出判断。一项科研项目在正式立项前，应该全面、准确地掌握国内外的有关情况，并查清该课题在国内外是否已研究开发过。而通过查新就可以了解国内外有关该项目的发展水平、研究开发方向，以及是否已研究开发或正在研究开发。科技查新还可以对科研项目研究开发的深度及广度、已解决和尚未解决的问题进行检索，对所选课题是否具有新颖性的判断提供客观依据。这样可防止重复研究开发而造成人力、物力、财力的浪费和损失。

第二，科技查新能够为科技成果的鉴定、评估、验收、转化、奖励等提供客观依据。因为，对科技成果来讲，如果单纯地依靠专家的评判，有时难免会出现不公正的情况。而查新工作由于其客观性，所以在很大程度上能保证科技成果鉴定、评估、验收、转化、奖励等方面的科学性和可靠性。这样也会促进科技人员的积极性，有利于科研成果的推广应用。

第三，科技查新可以为科技人员节省工作时间，并提供可靠而丰富的信息。有调查显示，目前，我国科研人员查阅文献所花的时间，约占其工作量的50%。这主要是由于科学技术的不断发展，促使学科的分类越来越细，而信息存量又在无限量的扩张，使科研人员的查阅工作越来越繁重。加之文献检索本来就具有一定的专业性，这无形中又增加了科技人员的工作量。而科技查新服务工作人员一般都具备一定的学科专业知识，并熟悉各种资源的检索方法，再加上较高的外语水平。所以，根据科研工作者的需求，工作人员利用馆藏及网络资源对各种学科内容进行查阅检索，从而在节省科研人员大量时间的基础上，保证信息的回溯性和时效性，基本能满足科研工作的信息需求。

（三）科技查新的原则

1.客观性

科技查新主要通过信息检索去揭示涉及的查新点在国内外发表文献情况和已取得的成果和水平，还包括对科技项目中的查新点是否有人做过、是否超过了已有的水平、存在哪些异同等客观事实进行查证。科技查新要求查新人员客观地研究和分析问题，杜绝主观或感情成分，对查新点的新颖性、先进性和实用性，以及对项目的作用、意义、方案的可行性等进行客观公正的评价和判断。

2.准确性

由于很多科学研究都是在前人工作的基础上进行创新或推广应用的。因此，很多时候，出于对科研立项的追求，查新工作中会经常遇到这样的情况，即用户有时把查新点定得太笼统，结果是查出文献一大堆，却无法下结论；有时又把查新点定得过于狭窄，不能真实反映课题的实际情况，使查新人员无法下手。这时就需要查新人员与用户进行沟通，查找主要的创新点，并将之确定。在此基础上，查新人员应周密、科学地选择检索词并制定正确的检索策略，以保证查准率和查全率，保证科技查新的准确性。

3.可靠性

科技查新最终形成的查新报告是科研管理部门和评审专家在进行课题评议时所要依靠的客观依据，对课题的评议结果具有相当大的影响作用。所以，查新人员要把握好查新流程的各个环节和影响因素，保证查新报告正确无误。

4.独立与回避原则

独立与回避原则是查新工作的关键原则。其中，独立原则是指查新机构、查新员、查新审核员、查新咨询专家从事具体的查新业务、审核和查新咨询活动时，只能以有关的法律、法规为依据，而不受任何行政部门的控制，也不受其他机构、社会团体、企业、个人、查新委托人等的非法干预。查新咨询专家在提供查新咨询意见时，不受查新机构的非法干预。回避原则是指从事查新业务时，应当实行回避制度。查新机构、查新员、审核员和查新咨询专家都应当是与查新项目无利害关系的第三人。否则，他们无法独立地从事查新业务，查新结论也无法达到客观和公正。

（四）科技查新工作的质量控制

1.根据查新工作需要，配备相应的办公条件和基础设施保证

首先，查新工作是图书馆对外服务的一项窗口工作，是图书馆信息检索能力的象征，其服务对象多是科研人员和企业用户，涉及的工作很多带有保密性。因此，查新部门的办公条件要与其他图书馆基础服务部门不同，应该与其他读者服务区隔开，具有相对独立性。其次，查新是一项需要办公自动化很高的工作，所以，配备的办公设备要优良，如计算机的配置、其他办公辅助设施，这些都是保证查新工作顺利进行的基础。

2.订购相对齐全的数据库

文献信息资源是检索的物质基础，要保证查新质量，就必须保证所要查找、筛选的文献资源获得渠道的畅通。因此，图书馆应为查新工作部门订购一定数量的数据库作为信息查找的保证。

3.重视互联网上免费信息资源的查询

随着互联网的迅速发展，网上免费信息资源的价值越来越不容忽视。一些官方推出的免费数据库站点具有快速、检索方便、内容丰富、节省费用等优点。如一些国家的专利数据库和知识产权信息网提供的有关专利、商标、版权等内容的说明、查询，都可以作为查新过程中文献资源的重要补充。

4.加强协作，以共享方式实现文献资源的联合保障

随着信息技术的发展和信息量的快速膨胀，以及交叉科学的日益增多，图书馆查新部门作为独立的信息查询机构可能很难满足来自多种专业、多种层次的科技查新工作的需要。因此，针对查新所需文献信息资源具有一定的相似性和重叠性的问题，各信息情报机构可以密切合作、合理分工、互惠互利，从整体上协调文献信息资源建设，以共建共享的方式为查新提供文献信息保障。

5.制定规范的查新管理制度

科技查新工作是推进科技项目立题的科学化及科技成果管理工作规范化的一个重要环节，它是一项科学性、法规性很强的工作。为确保查新工作的质量，图书馆查新工作应该制订全面、系统的查新工作管理规范，使查新工作在制度化管理中顺利进行。此外，应不断与用户沟通，不断完善自己的规章制度，及时改进查新工作。

6.不断加强科技查新工作人员的素质培养

科技查新咨询不仅是一项科学性、技术性很强的信息服务工作，而且也是一项高智力的信息活动，它对从业人员的素质有较高的要求。所以，图书馆在选择查新工作人员时要对查新工作人员的素质进行全面考查。保证具有扎实的专业知识、广博的知识面、较强的综合分析与判断能力，并能熟练使用各种情报检索技巧，且具有一定外语能力和计算机操作技能的人员来担任查新工作。并在今后的工作中，对查新人员进行不断地培养，以保证其知识更新的速度和能力的提高。

7.建立专家咨询制度

图书馆查新工作要建立专家咨询制度，以专业为基础，聘请一定数量的专家成员，形成一个专家咨询团队。在查新中，若遇到专业上的各种疑难性问题，可

以及时向各学科的专家请教，以弄清、弄懂课题性质，防止检索出现偏差。专家咨询制度是对查新质量的一项有力保证。因为，无论图书馆查新工作人员的素质多高，毕竟不可能具有各项专业知识，而向专家咨询可弥补查新人员专业知识方面的不足，查新人员和咨询专家互相配合，将使查新结论更加准确，查新工作更趋完善。

七、图书馆个性化信息服务

（一）个性化信息服务内涵与特征

个性化信息服务是指图书馆根据用户对信息需求的特点，在现代化信息技术和数字化信息资源基础上，为用户提供定向化的信息服务。这种服务的实现有两种方式：一是用户根据自身的兴趣、爱好和需求定制自己所需要的文献信息资源和信息服务；二是图书馆作为提供者，通过对用户个性化信息查询行为和个性化特征进行全面分析，对信息资源进行收集、整理和分类，主动向用户提供和推荐相关信息。

个性化信息服务是把"以人为本、读者至上"的信息服务理念上升为实践的服务活动，通过利用现代化的信息服务手段，以快速、便捷、主动、高效的信息服务模式出现在图书馆读者和用户面前。个性化信息服务针对每个用户采用的服务方式不同，提供文献信息资源的内容也不同。这种服务与图书馆的其他服务形式相比，具有其自己的特征。

1.服务对象个性化

个性化信息服务是以用户为中心的主动服务，它同以往被动式的服务形式有极大区别。它是根据每个用户的独特信息需求提供有针对性的服务内容，对不同的用户采取不同的服务策略，提供不同的服务内容，其目的是满足用户的个性化需求。

2.服务内容的个性化

传统图书馆提供的服务是一种"图书馆提供什么，读者或用户就接受什么"的模式，这种模式中图书馆所提供的服务是千篇一律的形式。个性化信息服务是提供有特色的多种多样的服务。这种服务具有针对性，是一种"读者或用户需要什么，图书馆就提供什么"的新的服务方式，用户可以根据自己的需求选择自己需要的信息服务，从而各取所需、各得其所。

3.服务方式的个性化

个性化信息服务是一种智能化的服务。在整个图书馆个性化服务的过程中，从信息过滤、数据挖掘、知识推送到界面定制等服务的开展，均是以各种信息技术为支撑的。

4.服务时间、空间个性化

在互联网快速发展的情形下，图书馆的信息服务在空间上已经延伸到馆外，突破了时空的限制，使用户能在其希望的时间和地点得到自己选择的服务。

5.服务方式的互动化

个性化信息服务的发展方向是不断增强系统与用户的互动性，使其既能提供足够的弹性空间，实现用户自己创建自己的信息集合功能；还能利用图书馆与用户之间相互交流的模式，使用户可以将更多的时间用在评价数据、信息或知识的价值上。

（二）图书馆个性化服务发展的必要性

1.图书馆个性化服务是迎合读者或用户需要的一种服务

随着网络技术的发展，用户获得信息的主要障碍已从距离上的障碍转变为选择上的障碍。而对这种转变，图书馆必须将信息服务工作重心进行转移，即从以我为中心的被动服务向以用户为中心的主动服务转变，这样才能跟上信息时代的发展，为自身的发展创造条件。

2.图书馆服务水平和服务质量的提高需要向人性化的方向转变

信息时代的到来和信息革命对人类社会的冲击，是展现个性、倡导创造力的一个崭新契机，有利于人们在更广阔的空间获取更多更好的信息。只有这样的服务，才能真正满足用户的需要，尤其是信息时代人的全面发展的需要。因此，只有个性化的信息服务，才有可能使信息服务业得到迅速有效的发展，才能从根本上改变图书馆信息服务的被动局面。

3.个性化信息服务是转型时期图书馆自身发展的需要

网络环境下，一方面，图书馆同行之间竞争日趋激烈；另一方面，图书馆不再是提供文献信息服务的唯一机构，一些联机检索机构、出版社等合作组织都向网上用户提供电子信息服务，这也对转型时期图书馆的信息服务发起了严峻挑战。面对挑战，转型时期的图书馆必须开拓服务领域，开创独具本馆特色的服务项目，创立属于本馆特色的服务品牌，以吸引读者的注意力。

4.读者信息需求的复杂性和差异性增加

由于读者的年龄、性别、知识结构、文化背景、爱好、兴趣差异，决定了读者信息需求的个性化。在研究领域，研究人员面对的是全新的学术范畴，在研究之前，必须进行文献资源调查，以了解该课题在专业领域的发展状况，并搜集相关的研究内容。在研究过程中，要随时查询与课题相关的学术动态，这种求异性也决定了读者对信息的个性化需求。在当今的信息环境中，信息处理的模式难以适应这种要求，而个性化信息服务的开展，不仅弥补了这种缺憾，而且极大提高了读者服务质量。

（三）个性化信息服务的服务形式

1.呼叫中心服务模式

这一模式主要针对用户的参考咨询等需求，以计算机、传真、电话等为设备基础，CIT（计算机电话集成）为技术基础，构建能提供一对一的融合通信网络和计算机网络功能的交互式增值服务的多媒体平台。

这其中以手机图书馆为代表，手机图书馆是一种新兴的集阅读、娱乐、互动为一体的多媒体信息传播方式，具有手机增值服务和图书馆服务的双重属性。它的最大优点是实时交互性及文化传播功能，改变了信息需求与推送间的滞后现象，使用户更加简洁顺畅地定制、访问图书馆的资源和服务。当前，手机图书馆的主要功能有：读者账户维护功能，文献查询、续借、预约、推荐功能，馆藏电子资源实时阅读功能，图书馆消息告知功能，参考咨询互动功能。

2.信息垂直门户服务模式

这是一种充分体现了图书馆个性化信息服务专业化特点的服务模式。面对特定专业群体的专业化信息需求，在某一领域相关资源的纵深面进行了深入挖掘，构建一个立体、高效、有序的信息环境，并结合专业化搜索引擎，设计有学科特点的课题化垂直门户。

3.信息代理服务模式

这一模式同样体现了个性化信息服务的主动性，不同的是它具备了自动化、智能化的特点。其核心内容是利用智能软件对用户的行为和需求进行跟踪分析，以此为依据自动完成搜索行为，辅助指引用户浏览信息资源。信息代理服务整合各种服务模式，为形成个性化信息服务的有机体提供可能，进一步提升了服务品质，减少了用户的操作时间。

4.网络智能服务模式

这是处于网络环境下个性化信息服务的高级阶段，特征是以人工智能信息处理技术为主导，进行一系列侧重于知识特性的资源组织、处理等相关活动。主要内容为特色专题知识仓库，即一个经过有目的的知识创新后，附加存储了数据和知识的使用情况，以及传承线索的特殊的信息库。其在为人们的信息搜索行为中提供辅助、指引的功效优于一般的数据库。

（四）图书馆个性化信息服务中应注意的问题

1.服务的可执行性

图书馆个性化信息服务是一项图书馆领域新兴的服务，这种服务对图书馆的人员和技术的要求都很高，图书馆应该根据本馆的实际情况，有计划地开展。在开展的初期，要注意项目的推广，同时，要把具体的服务做细，使读者乐于参与其中。

2.服务的易操作性

图书馆个性化信息服务要采用简便易行的操作方法，避免过于复杂的操作，这样才能让用户花较少的时间掌握个性化信息服务的内容。

3.服务过程中注意用户的隐私权保护

对图书馆个性化信息服务中用户进行操作的内容，图书馆要做好保密工作。因为，查阅和订阅内容涉及用户的个人喜好、性格取向和业务领域，所以，要予以保护。

第七章　图书馆智能管理创新模式

第一节　图书馆信息服务智能化创新

一、图书馆信息智能化服务内容

信息服务，从广义上来说，它涉及社会的诸多领域；从狭义上来说，信息服务是指信息的收集、加工、存储和传递等社会化经营活动。在信息技术高速发展的时代背景下，人们的生活到处都充斥着信息。图书馆的信息服务是在传统的文献服务基础上为用户提供更高品质的服务方式，将人们生活中的信息去粗取精、去伪存真。图书馆信息化服务是图书馆业务工作的一次重大转型，也是社会发展的必然要求。

（一）图书馆信息服务的特点

信息时代的图书馆信息服务旨在为更多用户提供必要的分布式异构化的数字信息产品和服务，满足用户的需求以解决实际问题。更具体地说，数字图书馆信息服务是对收集而来的文本、图像、影音、软件与科学数据等数字信息进行进一步提取与加工，将加工好的信息以科学性的方式进行保管，实现知识信息价值的保存与升级，同时，在广域网上实现高速跨数据库链接的横向存取服务，包括知识产权存取权限、数据安全管理等。

图书馆信息服务与传统图书馆明显区别，图书馆信息服务是一种更为高级的服务形式，它与传统图书馆服务形式最大的区别就在于，它既把信息技术作为实现更高品质服务的载体，也充分利用技术带来的机遇，将网络技术与科学技术融合进自身的体系中，让图书馆信息服务在服务内容、载体形式、服务形式、服务手段与方法等诸多方面更具优势。具体表现为以下几点：

1.信息资源数字化，资源规模迅速扩大

信息资源数字化是指以计算机可读的形式存储信息，即将传统印刷载体信息进行数字化处理，再对处理好的数字化信息进行直接采集或存储，或者运用各种书写、识别、压缩和转换等技术直接下载和存储。随着信息技术的广泛发展，逐渐出现了一些从未有过的信息形式，如缩微型、视听型、联动型电子资料，以及多媒体数据库等。大数据的信息化时代，人们的生活中充斥着大量的信息，由于数量巨大，且这些信息时常处于无序的状态下，人们无法对信息进行准确的筛选，导致信息利用的盲目化。所以，在信息资源规模不断扩大的前提下，图书馆信息服务的主要目的就在于用更少时间为用户提供最具价值的可用信息。

2.服务内容的知识性、多样化

信息技术背景下，图书馆信息服务的关注重点不仅在传统的文献资源上，更体现在对知识的利用上。科学技术带来的知识革命越来越强调信息资源开发与利用的重要性，因此，图书馆的信息服务不只提供多方面有效的信息知识资源，而且为用户提供了直接有效地解决现实问题的根本方法。

3.服务方式多元化、多层次化

随着经济全球化、一体化、网络化的发展，图书馆资源体系越来越开放，用户也越来越向更高、更好、更快的方向陆续提出更多的需求。因此，信息技术部门应加大对信息分类的研究力度，对多领域、多学科的知识进行更加细化和专业化的划分，面向社会发展的新动向不断提出相应的、全新的信息服务方式，以适应社会发展与用户需求，这种服务的方式是主动的、多元化的、多层次的。

4.信息存取网络化

信息化图书馆的发展必须以网络环境为载体，依靠互联网，人们可以自由获取世界范围内各学科及社会各领域最前沿的科研动态与交流成果。网络传递将人与人之间的交流变得更加方便快捷，人们可以通过网络建立起非正式的交流模式，传递不同的信息资料。互联网的重要价值体现在建立人与人、人与世界之间的共享交流，利用无所不在的"信息高速公路"，实现信息资源的快速高效传递与接收，即信息存取的网络化。信息资源的交流与反馈在高速网络环境背景下变得更加迅捷高效，它摒弃了传统的信息资源的交流模式，使分散的信息资源得以整合，并以数字化方式进行存储，利用互联网的互通功能，实现信息资源的实时提供、即时使用。在数字图书馆信息服务系统中，经过整合的数字信息资源可以在开放空间中流畅、自由地传输，不受时间和空间的限制，用户可以根据自己的具体需要自由存取这些数字图书馆信息资源。

5.信息资源共享化

在经济与科学技术高度发展的今天，人们对于信息资源最高的理想是在数字化资源的基础上，依靠网络技术的高效性与快捷性，实现信息资源的跨时空共建共享。数字图书馆的构建冲击了传统图书馆的运行模式，打破了资源共享上的限制，使得图书馆可以利用网络技术、通信技术等获取自身不具备的数字信息，同时，可以将自身固有的馆藏资源共享给用户。信息资源的共享化极大程度地提升了信息资源的数量，整个社会的信息获取能力也得到了增强。

6.服务环境开放化

在网络技术出现之前，图书馆的服务工作受到地域和空间的限制，受众群体仅限于进入图书馆的一部分人，服务工作的内容与形式相对单一。图书馆馆际之间、图书馆与社会之间得不到很好的交流，使图书馆长期处于闭塞的状态，自身发展停滞不前。在信息化时代，计算机网络的利用使图书馆工作经历了重大变革，图书馆的服务环境由封闭走向开放，数字图书馆的形式极大地拓展了图书馆信息交流与服务的范围。由此可见，信息化、网络化背景下，图书馆真正进入共建共享、共同发展的新阶段。

（二）信息化社会对图书馆信息服务的新要求

1.服务内容多元化、精品化

在信息化社会网络环境下，图书馆信息服务内容的转变主要体现为在多元化服务网络基础上，综合各类别、各层次的信息，为图书馆服务提供广泛而丰富的信息源，即可以满足用户需求的信息媒体的类型和多样化的信息，如文本类型、数据、图像/视频、音频、软件等。图书馆定的信息服务主要从传统的注重知识需求向注重知识与事实并重转变，突破传统图书馆以文献服务为主的固有形式，转化为提供多元化、全方位的综合数字化服务。此外，对具有高价值的多媒体数据，如图像、音频、视频、文本等加以收集、整合、加工、存储与管理，并提供高速网络中的电子访问服务的权限。

面对资源极为丰富的网络环境，如何在获取信息资源的同时降低时间成本是一个重要的问题。因此，为了吸引用户，信息服务仅仅重视信息资源的数量是不够的，还应该将更多的关注点投入加强信息资源的质量上。面对生活中充斥的大量鱼龙混杂的信息，用户更期望得到更优质、更具价值的高品质信息资源或增值信息。对于图书馆来说，最重要的是需要将网络中相对零散、孤立的信息进行整合与综合分析，进一步进行信息的精品化处理，这是图书馆的重点工作内容。信息的精品化处理，主要是指对零散信息进行整合与分析，判断其内在价值，对其内容进行比较、筛选、过滤与提取，保证最后得到高质量的精品化信息资源。另外，在检索方式上，图书馆应提供全文服务或根据用户检索问题的具体要求和特征，为用户选择相应的工具或综合利用多个系统与工具解决实际问题。

2.服务对象社会化

传统的图书馆服务工作内容相对狭隘，其服务范围仅涉及进入图书馆的一部分人。随着社会信息化的普遍发展，信息交流的日益广泛，人们的信息需求呈现出开放化、社会化的趋势。在这种条件下，图书馆想要得到长足的发展，必须依托网络信息化环境，从根本上转变服务模式。网络将来自世界各地的信息资源统一、融合为一体，构成网络资源共享体系的一部分，同时，将源自世界各地、不同需求的用户整合到资源共享体系中，形成了具有特色的网络服务体系。图书馆是网络资源共享大环境下的重要组成部分，采用先进的技术服务手段，可以打破传统时间和空间上的限制，使服务对象扩大到社会全体，从而实现图书馆信息服务的跨行业、跨地域延伸。

3.服务功能一体化

从用户需求角度来看，信息化社会网络环境下的图书馆服务应具有完备的信息检索功能、信息咨询功能与信息提供功能。为达到这一目标，图书馆应提供最直观、最直接的全文信息浏览、数据下载、数据传输和信息咨询服务，以及信息发送、网页制作等网络信息服务。提供综合信息服务的原因在于技术的发展实现了网络信息系统的建立，包括范围广泛的信息采集系统、高速运行的信息处理系统等。

4.服务项目深层化

在网络还未出现的一段时间里，图书馆的服务形式主要以传统的文献提供、咨询服务和浅层形式的专题服务为内容，很少关注人的需求与信息服务质量等问题。随着计算机技术的发展与网络信息化程度的提高，信息的提供与检索方式更加简单和快捷，这为图书馆开展更高层次的服务奠定了基础。技术的升级带来的检索方式的根本性转变，有效提高了检索的效率，提高了信息资源的利用率。因此，图书馆在网络信息环境下应抓住机遇，将信息服务的重点专注于为用户提供更深层次的信息服务，即根据特定用户的需求对收集的信息进行整合与重组，有针对性地提供二次加工的精品信息服务，利用网络开展高层次咨询服务。

5.服务手段现代化、服务方式多元化

在信息网络化境遇下，图书馆信息服务的提供方式、管理方式与传统的图书馆服务方式有明显区别。传统图书馆的主要载体为纸质文献资源，检索工具形式也较为烦琐，主要依靠人工进行，运用卡片式、书本式的目录索引和摘要等手段进行手工检索，耗费时间较长，效率低下。如今，图书馆的信息服务手段更加现代化，服务方式也更加多样化。网络可以为图书馆提供灵活、快捷、方便、实用的检索方式，其内容涉及网络中各类数据库、电子文献资源、电子图书等。网络检索方式的完善有效促进了信息数据化、方法自动化、服务网络化与信息服务多元化的实现。

6.服务重心的转变

传统图书馆的服务重心主要在于图书与文献材料的借阅上，服务形式较为单一。现代网络技术背景下，图书馆的服务重心有了显著的改变，其信息服务的重心在于整合自身体系内和网络环境下的资源信息，提供给广大用户使用。图书馆应加强网上书目数据库、索引数据库、文献数据库、指南数据库等多种数据库的建设。一些具有特色的图书馆可以依靠自身性质与资源优势，确定重点服务范围与服务内容，广泛收集符合自身特色的文献信息资源，构建起独具特色的信息资源系统。信息资源系统的构建要以标准化、规范化、协作化为出发点，注重对网络信息的有效处理。此外，图书馆的服务应以读者和用户的具体需求为基准，运用网络技术进行信息查询、检索、分析和咨询，确保用户获得最新、准确、快速和完整的服务。

二、图书馆学科服务智能化创新

（一）图书馆智能化服务模式的特点

网络信息技术的快速发展、用户信息服务需求的改变、图书馆向现代化转型的召唤，如此等等，这些都在助推着传统图书馆向现代图书馆转型的进程，一言以蔽之，图书馆的现代转型迫在眉睫。同时，图书馆的现代化转型也为图书馆在未来一段时期的发展指明了方法和思路，是图书馆永葆生命力的关键所在。当前，人们已经迈入知识经济时代，知识化、信息化成为这个时代的烙印，人们对于知识的需求日渐迫切和多样，而图书馆作为人们获取知识的重要渠道，如果仍然故步自封，那么，必将被时代所淘汰。正因为如此，传统图书馆必须转变传统的采购书籍、借还图书的固有观念，借助信息化时代的东风，迎难而上、主动作为，将纸质信息和电子信息结合起来，满足人们对信息多样性、无形性、丰富性的需求。例如，图书馆可以将新知识、新技能作为重点，将它们和自身固有的资源和优势结合在一起，实现图书馆服务的转型和升级。具体而言，网络化、信息化时代，传统图书馆的服务模式已经发生了根本性转变，开始呈现出一些新的特点：

1.用户服务是图书馆生存与发展的需要

当今时代，网络信息技术的快速发展为图书馆的发展带来了新的挑战。互联网的蓬勃发展，使知识与信息触手可及，人们只需要经过简单的检索操作便能够得到大量的信息，这种方式使人的信息需求得以快速满足，导致人们对图书馆文献信息资源的忽视。这不禁会引人思考，在现代社会，图书馆是否还有存在的必要。而对于这一问题，答案当然是肯定的。

相对于网络阅读而言，传统的阅读方式具有一定的休闲性与随意性。人们可以在书香的氛围中享受阅读所带来的愉悦感。此外，网络阅读容易造成视觉疲劳和辐射危害。总体来说，图书馆的发展面临着网络、技术发展的多重挑战，图书馆必须依靠自身服务活动的提升才能在竞争中取得优势。

网络的发展不仅为图书馆带来了挑战，而且为图书馆的发展带来了机遇。网上服务是图书馆发展的必然趋势，面向大众是图书馆服务的基本理念，而在日益激烈的网络竞争中，图书馆应加大技术投入，建立资源数据库，构建起具有特色的网络虚拟图书馆，大力开展网络服务，实现读者信息资源的实时接收，使丰富的馆藏文献资源深入万家。

2.由柜台式服务向自助式服务模式转变

现代科学技术的高度发展带来了信息存储技术的革新，也为信息资源由传统印刷型转变为数字化信息提供了前提。随着现代计算机技术和网络通信技术的发展，以及数字化资源信息的普及与应用，图书馆的馆藏资源在数量和质量上都得到了明显的提升，主要表现为：第一，在网络通信环境下，计算机技术的广泛运用，使资源的利用效率明显提升。人们可以足不出户地访问网络和图书馆线上资源，打破了时空的局限性；第二，现代多媒体技术的应用，丰富了信息资源的存在形式，把纸质文献逐步发展为数据化形式的电子信息资源，同时，由于电子信息资源涉及的内容广泛，如影音、文本、图像等，这些形式较之普通的纸质文献更能吸引用户的兴趣；第三，图书馆信息储存技术的日益发展，使图书馆的电子文献材料占有量不断扩大，图书馆的借阅能力也得到了大幅度提升。

3.服务品牌化

对于一个企业来说，品牌是其内在精神的象征，也是其区别于其他企业的特色所在。图书馆树立品牌形象是其发展的需要，打造品牌服务，需要图书馆将自身的服务做到规范化、个性化和品质化，将品牌理念通过宣传或服务渗透到用户的心中。另外，图书馆的品牌化有利于提升图书馆本身的服务水平与质量，为图书馆增强自身的竞争力并取得竞争优势提供保障。图书馆应充分发挥自身的服务功能，在服务过程中总结经验，逐步形成独具特色的服务模式，让用户在图书馆中能够受到周围环境及文化环境的熏陶。面对人们日益增长的信息需求，图书馆必须站在创新的视角下打造品牌服务，这样的优质化服务会为图书馆赢得更大的市场份额，带来可观的经济效益与社会效益。

4.形成图书馆服务文化

图书馆的服务过程实际上是一种文化传播过程。对于馆内服务人员来说，图书馆的服务文化是馆员必须遵守的价值观念，这种文化渗透到馆员的心中将成为一种具有主动性的精神力量。馆员通过自身的服务行为体现出对图书馆服务文化的理解。优秀的图书馆文化应该是一种积极正向的精神力量，使馆员发自内心地接受，并将其转化为自身服务行为的准则，提供更优质的服务，确保用户满意。

5.向知识服务形态发展

知识服务是指图书馆服务人员依据已细分到"字词"级别的知识单元，深入信息资源内容和专业领域，按照用户生产、科研、教学和学习的指定需求，统筹安排，合理分工，向用户提供全方位、高水平的知识单元的服务形式。知识服务重视分析用户的实际需求，它专注于为用户提供准确的方案，以保证用户信息查询、分析与组合的可行性。知识服务贯穿用户知识的获取、分析、组合与应用的始终，并根据这一过程的变化适时调整服务的方式。

6.服务提供主体专家化

图书馆员作为图书馆服务提供的主体，首先应具备较高的政治思想文化素质，乐于奉献，勇于创新和实践，必须掌握各类信息的获取与收集能力，具备一定的信息知识组织与处理能力，帮助用户解决知识获取过程中遇到的各种问题。面对社会服务的新需求，图书馆员必须既具备图书馆管理的理论知识，同时也应具备多方面的管理技能与实践能力。馆员只有加强服务意识，提升服务手段，才能适应知识经济社会的要求，才能推进信息社会的不断发展。

7.用户需求个性化、专业化

现如今，由于信息获取的便利性，人们对于信息资源质量的要求明显提升。信息资源具有多元化特点，其类型与种类纷繁复杂，内容多样，人们很难依靠自身选择适合的信息。因此，图书馆急需构建个性化服务机制，满足用户的特色需求。通常情况下，用户的个性化需求离不开某一特定的专业领域，此专业领域的用户可能具有相同或相似的知识需求，这类用户可以组合为一个独有的用户群体，知识服务可以根据这一独有的用户群体的成员特点、需求特征，以及专业领域进行检索和划分，为用户提供兼具个性化与专业化的知识信息。图书馆应采取积极有效的策略，打造个性化服务，这是未来图书馆的立馆之本。

8.服务内容技能化

在竞争激烈的市场经济条件下，图书馆只进行自身内容与服务方式的完善是远远不够的。图书馆对馆藏的信息资源进行整合与创新，图书馆员对自身修养与个人技能进行提升，才能保证为社会、用户提供高质量、高层次的知识信息服务。然而，社会用户是接受知识与服务的主体，用户的专业素养与技术运用水平的提高，会对知识资源的利用效率产生很大影响，这也为图书馆提出了新的要求。目前，很多用户具有知识获取的需求，但并不具备相应的检索信息的能力与技术，进而导致用户知识获取的能力较弱，获取的知识质量较差。因此，图书馆应重视培养用户的信息意识与创新意识，提升用户自身的专业操作能力，适应科技的进步。与此相协调，图书馆应形成以提升用户的知识利用意识、知识利用能力和现代信息技术应用能力为主的层次化、功能化的现代化服务体系。

（二）图书馆服务模式的影响因素

1.资源因素

图书馆是知识信息的主要载体，也是知识信息的服务部门。图书馆的根本职能是对各类知识信息进行收集、整理、加工、存储、管理与提供利用，因此，图书馆拥有丰富的文献信息资源，知识涵盖各领域、各学科。在网络信息技术出现之前，图书馆的馆藏资源主要以纸质化的书刊、报纸等为主，而随着信息化水平的不断提高，图书馆的文献资源形式也越来越丰富，既包含纸质书籍、期刊等文献材料，也包括大量的数据、电子信息构成的数据库资源。现代图书馆在科学技术的支持下，其内在信息资源具有良好的系统性和科学性，既能够为用户提供准确、有序的知识，也能够为社会提供完整、系统的信息。

2.设备因素

图书馆发展至今一直十分重视与社会的发展步伐相适应，对于先进技术与设施设备的利用基本处于前沿领域，计算机技术的出现与应用，更新了图书馆相应的技术手段。局域网、因特网的搭建，使得世界范围内的信息资源交流通过远程通信技术成为了可能。电子信息化设备的引进与应用，则进一步提升了图书馆的服务内容与服务方式。网络时代下形成的数字图书馆，使用户可以在任何地区进入图书馆网络系统，接受快捷、完善的图书馆信息服务。

3.人员因素

图书馆的人员构成力量对图书馆的整体运行与服务过程有着深刻的影响。如果这些从事信息服务的人员具有丰富的信息知识收集、整理、加工经验，那么，会对图书馆的信息服务调整产生正向、积极、准确的指导，使图书馆的信息服务更具优势。具有丰富的信息资源建设实践经验的人员往往更容易适应新社会环境、新技术带来的变化，并能够依据社会形势形成全新的信息服务观念，为图书馆的信息服务提供更加科学、准确的实用性建议，使图书馆在社会中更具有竞争优势。

4.技术因素

影响图书馆服务模式的技术性因素主要是指信息处理技术。图书馆在长期的技术工作支持下，积累了相当丰富的网络管理、资源管理、用户管理的实践经验。通过信息处理技术的不断更新与发展，基本保证了图书馆信息资源的利用率，从而促进更多的社会资源得以开发和利用。信息处理技术是影响图书馆整体发展和更新图书馆信息服务模式的一个关键因素。

5.社会地位因素

长期以来，图书馆承担着社会知识与文化的收集与保管工作，为社会成员平等地享有信息资源的获取、利用的权利提供了基本保障。这些深入人心的工作使图书馆始终在社会中占有一席之地，在社会全体成员心中有着良好的社会形象。无论是从图书馆的功能性，还是从其服务性来讲，图书馆作为信息资源最重要的载体，其社会地位是不可动摇的。

（三）图书馆智能化服务模式的发展策略

1.把握机遇与挑战

伴随着社会新形势、新技术力量的冲击，图书馆面临着前所未有的挑战和发展机遇。如何抓住机遇，迎接挑战，实现图书馆服务模式的创新，是当下图书馆发展的重要问题。信息技术所带来的网络环境，为图书馆服务工作的开展提供了良好的契机，图书馆应以信息技术为支撑，以网络环境为平台，全面更新信息资源收集、整合、加工、管理等服务形式与手段，以全新的技术形式为用户带来更为快捷的信息获取体验。

2.合理进行人员配置

从图书馆人员组织上看，首先图书馆应加强对现有人员的知识技能培训与文化理念建设，使他们既具有一定的专业技能，又对图书馆组织与服务充满认同感。图书馆对人员职能的分工要适应社会信息服务建设的环境需求，从人员的组织、职能的分工及服务流程等各个参与层面，都要根据实际情况赋予新的工作内容。针对数字化图书馆而言，网络信息引导员、网络信息冲浪员等特殊的人员形式可以适时地出现，这既符合图书馆信息服务的管理模式，也符合社会网络环境背景下的实际需求。

3.加强对创新服务模式的探讨

现今社会，互联网的普及程度明显增强，各种各样的网络功能层出不穷，图书馆的服务模式不是一成不变的，而是根据技术的发展与变革不断更新的。传统的服务模式虽然不完全适应新时期的发展要求，但从某些方面来说，其内容存在一定的合理性。因此，服务模式的创新应注重将传统服务模式与新型服务模式巧妙结合，图书馆只有不断创新自身的信息服务模式，才能紧跟信息时代的发展，以取得更为广阔的发展空间。

三、图书馆智能化信息服务平台建设

在知识经济还未广泛发展的时期，书籍、报刊等文献资料的保存方式主要以人工的收集与整合为主。这种保存方式受到环境、天气、人力等多方面因素限制，管理上稍有不当，就会导致重要文献资料出现损坏甚至缺失的情况。随着信息时代的来临，网络技术与电子信息技术的出现与发展，使信息的管理与传递方式产生了质的飞跃，文本、图像、音视频的出现使信息的存在方式更为丰富多样。同时，这些新形式相对于传统的印刷型文献来说更易管理，信息技术时代也带来了文献信息管理方式的深刻变革。现代信息社会的发展，先进的科学技术与网络技术的不断更新，促使图书馆在文献信息的管理方式与服务方式上发生了根本性转变。

互联网的出现与蓬勃发展促进图书馆的现代化管理与建设迈向了全方位、高层次的新发展阶段，借助于网络技术与电子信息技术，图书馆对文献信息资源的收集、整理、加工、存储、传递的速度与效率得到了相当大的提升，而且能够保障在传统的教育功能基础上，对服务工作进行加强。在知识经济时代，掌握知识与技术能够保证人们紧跟社会发展的步伐，因此，人们对知识信息有了更高层面的要求，既要求知识信息的数量和质量，又要求知识信息传递具有快速性和准确性，这也充分说明了传统形式的图书馆资源与服务已明显无法满足人们的现实需求。此外，信息咨询在图书馆中发挥着越来越重要的作用，文献信息的服务需求呈现出多样性、准确性和高效性的特点。由此可见，建设图书馆信息服务平台已成为当务之急。

（一）构建图书馆信息服务平台的必要性

1.构建信息服务平台——实现网络化信息服务的基础

构建信息服务平台是实现网络化信息服务的基础。网络环境下的图书馆是一个以数字化信息资源为基础，以满足用户需求为目标，以先进的科学技术为手段的综合服务系统。总体来说，文献信息资源的数据化建设是图书馆馆藏的全部资源实现网络化信息服务的前提条件，以此为基础，可以将图书馆看作是一个信息界面，用户可以通过这一信息界面进行进一步信息挖掘、信息参考、个性化信息推荐、信息定制等综合查询，以准确查找出符合自身知识需求的最佳结果。

（1）构建信息检索系统

①信息挖掘检索。信息挖掘是指在网络数据库中发现知识的过程，在图书馆管理中体现为在资源数据库中检索用户较为感兴趣的知识信息。知识挖掘的作用主要体现为两点：第一，信息挖掘是知识发现的必需环节。数字化图书馆的资源内容异常丰富，可以提供各种类型、数量庞大的文本、图像、语音、视频等多种媒体类型的数字化多媒体资源。第二，信息挖掘检索可以将特定知识按照多角度的检索视角从资源数据库中提炼出来，进而为用户提供实用的知识、规律或社会

信息。一般而言，图书馆用户所需的有用的知识信息都是通过信息挖掘检索得到的。

②拟定网络信息资源不同的检索系统。构建信息检索系统，可以从以下两个方面着手：第一，开发启用图书馆 OPAC 联机信息查询系统，可以提供图书馆馆藏书目数据、特色文献数据库等馆藏信息的多方面检索，促进图书馆馆藏资源网络公共检索机制的形成。第二，构建数据化期刊、学术论文、图书等全文文献数据库的智能检索系统，用户可以选择自己习惯的方式查询到所需信息的原始记录，由信息的多重满足转化为一次性满足。

（2）注重检索的需求与趋势

①定向挖掘搜索功能，以满足不同社会群体的现实需要。定向挖掘搜索功能是指可以采用"对应链接""推荐站点"等方式提供实用的检索方向和检索引擎。例如，国内很多高校在其网上图书馆首页都推出了中国教育网、中国学术资源网、外国教材中心、OCLC 文献中心等相关网站链接，其可以看作是定向挖掘检索教育相关网站的服务方式，将性质相同或功能相似的网站资源建立起网络联系，以满足不同层次、不同领域的用户群体的实际需求。

②基于知识内容检索的趋势。基于知识内容的检索是指对媒体对象的语义与上下联系进行检索。对于图书馆来说，基于知识内容的检索应成为图书馆数字化发展的主要方向。从信息挖掘的根本性质来看，基于知识内容的检索主要通过媒体对象的语义和视觉特征进行检索，例如，图像的颜色、纹理、形状，镜头中场景和镜头的运用，以及声音的音调、响度和音色等。检索的主要对象是图书馆资源数据库中的形式各异的数据化信息资源。随着数字化图书馆的兴起与发展，图像、图形、视频和其他多媒体形式将成为数字化图书馆资源库中不可或缺的重要信息资源，而要对这些信息资源进行开发与利用，基于知识内容的挖掘检索是必不可少的检索手段。

2.通过数字化信息平台——确立参考咨询服务方式

现如今，面临着信息知识的爆炸式发展，传统的图书馆咨询服务方式已经无法满足人们对信息的需求。信息技术背景下，图书馆用户的需求不只在于简单的咨询，而是追求更高层次、更高质量的信息分析与处理，既要求体现知识的表层特征，又要求咨询参考具有知识的相关理解与发展态势的预测。通过数字化信息平台建立起的参考咨询方式基于信息化、网络化的角度，为用户提供有效的网上参考咨询服务。

（1）拓展信息平台，挖掘和提供信息

数字信息化平台上的信息资源，已经成为图书馆参考咨询工作挖掘和提供的重要资源。目前，网络上已出现了形式各样的建立在新的架构基础之上的知识数据库，涵盖的知识内容包罗万象。互联网应用于图书馆的数字化信息平台，使图书馆自身的物理空间呈现出无限虚拟的状态，信息资源不再受条件的限制与约束。数字图书馆的参考咨询业务突破了传统的馆藏观念，知识信息的载体由传统的印刷型文献发展为以电子形式为依托的视听型、缩微型、数据库和多媒体信息。

（2）利用现代信息技术建立信息平台主页

建设数字化图书馆，首先应将现有的图书馆馆藏资源进行数字化处理，并根据数字信息资源的组织模式，采用现代化信息技术手段建立起信息平台主页。这一平台应当具备传统的服务功能，如主题或关键词检索、分类浏览检索等；也应具有一些特殊的专业性服务功能，如支持信息检索协议，用户自动获取所需的信息，实现从书目记录检索到全文获取的完整链接。为了提升图书馆参考咨询的服务水平，应该以现代信息技术为依托建立参考咨询主页，形成图书馆的网络在线咨询系统作为用户参考信息的服务平台。数字图书馆的建设应对现有的馆藏文献和信息资源进行数据化，并根据数字信息资源的组织模式，馆藏文献的内容特征和对自身的加工能力，实现二、三级文献资源的数字化整合。整合后的资源可以利用自动搜索引擎，通过电子邮件、网络公告和新闻媒体宣传等方式进行互动式交流的服务。

（3）实施个性化咨询

个性化咨询主要是针对不同用户群体的不同需求而制定的专项服务，个性化服务是数字化图书馆信息服务的重要特征，主要针对个别用户或群体提供其所需专用的、具有一定价值的知识信息。

①注重个性化数据库的建设。图书馆个性化数据库的建立主要以某种特有的信息资源为参照，具体表现为学位论文数据库、学术成果数据库、书目数据库、档案数据库、典藏数据库和学术会议文献数据库等形式。图书馆既要重视收集保存普通文献材料，也要实时关注科研与社会领域的前沿知识，重视相关用户的专项文献需求，逐步建立起自身独有的个性化数据库。

②确保个性化服务技术的使用。个性化服务技术主要依托现代信息技术、现代网络技术，以及现代通信技术进行发展和完善。目前，已经有越来越多的先进技术被应用于个性化信息服务领域，形成了独具特色的个性化服务技术。

（二）建立用户定制方式的数字图书馆信息服务平台

现代网络技术的普遍应用为图书馆信息咨询的发展奠定了基础。用户在利用图书馆信息服务平台进行咨询时，通常已经有了明确的知识信息运用的方向与范围。建立用户定制方式的数字化图书馆信息服务平台是贯彻"以人为本"服务理念的具体表现，也是提高图书馆咨询服务效率的重要保证。因此，在社会发展的全新时期，图书馆信息服务平台具有了全新的目标，即定制服务与个性服务。

1.信息定制服务

图书馆信息定制服务需要在开放信息资源和交互操作的基础上进行，其组织系统具有灵活性和可重构性，其信息资源和信息服务内容可以根据用户的需求进行自由化、个性化定制。

（1）数字图书馆的信息资源与信息服务必须可以由用户定制

传统模式下的图书馆具有一定的固定性，它的组织系统、文献资源、服务形式等是预先设定的，且在用户使用的过程中不可修改。但是，这种传统的模式在当今社会是不可行的，因为越来越多的用户渴望在图书馆中寻找和发现新的知识内容，这就要求图书馆要以开放的形态为用户定制知识发现、收集与传递的交互体系，为用户提供个性化定制服务。

（2）信息定制服务针对性的内容

信息定制服务包括学科检索服务、事实与数据信息检索服务、文献收集与引文检索服务、期刊目录传输、新书推荐服务等，具体表现为：与社会各类用户建立起稳定的联系，注重收集与理解不同用户对图书馆信息资源的需求情况，并将这种情况进行整理与反馈记录；面向社会全体成员，定期向社会成员征集对图书馆工作的意见与建议；指导和协助用户对相关知识进行文献资源检索，有针对性地开展重点学科的课题咨询服务；根据图书馆实际情况编写图书馆专题指南，及时对图书馆新增文献信息资源进行有效的宣传报道。

2.人性化管理与个性化服务

"以人为本"是现代图书馆工作与管理的根本方针，在网络信息时代，"以人为本"是图书馆数字化建设与发展的基本要求，是图书馆工作贯彻始终的重要理念。

（1）人性化管理与个性化服务的提出

"以人为本"思想在社会服务工作中一直处于核心地位，但是，随着时代的发展，其概念与内容也在不断被赋予新的内涵。"以人为本"是图书馆服务工作的核心理念，在具体工作中表现为：

实行"以人为本"的人性化管理和人性化服务，是图书馆经营管理的一种新理念。其主要特点包括：第一，在图书馆的整体环境规划与建造的过程中，体现人文意识，设置具有人文关怀的服务设施和设备；第二，建立和完善保证知识信息自由平等的服务管理体系，保护用户信息安全；第三，尊重用户的个性与差异，关注个性化服务的内容，对用户无意识的过失和潜意识的错误采取宽容的态度，对待客户热情友善，真诚服务。

（2）"以人为本"的人性化服务是数字图书馆建设的重要内容

图书馆的服务与管理工作最终目标是使用户的权益得到更好的保障，以及用户的需求得到更多的满足。人性化服务和人性化管理的顺利实现需要在以下几个方面进行重点考虑：

①创建综合、高效的服务窗口。传统图书馆的服务机制必须进行有效的改革，由分工负责制转变为专人专题制，由刚性管理转变为柔性服务，以此为基础，依靠图书馆的资源信息优势提升整体的服务层次与服务水平。

②建立灵活、多样的人性化服务体制。在传统的图书馆管理上，通常过度重视图书馆馆藏资源，而忽视了对资源的开发利用。因此，数字化图书馆应按照用户的实际需要，建立起用户乐于接受的、馆员乐于参与的新型服务模式。

③不断研究、提升图书馆的管理目标。依据数字化图书馆的发展态势及图书馆的现状，要不断发现和解决新问题，把眼下可实现的目标与长远的发展目标相结合，明确"以人为本"的人性化服务发展策略，使图书馆的个性化信息服务得以长足发展。

第二节　图书馆学科服务创新

一、学科及学科服务概述

（一）学科的含义

学科的概念在不同的社会时期有着不同的理解，在过去，人们对学科的认识相对单一化，简单的将其理解为知识的分类或教学的科目。随着社会的发展，社会科学与哲学的探讨不断深入，不断对学科这一概念的理解注入了新的活力，对学科内容的认识也更为全面化和立体化。基于科学与哲学研究的思考，不断涌现了许多有关学科理解的新型理论。科学首先是一种有组织的、客观的、合理的知识体系，同时也是一种制度化、规范化的社会活动，社会与历史问题会直接影响科学发展的速度，也会对科学家关注的焦点问题造成一定影响。沃勒斯坦认为学科蕴含三方面内容：第一，学科是一种学科范畴，是一种具有明确研究领域的学术类型；第二，学科是一种组织结构，例如，以学科命名的大学院系、学科学位等；第三，学科是一种文化反映，由于同属一个学术群体的学者往往具有一些相同的经历和研究方向，他们倾向于阅读相同的经典著作或学术成果。在我国，有学者认为学科是知识形态与组织形态的集合体。因此，总结以上理论思想，可以得出学科的含义包含以下几个方面：

1.学科是一种知识体系

学科作为知识管理的一种手段，从这个意义上来说，它是一个结构紧凑、思维严谨、内部一致性较强的逻辑知识体系，这种学科表现在该领域的文献和教材中。

2.学科是一种精神规范

学科作为一种精神规范，它是学科研究者在从事学科教学研究工作中所表现出来的精神气质、信仰、思维方式、规范体系等，体现在学科研究者的行为和心理状态上，以及他们独特的行为和思维方式上。

3.学科是一种研究组织

学科作为一种研究组织，是进行学科研究和开展学科研究的基本单位，具体形式可以表现为学科研究的研究所、办公室、中心等。研究组织形态的学科为学科研究提供了组织形式和庇护所，是学科研究组织化、制度化的标志。

4.学科是一种教育与人才培养的单位

学科在教学领域中体现为一种教学的组织形式，具体以教育与人才培养的独立的机构、独立的学位、独立的专业和独立的课程体系等形式存在。学科作为一种教育单位，能够将知识体系的学科和精神规范的学科转移给体系内的学科成员，从而保障和保持学科知识、精神和社会分工的连续性。

5.学科是一种劳动分工的方式

知识，即认知领域的分化促进了学科的形成与发展。学科的建立标志着社会分工中一个新部门的组建，标志着一个新的工作小组和岗位的独立分化，标志着一批人要适应与确立新的劳动角色。

6.学科是一种交流的平台

学科的存在将不同地域、不同组织、不同时代的学者紧密联系起来，超越时间与空间的限制，为学科人员搭建了一个交流的学术平台。这一交流平台在学者之间的交流和学科意识的批判性成长过程中具有特殊的意义，它体现在学科研究的期刊、书籍、文献和学科的社团中。

7.学科是一种社会管理的单元

在现代科学技术应用广泛的社会新时代，科学研究已经与经济、社会和国家的利益息息相关。科学研究越来越依靠外部资源和环境的力量，已成为政府和社会公认的合法学科，有效促进了各专门领域的知识生产与传播。因此，学科的科学研究已成为社会和国家资助和管理的重要对象。

（二）学科服务的内容

1.学科服务的概念

从语言词汇学的角度来看，"学科服务"一词由"学科"与"服务"两个词语构成。"学科"一词在上文已做阐释，这里不加赘述。"服务"一词在社会中主要包括行业的工作任务与责任等。因此，将两个词语组合分析，可以理解为围绕学科而开展的服务活动。对于图书馆来说，从表层意义上理解学科服务，是指图书馆员根据学科建设需求而提供的全面的文献知识信息资源服务和信息技术服务。而在知识经济时代，学科服务具有新的内涵，它是图书馆领域的一种全新的服务观念和服务形式，图书馆学科服务的提供，为深化图书馆服务并提高图书馆服务层次指明了新的发展方向。学科服务概念在图书馆工作中的应用经历了一个转变的过程，由最初的"学科馆员制度"到后来的"学科信息导航""学科信息门户""跟踪服务""导读服务"等，学科服务的概念越来越走向正式化与规范化。

2.学科服务的基本要求

对于图书馆来说，学科服务不是一个简单的服务概念，也不是众多服务活动中的一种服务形式，它是一种涵盖多种要素的服务体系，也是未来图书馆开展服务工作的重要形式。图书馆开展学科服务的要求可以总结为以下几个方面：

（1）全面系统

全面系统是指图书馆学科服务体系要全面系统，主要包括图书馆工作系统中的文献信息资源涵盖的内容要全面，学科服务工作开展时，各个流程操作要系统化进行。对于学科馆员来说，要对其专业学科资源与情况全面掌握，能够利用现代化信息技术对图书馆学科资源与服务进行全面宣传，让更多人对学科服务产生更深了解。

（2）方便快捷

方便快捷是指图书馆通过开展学科服务，能够帮助用户更加方便快捷地提取自身所需的学科信息知识和相关信息服务，及时有效的处理实际问题。

（3）高效利用

高效利用包含两方面含义：一方面，是指学科信息资源的高效利用，即学科用户能够高效的使用图书馆馆藏的所有文献信息资源；另一方面，是指学科馆员工作的高效，能够有效促进学科服务的开展。

（4）满意评价

这里主要是指学科用户对图书馆学科服务的满意程度。图书馆应采取多种方式提升学科服务能力，进而提高学科用户的认同感与依赖感。

3.学科服务的性质

学科服务是一个以学科用户和学科用户需求为重点，以学科馆员参与为手段的全新的服务形式。随着学科服务的深入开展，人们对它的认识也在不断加深和变化。对学科服务性质的理解，经历了一个由浅入深的过程，可以归结为以下几点：

（1）学科服务是一种先进的办馆理念

在过去，图书馆是人们获取文献信息资源的唯一场所，具有知识信息需求的人们对图书馆的依赖程度很高。然而，随着现代科学技术的飞速发展，网络的信息化、数字化对图书馆带来了很大的冲击，也为图书馆的发展带来了前所未有的机遇，图书馆管理者必须正视信息技术的发展带来的挑战，同时也要思考如何使图书馆在飞速发展变化的社会中取得一席之地，并得到长足发展。学科服务是一种以用户为中心的个性化、专业化的服务，学科服务的完善为图书馆的生存和发展带来了活力和生机，能够有效增强图书馆的核心竞争力。

（2）学科服务是一种新的服务模式

学科馆员参与到学科用户的信息环境和信息环节中，为相应的学科或部门、重点实验室、科研团体和学科用户个人提供个性化、专业化、知识化的服务。

（3）学科服务是一种新的服务机制

图书馆在设置学科馆员时，会按照相应学科或部门的特点与内容进行专业设置，规定学科馆员的工作职责、目标和任务，确定具体的考核指标和方法，明确学科服务的服务要求。

4.学科服务的特征

（1）扩展性

学科服务具有扩展性，主要体现在服务空间范围、服务内容和服务模式三个方面。

第一，服务空间范围。传统的图书馆服务空间范围主要是就物理空间而言，仅限于在图书馆内提供服务，这种服务形式受到地域范围的局限。现如今，学科服务不仅在相对的地域空间提供服务，而且在服务内容上超出了时空的限制。学科服务的地点不再局限于图书馆，而是围绕人们的生活展开，学科馆员为掌握用户的需求信息，不断深入学科用户的需求环境中，融入学科建设的科研与创新等多个领域。

第二，服务内容。为了适应信息社会不断变化的需求，图书馆学科服务应在遵循原有传统服务内容的基础上，进行创新与再创造，不断加入符合社会发展需求的新内容、新思想，尤其要完善和履行参考咨询服务内容。

第三，服务模式。学科服务不能故步自封，要能够深入学科用户所处的环境，更要融入学科建设的过程中，才能更好地为用户提供相关文献资源保障服务和个性化的信息服务。

（2）主动性

学科服务是对图书馆传统服务的继承与深化。在信息化时代，学科服务将成为未来图书馆工作的核心内容。它改变了原始的被动服务模式，以主动服务的形式吸引学科用户参与到图书馆的学科服务之中。学科服务为学科馆员与学科用户构建了信息交流的渠道，建立起学科馆员与学科用户之间的有效联系，学科馆员自觉主动地为学科用户提供所需的文献信息资源服务与信息数据的利用指导，帮助他们提升信息获取与利用的效率。因此，学科服务是一种主动性的服务，它以满足学科用户的需求为目标，在知识资源日渐丰富的信息化社会，为更多的学科用户提供最优质的资源保障与技术性服务。为保证学科服务的顺利实施，要求学科馆员兼具专业性与主动性，为学科用户提供最具实效性的精准服务。

（3）互动性

学科服务是一种动态的交互型服务，它以学科用户的信息需求为基础，将学科建设中分布于不同领域的动态资源进行整合，通过服务将这些资源融入学科建设与用户处理问题的各个环节。学科服务重视学科资源建设，加入学科教学活动，参与到学科用户中，渗透到科学研究中，与学科用户互动，使学科用户积极参与学科资源建设。互联网技术的出现与发展，更大程度上促进了学科用户之间的信息交流，用户既是资源信息的获取者，也是资源信息的提供者。因此，互动性是图书馆的突出特征。

（4）专业性

从服务的目的、用户需求、服务内容和形式、服务模式等角度来看，学科服务在任何一个方面都具有很强的专业性。由于学科用户也具有专业化的特征，他们需求的信息往往不是泛化的，而是带有准确的目的性，学科服务能够对泛化的知识进行精细的划分与筛选，为学科用户提供个性化的知识需求。学科服务对知识的整合是一个具有很强专业性的过程，它贯穿学科教学、科学研究的全过程。此外，科学技术的蓬勃发展打破了原有的时空限制，能够随时随地为用户提供专业化知识。学科馆员作为直接与学科用户接触的提供服务的主体，必须具有高度专业化的学科知识与技能，为不同专业水平、不同层次的学科用户提供专业化知识指导与服务。

（5）快速便捷性

信息环境的变化与网络技术的发展，促使图书馆馆际之间建立起了信息资源共享的空间，加快了信息资源的传递与交流。信息共享空间的建立促进了物理形态的图书馆的转型，在资源内容与服务方式上都需要进行重新整合和研究，形成全新且专业的学科化服务模式。图书馆依靠学科资源网络共享和馆际互借服务，改善硬件设施设备条件，强化服务管理制度，为学科用户方便快捷的获取学科知识资源提供了保障。

（三）学科服务的作用

现今社会，图书馆服务工作日趋成熟，人们的实际需求不断提升，对学科服务的探讨与关注也日渐加深。学科服务是一项专业性、知识性极强的服务工作，与图书馆其他服务工作贯穿图书馆资源与服务的整个过程，是图书馆进行用户服务的重点内容。学科服务的开展，能够有效促进图书馆融入新的信息社会环境，适应新的服务需求，从而进一步提升图书馆的服务质量与服务水平。学科服务标志着图书馆向注重知识服务进行转变，对于促进图书馆馆藏资源建设、提高学科馆员的专业素养、革新服务模式、提升图书馆的社会影响力具有重要作用。

1.整合信息资源并丰富图书馆学科资源，为社会带来财富

科学技术与网络信息技术的发展是一把双刃剑。一方面，知识的爆炸式发展为社会带来了大量的知识信息资源；另一方面，这些信息资源质量参差不齐，且以一种无序、混乱的形式存在。人们很难在这些纷繁复杂的信息资源中准确提取真正有价值、有意义的知识。在宏观意义上，图书馆学科服务能够对图书馆文献信息、网络信息资源，以及与相应学科相关的其他信息资源进行统筹整合、合理规划和科学控制；在微观意义上，能够对社会与网络环境下无序的信息资源进行识别、筛选、搜集、处理、组织、删除和管理，建立多层次的学科信息资源体系，提升这些资源的价值，成为新的社会财富。

2.促进信息资源的深层次开发和远距离获取

依靠现代科学技术与网络信息技术，图书馆的信息技术系统得到了进一步完善与发展。学科服务以现代信息技术手段为依托，对信息资源的管理模式由描述信息形式特点转变为对信息内容进行全面的阐述，以文本、数据、图像、动画等多媒体形式，建立起信息资源数据库，设置多角度、多途径的检索方式，使无序的信息呈现出有序的状态，方便学科用户进行深层次的科学检索。网络学科服务平台的建立，让学科用户可以突破时间与地域的限制，足不出户就可以获取源自世界各地的优质资源与服务，为学科用户获取知识资源提供了极大的方便。

3.促进学科馆员综合素质的提高

学科服务是图书馆服务的新模式，没有可以参照的标准可循，其发展和完善还需要长时间的研究和探索，这对学科馆员的职能提出了更高的要求。学科馆员在其特有领域具有足够的专业优势与业务技能优势，他们能够代表领域内的先进力量，能够在学科服务中发挥最大的价值。从整体上看，学科服务能够培养学科馆员的敬业精神与参与精神，在学科人员进行科学研究的过程中，学科馆员可以主动参与，积极为学科人员提供专业化的学科服务，为其节省大量的时间与精力，为其科研项目的完成提供了可靠的保证。现代图书馆已经成为互联网的重要组成部分，这要求学科馆员不仅要具备图书馆和信息学的专业知识，而且要掌握相应学科馆员的专业理论知识。因此，现代图书馆提升了学科馆员在图书馆信息资源文献查询与检索、鉴定与筛选、加工与处理等方面的知识与技能。随着网络技术的发展与计算机应用的普及，学科馆员有机会对世界范围内的经济、文化、政治、

教育等多方面信息进行有效的采集与应用，对于推进馆藏文献的整合、资源数据库的建立、资源信息服务的开展具有重要意义。

4.促进图书馆学术地位和学术水平的提高

图书馆工作是一项学术性很强的工作，而学科服务的水平是由学科馆员工作的具体情况决定的。首先，学科馆员是具有专业知识能力与背景的人员，学科人员参与到学科用户的研究工作中，必然会受到其学术能力、学术氛围、学术精神的影响，有助于进一步激发学科馆员的工作热情；其次，学科馆员一般具备学术研究的能力，学科服务能够挖掘社会或学科领域的新问题、新思路，能够有效带动学科馆员进行进一步的学术研究工作；最后，学科馆员具有了相当的工作热情及学术能力，能够以自身的学术精神带动其他馆员或人员的学术行为，营造出一个良好的学术氛围，创造出更高层次的学术研究成果。这一过程是在图书馆的学科服务中实现的，即有效提升了图书馆的学术地位与学术水平。

5.提升图书馆的整体管理水平与服务质量

学科服务要求图书馆向更高层次、更高水平的服务模式迈进。首先，应保证图书馆服务的物质基础，包括图书馆的整体环境与服务设施的建设与完善、文献信息资源的不断更新、先进技术的开发与引进、相关制度的制定与完善等。另外，学科服务要求注重团队合作的实现，这要求学科馆员既具有专业的学术能力，又能够积极参与团队建设，负有责任心与团结力。学科服务能够有效促进图书馆内部的变革，必然会对图书馆整体水平与服务质量的提高产生积极的推动作用。

二、图书馆学科服务平台构建

（一）学科服务平台的含义与组成

1.学科服务平台的含义

学科服务平台是为学科馆员与学科用户之间沟通学习，以及进行学科信息资源交流而搭建的虚拟场所。它在学科馆员和学科用户之间起到连接作用，学科用户和学科馆员能够利用这个平台进行交流和沟通。它是学科服务系统的外部体现，是进行学科服务的基地和场所，也是图书馆进行学科服务的综合信息服务平台。学科馆员利用图书馆本体、文献资源等现有物理设施建立学科服务实体场所，利用网络技术和先进的信息技术建立虚拟网络学术平台，为学科用户提供更全面的学科信息资源服务。与此同时，学科用户可以运用学科服务平台进行信息资源的检索与提取，并与他人或学科馆员进行互动交流，全方位地体验图书馆学科信息资源服务。学科服务平台的构建与完善，能够有效地将学科服务渗透到学科用户的信息获取、利用、交流学习的物理空间与虚拟空间，保证学科服务的全面性与高效性，提高学科服务的品质。

学科服务平台是一个综合性平台，它既能够展示图书馆馆藏资源，又能够实时链接学科导航资源；它既是学科资源组织管理的平台，也是学科信息发布的平台。它整合了图书馆实体文献资源与网络信息资源，既能够为学科用户与学科馆员提供交流沟通的机会，也能够实现知识挖掘、学科知识导航等个性化定制服务。学科服务平台能够对学科用户学术进行需求跟踪，迅速进行知识资源检索与定位，准确高效地供应其需求的专业知识与服务。

2.学科服务平台的组成

对于学科服务对象来说，学科服务平台是一个服务载体；对于学科服务实施主体来说，学科服务平台是工作开展的渠道。学科服务平台的建设、维护和完善必须立足于各图书馆学科的现状，结合相关学科的建设，引进科研团队，辅助科学研究，充分发挥自身特色，在学科服务平台的设计与架构中反映嵌入式、主动式、个性化和增值化服务理念。目前，我国图书馆的学科服务平台建设主要包含物理平台建设和虚拟平台建设两个方面。

（1）学科物理平台

学科物理平台是指图书馆为学科用户提供的用于沟通、学习的实体场所，主要包括实体环境、硬件设施、服务设施和馆藏纸质文献资源等。实体环境中包含多个不同大小、不同功能的服务空间与学习空间，空间的设计主要从学科用户的日常学习行为角度出发，在氛围的营造上采取视觉艺术、声学艺术与色彩艺术相结合的方式，为学科用户提供舒适的学习与研究环境。在保证环境功能不被影响的前提下，可以将多个区域的服务进行交叉，更加便于学科用户之间的相互交流与学习。学科服务物理平台有其特定的组成部分和资源配置，主要包括资源服务区、学科咨询台、独立研究室、数字化工作室、休闲区等。

（2）学科服务虚拟平台

在网络信息化时代，学科服务虚拟平台在学科用户的学习与交流中具有重要的作用，它为学科用户提供了在线共享信息知识资源的虚拟化场所，使知识的获取更加智能化和高效化。学科服务虚拟平台是互联网新技术运用基础上的一个交互式的开放服务平台，它在提供服务的过程中，强调交互性、参与性与共享性，提出学科用户不仅是信息资源的利用者，更是信息资源的生产者与传递者。学科服务虚拟平台是一个动态化的信息资源空间，它的内容资源在不断扩充和更新，这要求学科馆员应妥善地对这一虚拟平台进行维护与管理，关注社会与学术界的新知识、新动态，不断增添新的知识服务项目以满足学科用户不断变化的需求，为学科服务建设提供有力支持。

（二）学科服务平台构建

现如今，图书馆的学科性建设不断增强，而学科服务的科学化是保证图书馆学科建设的根本所在。因此，图书馆应建立起与社会学科发展相适应的学科服务系统和行之有效的学科服务平台，以满足自身的转型要求及学科用户的发展需要。

1.学科服务平台设计理念

学科服务平台是沟通学科用户与学科馆员之间的纽带，同时，为双方的信息交流与学习提供了空间。构建学科服务平台，是实现学科馆员工作开展和学科用户获取信息服务的有效策略。构建学科服务平台应以网络环境为依托，首先，能够对图书馆的学科服务进行有效的宣传与推广，增强图书馆的学术影响力；其次，学科馆员能够利用这一平台处理参考咨询、资源设置等日常工作；最后，学科用户能够通过这一平台获取学科知识与动态信息，可以以讨论的方式对学科专业知识进行深入研究。

学科服务理念是学科服务平台设计与建立的指导思想。学科服务平台的设计必须以学科建设为重点，引入学科的科学研究团队，体现自身特色，参与科研开发过程，体现嵌入式、主动性、个性化、增值性服务意识，展现图书馆的资源优势和特色，以推进服务区域经济、社会发展为方向，培养高层次、高水准的专业人才，以此来建构学科专业系统结构的发展特色和多学科协调发展的专业结构规划，为学科发展创新提供支撑力量。

2.学科服务物理平台的构建模式

学科服务的物理平台是学科服务工作的现实场所，依靠信息共享实体的空间，以用户为中心，进行一站式服务是当前学科服务理念的重点要求。缺少一定的工作场地，学科馆员很难对学科用户进行组织学习或学术交流与探讨，学科用户之间也难以得到有效的沟通。可以看出，缺少必要的服务场所会对学科服务效果产生很大影响。因此，图书馆必须结合本馆的实际情况，在现有条件基础上，充分运用原有建筑和馆藏资源，依托建设信息共享空间，实现学科服务物理平台的构建。

（1）学科服务物理平台设计思路

学科服务物理平台的设计思路是在图书馆分馆、资料室、馆藏室等现有实体空间的基础上，按照区域的面积大小规划出不同的功能区，如资源区、学科咨询台、自主学习研究区、数字化操作区、休闲区等，区域规划完成后，可配置相应的服务设施。从模块组成上看，各区域与信息共享空间的实体结构基本一致，主要由实体空间、硬件设施和服务设施构成。

（2）学科服务物理平台的架构

第一，资源区。图书馆的学科信息资源是开展学科服务工作的基础，同时，种类丰富的学科信息资源也是学科用户开展学科研究的必要前提条件。学科服务物理平台必须有庞大的实体学科信息资源作为支撑，也要具有存放这些实体资源的对应区域与基础服务设施。物理平台上的学科信息资源形式主要有学科专业类书籍、期刊、特色文献材料、科研成果、高价值档案、实用型参考书、工具书、百科全书、休闲类期刊、照片、音频、视频等专业缩微数据、光盘资源等。

第二，学科咨询台。学科咨询台受理咨询是实现学科服务最基本的途径，通常设置在学科资源服务区。学科用户在进行学习或科研活动时，遇到的常识性、专业性、技术性等问题或其他一切与学科学习相关的问题，都可以通过学科咨询台寻求帮助。学科馆员在处理学科用户的问题时，应保持热情的服务态度，认真聆听用户的需求，耐心解答用户的问题，提高用户满意度。学科馆员的管理服务范围涉及面对面的实际咨询和网络、电话咨询等形式。

第三，自主学习研究区。自主学习研究区是指学科用户进行独立学习与科学研究的实体区域，它的设置应根据图书馆的实际情况而定。如果图书馆的环境条件允许，可以将学习区与研究区分离开来，如果图书馆没有分区的条件，学习区与研究区合并也是可行的。自主学习研究区通常设置为个人学习室、学科专家工作室和小组讨论室等三种形式，其中，个人学习室与学科专家工作室对环境的要求较高，应该与小组讨论室分离开，保证环境的安静。

个人学习室主要供学生使用，用于学生检索文献、浏览网络信息资源、论文写作、模拟实验操作等，为学生提供适合个人思考和创作的安静空间。学习室内配备了无线网络接口和相应的电脑桌椅等公用设施，用户可以利用自带的笔记本电脑或者租用图书馆内电脑进行学习。

学科专家工作室主要供具有重要科研任务的用户或群体使用，通常安排一人一室或同一科研项目一室。工作室内，一般会配置高性能电脑及附件、装配适合科学研究的软件及电脑桌椅等，并且根据科学研究的需要配备相应的文献信息资源。如果图书馆的环境条件有限，可以实施多学科共建共用，充分发挥资源优势。

学科小组讨论室是为满足用户学习、讨论和交流等需求而创设的区域，是开展学术辩论、话题讨论的重要场所，能够有效促进学科用户之间进行观念启迪、思维提升、思想碰撞和培养团队合作精神，是学科馆员在交流中发现隐性知识、增加经验的理想场所。讨论室内一般会配备电脑及多台显示器、投影仪、黑板、桌椅等，区域面积因不同的群体而异。此外，与学科专家工作室相同的是，学科小组讨论室也可以多学科合作共建共用。

第四，数字化操作区。随着现代信息技术的发展与普及，人们对数字技术的理解越来越深入，特别是对多媒体操作和制作的重视程度越来越高，这已经成为一项必不可少的能力需求。图书馆应认清并掌握这一发展趋势带来的契机，及时更新图书馆的物理空间布局，确定适当的位置建立起专门的数字操作区域。在硬件配置上，数字化操作室应能满足常规数字操作和实践演练的要求。例如，室内应配置多个高性能的计算机及附件、必要的网络设施等。除了安装常用软件外，还应装配图像处理、网页制作、音频、视频等多媒体制作管理程序。根据学科服务的需要，还可以安装一些适合相应专业的专用软件，确保实现用户进行相应的研究工作。另外，打印机、复印机、扫描仪、录音机、数码相机、数码相机、大屏幕电视、音响设备等输入和输出设备对于多媒体制作也是必不可少的，由于这些设备价格昂贵，更新速度快，通常可以多个学科共建共用。

数字化教室主要用于学科馆员对学科用户进行与学科服务相关的信息素养培训，提升用户的信息技术素养。此外，数字化教室还可以通过预约的形式向用户提供服务，如进行学术报告、讲座、学科专家传授专业知识、科研方法及培训指导、学习、科研成果展示等，室内应配置电脑、网络接口、投影仪、电子白板、音响等设备。基于资金、场地、使用频率等问题的考虑，可依据需求合作共建共享。

第五，休闲区。休闲区的主要功能是放松用户的精神，区域内应配备舒适的桌椅，可提供饮品和茶点，还可放置少量的报纸或休闲杂志，供读者在学习期间短暂休息。休闲区的环境设置应别具匠心，用优美的工艺品加以点缀，让人产生舒适之感。用户可以在这一区域尽情享受舒适的环境，也可以进行讨论与交流。

一个学科服务物理平台的完整性是由以上几个组成要素共同构成的。由于图书馆的综合实力不同，一些图书馆可能无法完全实现大规模的建设与完善。对于这类情况，可以进行阶段性建设，有计划地进行空间规划，逐步加强区域建设以实现全部物理空间建设。

3.学科服务虚拟平台建设

在网络信息时代，学科服务虚拟平台为学科用户提供了学习、交流和共享知识的虚拟空间，对于学科服务的开展具有深刻影响。学科服务虚拟平台的建立，使学科服务平台成为一个统一的有机整体。学科服务虚拟平台集学科知识门户、学科导航、网络资源展示、知识挖掘等服务功能于一体，是一个需求驱动的学科专业化、智能化服务平台，支撑学科馆员进行学科需求分析，选择和整合以学科为导向和以知识为基础的信息，以及个性化服务的设计和管理。学科服务虚拟平台以学科知识库、数据资源、信息资源库、虚拟学科类别分支平台为基础，连接到个人数字图书馆与个性化信息环境，可以帮助学科馆员深入进行科学研究，跟踪用户需求，及时将个性化服务渗透到用户信息需求环境。学科服务虚拟平台全面贯彻落实了学科化、知识化、个性化、智能化的服务目标，在服务过程中，强调学科馆员与学科用户的交流与互动，鼓励用户参与知识生产与传递的全过程。

学科服务虚拟平台主要包括以下模块：

（1）学科资源

类型多样的学科资源是学科服务的重要基础之一。学科信息资源是学科服务发展的前提条件，学科服务机制的建立、运行和实施离不开学科资源。这里提到的学科信息资源是内容丰富的文献资源保障体系中的专业学科知识信息资源，以学科专题知识库为重点。学科专题知识库是学科信息服务系统中的一种特殊的学科知识集合，是知识型学科信息服务区别于传统文献型信息服务的主要特点之一。学科专题知识库中的知识主要包括显性知识与隐性知识两部分：显性知识是指学科馆员在处理学科用户的问题时，可以查找到的已存在的专业知识资源；隐性知识包含两方面，一方面，是指学科馆员自身的隐性知识；另一方面，则是指为了解决用户特定问题而运用学科信息资源系统中的显性知识，所形成的新知识成果或知识信息。

（2）学科门户

学科门户是学科服务平台上最重要的版块，它代表着学科服务平台的门面，主要利用互联网先进技术建立起 BBS、学科博客、学科动态、学科人物和学科学术信息推送、虚拟学习社区等。学科门户整合了用户所需的学科知识信息资源，以网络手段为依托，将这些信息资源组织应用于一个可定制的个性化界面中，为用户提供了一个充分满足学术交流需要的网络信息环境，是学科用户最终享受学科服务的必经之路。

（3）学科咨询

学科咨询主要包括咨询服务和知识库两类。咨询服务是指学科馆员运用现有的图书馆参考咨询服务台和参考咨询服务模式，为用户提供科学有效的信息服务。知识库是指学科馆员将咨询的各类问题进行整合，不断向知识库中增添新的内容，方便学科用户进行自助服务。

（4）后台管理系统

后台管理系统是保障学科服务平台正常稳定运行的主要管理功能，它一般会选择性能好、稳定性强、响应速度快的数据库作为数据管理基础，设计程序时遵循方便、易操作的原则要求，以便于日常维护。在系统管理模块内部，主要设置系统参数和权限管理，当学科服务平台需要加入新的学科知识时，需要对平台系统中的参数进行设置，在相应功能中加入新学科知识的相关内容。在系统安全的问题上，可对不同类别的人进行访问权限设置，通常是图书馆馆长与主管领导权限最高，向下依次为学科馆员、其他领导和部门同事，从而有效地保证了系统数据的安全，同时分工明确，强化了系统操作的稳定性与方便性。后台管理系统能够对各个模块内的信息资源设置特定的检索字段，使系统具有强大的检索功能，进一步提升了学科馆员的工作效率，为学科用户提供了更加快捷、有效的信息获取方式。

三、图书馆学科服务队伍与学科信息资源建设

（一）学科服务队伍构成与组建模式

1.学科服务队伍的构成

在学科服务体系中，学科服务队伍会对学科服务的品质与水平、服务产生的效益等因素造成决定性影响，它是系统中具有主观性与能动性的关键性因素。学科服务队伍的主要成员包括专兼职学科馆员、咨询馆员、图情专家等，其中，专兼职学科馆员是学科服务队伍的核心要素，在学科服务过程中，学科馆员是具体问题的设计者与规划者，也是学科服务的实际执行者。随着知识信息的飞速发展，用户的需求越来越向专业化、特色化转变，学科馆员的工作内容也越来越复杂。咨询馆员、图情专家等是学科服务队伍中的重要组成人员，对他们进行全方位分析，可以掌握相关学科信息需求，了解更多学科用户的科学研究要求。

2.学科服务队伍组建模式

学科服务队伍的建设是否科学合理，对学科服务的开展具有直接的作用。科学合理的学科服务队伍会对学科服务的开展产生积极的推动作用；无序、混乱的学科服务队伍将严重阻碍学科服务的正常实施和发展。对于图书馆来说，组建一支具有科学性与合理性的学科服务队伍能够有效促进学科服务的高效运转，是当下图书馆建设的一项重要内容。从现代图书馆服务实践上看，组建学科服务队伍主要采用以下两种模式：

（1）个体模式

个体模式主要是指一名学科馆员固定对应一个或多个院系，或者安排图情专家，其职责以宣传沟通、资源建设为主，同时，深入专业的课题研究过程中，协助完成科学研究工作。但是，个体模式下的学科服务也有一定的缺陷，例如，提供的学科知识信息内容较为单一，缺少与其他学科的互动与交流。因此，为了进一步提升学科服务的认知、服务质量和水平，应在单一模式的基础上进行协作式沟通交流，促进学科服务队伍由单一的个体模式向团体模式转变，实现服务效果的最佳化。

（2）团体模式

团体模式下的学科服务队伍是一个强调团队协作的专业化队伍，主要包括学科馆员、咨询馆员、普通馆员、学科用户和学术顾问（通常由各学科推荐的学科专家和教授担任）。其中，学科馆员与咨询馆员通常由专职的图书馆员担任，并且

要求其具有专业的职业素养与知识技能。图书馆员在学科服务队伍中具有核心作用，其主要负责团队的发展规划、队伍成员的组织协调和相关服务工作的开展。因此，图书馆对于学科馆员有明确的岗位职责划分、工作内容和目标规定。

（二）学科馆员队伍的培养

现如今，图书馆学科服务开展得如火如荼，这对学科服务中的核心力量——学科馆员提出了更高的要求。从长远发展的角度上看，图书馆应充分发挥文献信息建设的作用，构建具有专业化力量的学科馆员队伍，适应各领域学科的发展与建设需求，创新图书馆服务的形式与内容，特别是要增强对学科馆员制度的认识与利用，充分发挥学科馆员的优势和作用，形成高质量、高水准的学科服务。图书馆学科服务的深入发展，使学科服务在用户心中的地位不断提升，对学科馆员的培养已经成为图书馆学科建设的重要内容。学科馆员的培养主要包括对图书馆内现有学科馆员的培养，还包括对图书馆引进人员进行人才培养。

1.学科馆员能力培养内容

培养学科馆员的能力涉及多方面的内容：第一，对学科馆员专业知识与能力的培养，主要包括对学科基础知识、理论知识、前沿知识和专业语言知识的培养。第二，对信息能力与信息素养的培养，主要是指信息检索能力、信息处理能力、信息分析能力、现代信息技术能力等。第三，对创新能力的培养，强调学科馆员提高自主学习能力，不断更新自身知识，提升自身的综合水平。第四，进行图情专业思想培养和专业技能培训。学科馆员必须研究学科的基本理论和学科的发展趋势，才能更好地进行学科用户及其信息需求研究。第五，加强对学科馆员专业意识和专业素养的培养，使学科馆员形成强烈的职业责任感、职业使命感和荣誉感，加强对学科馆员的职业道德教育。

2.对现有馆员的培养

（1）通过自主学习获得自我培养

随着计算机技术、网络信息技术的发展，社会各领域的知识资源频繁更迭，知识推新与换代的速度加快，面对这一社会现象，图书馆学科服务要紧跟社会与技术发展的步伐，始终保持知识的高度先进性与丰富性。作为学科服务核心力量的学科馆员必须建立起终身学习的观念，不断更新自身的知识体系，不断在实践中掌握学科服务中心所需的新技术、新理论、新方法和新知识，从而提升个人专业知识水平与素养，促进学科服务水平。学科馆员本身具有很强的自主学习能力和知识获取能力，对待新知识、新技术较一般用户能够更快的吸收和接纳，同时，图书馆为学科馆员能力的提升营造了优越的知识环境，能够为学科馆员提供必要的文献信息资源、先进的技术设备和良好的学习氛围。学科馆员服务的主要对象是学科用户，这类用户本身具有一定的学科知识及科研能力，学科馆员在为这类人提供学科服务时，会受到他们学术能力、科研能力，甚至是学术精神的影响，这对于学科馆员来说，也是进行自我提升的重要途径。

学科馆员进行自主学习的途径有很多，除了可以进行日常的阅读、研究文献资料之外，还可以抓住机会与学科用户或专家进行深层次的探讨，参与相关的知识讲座等，都可以实现自我学习能力与水平的提升，为更好地提供学科服务做铺垫。

（2）通过培训获取培养机会

第一，馆内培训。为了加强学科服务队伍建设，图书馆可以依据自身的实际情况建立起知识经验交流体系，增强内部人员沟通，适时为学科服务队伍提供参与专业知识讲座的机会，促进旧知识的完善与新知识的接收。图书馆可以定时举办内部经验交流会，将不同专业、不同类别的学科馆员聚在一起，进行自身服务经验的传递。此外，推动"以老带新"的机制建设，让经验丰富的优秀学科馆员带动新学科馆员，传授从事学科服务的工作经验，为新学科馆员开展日后的学科服务工作做好准备。

第二，馆外培训。为了让学科馆员开阔眼界，积累经验，图书馆可以有计划、有组织地安排学科馆员去往相应的馆外培训机构进行知识技能培训，或感受其他图书馆的学科服务建设，使学科馆员能够增长见闻、了解学科发展动态，推进学科服务创新。馆外培训的主要形式有以下几种：

①学科服务经验交流报告会。学科服务经验交流报告会集中了优秀的学科馆员及学科服务工作者的最新、最实用的工作实践经验，在会议上，来自各馆的学科馆员可以互相探讨、研究，从中挖掘各馆在学科服务中的成功经验，去粗取精，去伪存真，为本馆所用。

②举办学科馆员培训班或到学科服务开展得好的馆去观摩学习。学科馆员培训班为学科馆员的学习与成长提供了平台，学科馆员可以在这一平台快速掌握学科服务的相关技能，提高学科服务能力。到学科服务开展得好的图书馆进行观摩学习，可以向经验丰富的学科馆员学习相关知识，以迅速提升自身的学科服务能力，推动本馆的学科服务建设。

③到国外图书馆观摩学习。学科服务最先兴起于国外，国外的图书馆积累了很多丰富的学科服务实践经验，拥有前沿的学科服务管理理念，具备先进的学科服务技术与设备。这对于我国图书馆来说，能够起到很好的借鉴作用，有足够条件的图书馆可以安排本馆的学科馆员到国外图书馆进行观摩学习，促进先进的理念与技术在世界范围内广泛传播。

3.引进学科馆员人才的培养

随着社会研究与学科领域知识的不断扩展，学科服务的内容与形式不断更新，仅仅依靠图书馆现有的学科服务人员队伍，已无法满足社会与学科服务的实际需求。因此，图书馆需要引进专业的高素质人才，加入学科馆员队伍中，不断增强学科馆员队伍的能力与素质，完善学科馆员队伍的结构，推进学科服务水平的整体提升。

4.外聘资深学科专家兼职学科馆员的培养

资深的学科专家是先进学术知识的掌握者与传播者，他们通常是具有很高学术造诣的人员，在其学术领域具有一定的威望，而且在其长时间的学术研究过程中，总结了相当多的学术经验。聘请这些专家作为图书馆学科服务队伍的成员，可以为学科服务带来更具权威性、学术性和指导性的学科信息。但是，这些专家通常不具备学科服务的经验与条件，因此，对这些专家也要进行相关能力的培养，如信息能力、技术操作能力及参考咨询服务能力等。只有这样，才能使学科专家在图书馆学科服务建设中发挥最大作用。

（三）学科信息资源建设的策略

1.建立完善的学科信息资源保障制度

为学科建设提供有效的信息资源保障，需要图书馆必须建立健全的学科信息资源保障体系，确定学科信息资源建设的目标、范围和计划等。首先，图书馆应建立起由图书馆高层领导、学科专家和图书馆专业人员组成的学科信息资源建设委员会，指导学科信息资源建设；其次，图书馆要明确本馆的级别、专业层面、服务范围、服务群体、科研重点等方面，依照本馆的实际情况设定发展目标与方向，确立学科信息资源进馆的原则、标准等；再次，要依据图书馆自身的经费条件等设置详细的经费计划，加强重点学科文献资源建设，保证图书馆的重点学科建设具备足够的资金支撑，着重确保重点学科信息资源形式、种类和数量尽可能完整；最后，图书馆应加强与其重点学科的学术联系，与重点学科建立起互相支撑、共同发展的良好平衡关系。

2.加大对重点学科文献购置经费的投入

随着科学技术的发展，以及网络资源的不断丰富，电子文献开始出现并得到了很大范围的应用，这对于图书馆来说是一个很大的冲击。知识信息量的增大，学科水平的不断提高，使各类书刊与文献数据库的价格有所提高，可是，面对日益发展的电子文献信息，其并不具备优势。因此，图书馆应最大限度地争取经费支持，保证学科信息资源建设的经费投入。同时，经费的设置要科学合理，对于重点学科与非重点学科之间的经费投入比例，要进行全方位的权衡，保证学科信息资源建设能够全面、系统地开展，最终促进图书馆特色资源库的建设。

3.优化资源结构，建立学科特色资源

图书馆要依据自身研究的重点专业、重点学科的特点，进行文献信息收集与整理，确保图书馆馆藏文献的完整化与特色化，形成具有图书馆特色馆藏学科信息资源布局。

（1）重视学科专业核心期刊的收藏

核心期刊是重点学科文献中的核心力量，其内容较为专业且丰富，学术内涵水平高，研究成果往往能够反映出该学科或领域所具有的前沿水准，能够得到该领域学者与用户的一致认可，对用户的知识研究内容与方向有很大帮助，是重点学科文献收藏的首要对象。

（2）重视外文文献选订的比例

在科学与学术研究的过程中，对外文文献的借鉴与参考是必要的。外文文献实效性较强、参考价值高，能够体现出学科发展与科学技术发展的最新动态，是新知识、新信息的重要载体。图书馆应按照自身重点学科建设的实际特点，将资金投入到具有很强的指导性与参考价值，并与学科建设相关的外文期刊与图书的采购中，始终保证图书馆学科建设的前沿性与先进性。

（3）重视"灰色文献"的收集

"灰色文献"是一种新型的信息形式，它通常不对外公开出版，但是，所涉及的内容相当广泛，而且观念新颖、见解独到，是目前国内外图书情报界公认的重点情报源之一。

（4）加强数字资源建设

在当今社会，数字资源建设相对于馆藏文献资源建设来说，更具有实用性和必要性，数字资源建设包括学科数据库的建设，也包括网络学科资源的导航、学科机构知识库建设、学科新闻报道等。图书馆应充分运用自身的资源优势与技术优势，对网络中的资源进行组织与加工，为学科用户提供便捷、实时的学科服务。图书馆可以根据自身的学科重点，建设具有特色的馆藏资源数据库，最大限度地体现图书馆馆藏信息资源，为学科用户提供多元化的信息服务。

四、图书馆学科服务评价

（一）学科服务评价的目的

图书馆学科服务评价在一定价值观念引导下，以一定的技术和方法对图书馆服务的所有信息进行收集，并根据这些信息对服务过程和效果的作用进行客观衡量和价值判断。学科服务评价是图书馆工作规划中的一个重要环节，是实现图书馆服务目标的重要方式。学科服务评价的目的在于：

1.指明服务方向，创新服务理念

学科服务方向是指从图书馆的管理运行体制到服务内容与服务手段都应体现

图书馆学科建设服务的需求，最终在于为图书馆发展服务。服务评价可以对服务方向是否正确、服务手段是否合理进行判定。学科服务评价需要认定学科服务的计划、目标与发展方向，了解学科服务的思想建设，分析学科服务管理的过程，检验学科服务的最终成果。利用服务评价，矫正学科服务设计与开展时的不足，引导其向正确的方向发展、前进。

2.改善服务条件

图书馆服务条件是指实施学科服务的物质条件，如学科服务的场所、设施、人员、资金等，服务条件的好坏会对学科服务工作造成直接影响。通常一个物质条件优越的图书馆，其服务质量与服务水平相对于物质条件差的图书馆要高。然而，服务条件应与图书馆的实际情况相适应，条件的改善应与学科服务工作同步开展。如果学科服务的基本条件超出工作需要，则是一种资源的浪费；如果学科的基本条件不能满足工作的基本需求，那么，必然会阻碍工作的进行。因此，应对服务过程中的相关因素进行科学评价，找出薄弱环节，并在此基础上制定改进措施。对于图书馆来说，学科评价能够准确判断出学科服务条件中的不适应因素，对于这些因素可以加以优先改善。

3.优化管理过程

学科服务管理是学科服务正常进行和有效实施的重点，是学科服务的重要保障和可持续发展的支撑力量。图书馆学科服务管理过程的评价，主要指对学科服务管理过程中形成的数据信息进行统计与分析。另外，对学科服务管理过程进行定性和定量分析，可以使学科服务管理更加高效合理，进而优化学科服务管理过程。

4.提高服务质量

图书馆的服务质量是指图书馆进行服务的过程与服务产生的最终效果的优劣程度，表现为服务取得的效益多少、达到目标的程度及问题解决的情况，最终反应在用户和服务组织双方的满意程度上。服务质量的高低，一方面，取决于图书馆服务能力上；另一方面，还体现在用户在接受服务过程中的心理感受上，用户是服务的直接接受者，如果用户能够主观感受到服务，并肯定服务带来的效果，那么，证明图书馆的服务质量较高，用户的满意度较好。学科服务是伴随着用户的实际需求而出现和发展的，如果学科服务无法获得用户的满意，就很难立足。以学科用户的满意度对学科服务进行客观评价是科学、公正、合理的，它降低了图书馆管理者对学科服务评价过程中的主观性，使学科服务评价结果更具有说服力。同时，用户对学科服务的满意度可以使图书馆学科服务机制的不足与缺陷显现出来，引导学科服务进行内容与形式上的转变与更新。将学科用户作为学科服务评价的重要群体，可以让更多的用户充分了解学科服务，激发学科用户参与学科服务的热情，树立主人翁意识。另外，学科用户作为学科服务评价的主体，能够有效监督学科服务的过程，对于推进学科服务开展、提升学科服务水平具有重要意义。

5.提供决策依据

学科服务评价是了解用户对学科服务内在感受的有效途径，通过评价可以进一步了解用户对学科服务的真实需求，促进学科服务的完善与发展。学科服务的开展应与学科建设的客观实际相结合，学科服务的内容、方式与范围应与图书馆的可持续发展需要相适应。因此，图书馆在进行学科服务决策时，要对学科服务评价结果进行充分的调查与论证，对调查的结果进行全方位的分析与判断，根据有效的评价结果改善现有学科服务过程中的不足，推进学科服务内容的转变，为学科服务的深层次发展提供依据，为图书馆管理者决策提供可靠的证据。

（二）学科服务评价的意义

1.有利于学科服务工作的整体优化

学科服务评价是图书馆学科服务体系中必不可少的环节，是促进学科服务进一步优化的保障。总体来说，学科服务评价充分考虑了学科服务体系中各层次之间的联系，是结合学科服务现状和实际工作目标，对学科服务过程中各项工作内容的综合性评价。在对学科服务的评价过程中，会引起图书馆管理者与馆员的关注，进而更容易发现不同角度、不同层面的优势与不足，全方位加强对图书馆学科服务的认识，对学科服务机制中的缺陷与不足，进行针对性地改善与优化，为图书馆学科服务发展奠定了良好的基础。

2.有利于丰富学科资源

学科资源建设是图书馆的根本任务之一，学科服务的开展需要得到学科资源的支撑。为了充分发挥学科资源的优势，保证学科资源建设符合学科用户的基本需要，为学科建设提供必要的资源保障，图书馆必须建立相应的学科服务评价标准，对学科资源的标准、原则、结构、规模、类型、数量、内容、质量、价值，以及学科馆员选择资源的方式、资源现状、学科资源需求等多个方面进行科学、系统的评判，对学科资源中存在的不足进行进一步完善。

3.有利于提升学科服务的质量和效果

科学客观的学科服务评价是提高学科服务质量的重要保障。通过经常性的学科服务质量评价，了解学术用户对服务的认同度、满意度，找出服务中的不足之处，对不适应学科服务之处，进行适当的调整和改善，使环境布局更加明确，设备配置更合理，工作方法更加科学，工作任务更加清晰，工作内容更加合理，从而使学科服务机制更加全面、系统，实现服务机制的最优化。

4.有利于图书馆社会地位提升

学科服务评价既是一个改造、完善图书馆自身服务机制的过程，也是一个宣传图书馆服务的过程。通过服务评价，可以增强学科用户对图书馆的认同感和满意度，引起社会与国家对图书馆的重视，有助于进一步帮助图书馆更新设备设施，优化学术环境，改进服务方式，优化学科服务质量。同时，学科服务机制的完善有助于培养学科馆员的工作积极性，不断根据变化的形势，转变自身的服务态度与方法，全身心为用户服务，以获得更多的用户认同，进一步提升图书馆的社会地位。

（三）学科服务评价指标的构建

为了保证学科服务评价的顺利实施，必须建立一套能够保证预期目标实现和对于服务效果进行衡量的有效的指标体系。评价指标体系集中反映了学科服务评价的内容和评价方法，必然会直接对评价结果产生影响。因此，科学、合理的学科服务评价指标的构建势在必行。

1.学科服务评价指标构建的要求

在对学科服务评价指标进行设计时，需要从图书馆学科服务的性质、特色与方法等方面出发，确定既切合实际又符合长远发展规划的评价指标，使评价结果能够切实反映学科服务的水平和质量。通常情况下，学科服务评价的构建应符合以下要求：

（1）科学合理

学科服务评价指标的设计要以科学合理为基础，从学科服务的现实情况出发，确定符合学科服务发展方向、准确反映学科服务规律、趋势的指标体系与原则，保证指标体系设置的科学性与合理性。

（2）全面系统

学科服务工作是一个完整、系统的过程，学科服务指标的构建应从学科服务的整体出发，全面、系统地展现评价对象的基本情况。随着学科服务的广泛开展，学科服务评价的内容也日渐增多，这要求在设计学科服务评价指标时，要从服务的整体性出发，充分考虑到学科服务工作的方方面面，使评价结果尽可能准确和可靠。

（3）简练可操作

这里所说的简练可操作是指指标体系在全面系统的基础上应尽可能清晰、精练且可操作性强。进行指标体系设计时，要分清主次，对重要的、影响较大的加以详细阐述，有些次要的、偶然性的尽量不放置在体系内，力求指标体系内容能够既全面又细化，同时具有可操作性。

2.学科服务评价指标设置原则

（1）现实性与前瞻性相结合的原则

服务评价是一项有意识、有目的的活动，对图书馆学科服务的现状进行评价，有助于图书馆学科服务不断完善与发展。因此，在设置评价指标时，应该结合图书馆学科服务的现实情况，通过评价为服务工作开展指明方向，同时，还要了解未来学科服务发展态势，制定出具有前瞻性的学科服务评价指标体系，确定许可服务日后的发展目标与重点。

（2）定量与定性相结合的原则

客观存在的一切事物都是质和量的统一，当量积累到一定程度时，就会产生质的飞跃，学科服务也不例外。在学科服务评价时，最直接的形式就是指标量化。为了保证评价在更充分的基础上进行，增强其可信度，在评价指标制定时，主要应以定量指标为主，定性指标为辅，尽可能将各项指标进行定量阐述。然而，在具体操作中，很多指标是无法进行定量阐述的，因此，需要先定性，再进行定量，如此间接地获取量化数据。

（3）静态与动态相结合的原则

静态指标展现的是学科服务在某一时间节点上的情况，动态指标展现的是学科服务在某一段时间内的情况。为了保证评价结果的科学性与合理性，学科服务评价既不能停留在某一时间节点上，也不能只关注某一时间段，而是应从整体发展出发进行权衡考量。因此，在对评价指标设计时，必须坚持静态与动态相结合的原则，通过对比各个时段的变化程度来反映学科服务的整体情况。

（4）整体与部分相结合的原则

学科服务作为一项全面、系统的工程，是由各个子系统与工作要素共同组成的，学科服务的开展是多方面要素互相联系、共同作用的结果。因此，在进行学科服务评价指标设计时，不仅要考虑学科服务的整体性，也要将学科服务系统的各要素进行层次划分，建立起不同层次的子评价指标体系，通过评价对学科服务的各环节进行优化与改善，保证学科服务体系的完整性与稳定性。

（四）学科服务评价方法

1.经验评价法

经验评价法主要以人的实际经验作为评价的标准，包括观察分析法和调查研究法等，通常用于工作检查与工作总结中。由于人的主观意识不同，这种评价方法受到人的经验、眼界、知识等多方面影响，具有一定随意性。通过经验评价，一般很难得到客观或有效的评价结果。因此，这种评价方法通常只用于图书馆学科服务发展初期，在日后的发展阶段很少使用。

2.定性评价法

定性评价法是指在评价者的主观判断基础上，按照已确定的标准对评价对象进行非量化的状态评价，具体包括现场访谈法、问卷调查法、学科专家评价法、对比法等。定性评价方法在一定程度上体现了学科服务的价值，大致上可以反映学科服务的现状，能够处理一些不宜于定量分析的问题。在使用定性评价方法时，由于评价者的知识储备与工作经验的不同，或者评价者对被评价对象有明显的偏颇，评价结果会出现很大的差异，甚至歪曲。同时，由于缺少相应数量的数据支持，这只是一个抽象性的评价，其说服力也有所不足。因此，在进行定性评价时，一般需要对评价结果进行可靠性分析。

3.定量评价法

定量评价法是采用数学或统计学的方法，利用一定的数学模型来进行判断的方法，具体包括概率抽样法、模糊评判法等。客观上讲，定量评价法克服并降低了评价者的主观性、随意性，以及价值或利益的偏差，它提供了一系列客观、精确、清晰的数据，是一种系统、客观的数量分析方法，其评价结果具有很强的可靠性。随着现代计算机技术的发展和应用，定量评价方法已被广泛应用于许多领域。无论是图书馆学科服务评价，还是其具体工作评价，都广泛应用这种方法进行评价。

第三节　图书馆社会化服务智能创新

一、图书馆社会化服务概述

现代高速发展的社会中，图书馆的存在始终是人类知识的源泉，也是广大人民群众终身学习的地方，更是人们可以接受社会文化教育，提升自身文化素质和水平的重要途径。

（一）图书馆社会化服务的概念

社会化指生物性的个体经由参与社会团体的活动，吸收社会文化与规范，逐渐适应社会生活的过程。图书馆的社会化是指图书馆积极参与社会工作，发挥自身信息资源的优势，不断促进社会发展的一个过程。例如，高校图书馆的社会化服务是高校图书馆服务功能和外延的扩大化，高校图书馆在满足校内教职员工的基础上，将服务的群体逐步从周边社区扩展到所有社会读者，最终向社会开放，为政府、企事业单位、社区居民等群体提供信息服务。

（二）图书馆社会化服务的意义

图书馆的社会服务化为广大人民群众提供信息化资源。随着时代的不断发展，一些企业和科研机构由于本身的资源和经济条件有限，并不能够在本单位或者机构设置应有的专业信息服务资源，而经济的高速发展却又正在向这些人提出了更多的挑战。所以，他们对知识的需求和渴望是相当迫切的，图书馆的社会化服务恰好解决了这些问题。因为图书馆的馆藏资源相当丰富，而各大高校的图书馆中都有众多的专业人才和相当先进的信息服务技术，如果只对本校的各种项目服务，那无疑是对信息资源极大的浪费。所以，现在我国很多高校图书馆正在逐步向社会公众开放，以社会化的服务更好地为人们和知识的传播做出更多的贡献。

（三）高校图书馆社会化服务开展的必要性

1.社会属性要求

图书馆是国家为满足人们的知识信息需求而建立的公共事业型单位，所以，在公共教育方面满足人们的文化需求，具有重大责任。高校图书馆是前沿科技与知识资源的集散地，这个功能使得高校图书馆应向大众开放，向大众提供社会化、全面化的知识服务。

科技兴国、人才强国是我国多年来坚持的发展战略，国家对高等教育的重视程度不言而喻。高等院校的教育在从学校走向社会，高校逐渐将教育资源分享给社会大众。图书馆作为高校文化知识教育的重要组成单位，给学校教学与科学研究活动架设了一座桥梁，高校师生在学校图书馆获取用于学习和科研的文献信息，高校图书馆是教学和科研必不可少的基础条件。作为教育和科研的资源依托，高校图书馆为了鼓励学科创新，推动科技发展，积极开展各项活动，现已成为人才和社会交流、结合的重要场所。

2.相关政策规定

高校图书馆聚集了大量的知识文献信息，是文化知识宝藏。国际社会早有人呼吁高校图书馆面向社会开放。国际图书馆协会在20世纪就出台了相关政策，鼓励高校图书馆推行社会化服务，整合知识资源，完善知识体系，保证最大限度的实现社会服务义务。在国际图书馆协会出台高校图书馆社会化服务政策之后，美国积极响应，率先实施图书馆服务社会化，并在公立高校发表宣言。宣言指出，社会读者具有和高校师生同等的阅读权益，并享有相关服务。为保障社会读者能够顺利进入高校图书馆阅读，美国高校图书馆减少了相关权限，真正做到学校师生和社会读者的无差别对待。21世纪早期，我国也顺应时代发展潮流，吸收开放思想，倡导有条件的高校结合自身实际条件，尽其所能地开放图书馆，为社会读者提供服务。随后，国家进一步完善规程，明确高校图书馆应同社区联合起来，以地区为划分，逐步发散到其他区域实施服务。国内高校纷纷响应国家号召，在相关规程出台后，很多高校图书馆根据有关规定和相关政策，结合自身条件和当地社会环境，先后不同程度地开展了社会化服务。国家的相关政策是高校图书馆发展的方向指引，是图书馆未来积极探索开展社会化服务方式、与社会企业团体实施合作的有力保障。

3.时代发展需要

互联网早已成为人们工作、生活和学习等方面必不可少的一部分，信息的广泛传播和无限搜索是人们获取知识的主要方式之一。在知识经济时代，知识成为经济发展的关键因素，各个领域的发展进步都无法脱离知识。互联网的发展，使高质量的信息不断得到传播，并日益受到人们的关注。知识是人类进步的阶梯，人才的培养与科技的进步都需要参考大量的文献信息，所以，知识资源是社会发展的保障。知识不断地被更新，旧的知识不断被新的知识取代，国家与社会要想持续发展，不落人后，就要不断获得新的信息知识，同样，社会读者也需要获取知识。图书馆是社会读者信息主要来源之一，在图书馆里，读者可以迅速找到所需信息，而与公共图书馆不同的是，高校图书馆的馆藏数量极多，是高校重要教育资源之一。而且高校图书馆的文献信息更新及时，涉及知识范围广泛，丰富的馆藏资源可以满足社会各界及不同读者的阅读需求。

由于地理位置、历史遗留、经济发展等诸多因素的影响，我国一些区域并不发达，公共图书馆相关配套设施并不完善，信息资源受到限制，馆藏文献缺乏，无法为当地企业、团体及其他社会读者提供服务，当地的研究机构也不能在当地图书馆查找到最新的、全面的资料信息。在人口相对密集的城市，公共图书馆的资源在面对大量需求人群时，很难满足读者需求。而有大学的地方几乎就会有图书馆，因高校培养人才的需求，学校十分重视文献资源的建设，高校图书馆拥有公共图书馆所不具备的优势。鉴于高校图书馆以往的主要服务对象仅仅是本校师生，其服务对象十分单一，致使馆藏资源得不到充分利用，所以，开展高校图书馆社会化服务能充分利用馆藏资源价值，使利用率实现最大化。

公共图书馆数量稀少，几乎一个市区仅有一个，且大都处于城市中心，如果这个城市的人口密集，就会出现大量人群使用同一个图书馆的现象，处于市郊还有县级的市民要想到图书馆查找资料，就比较困难。公共图书馆数量稀少、布局不合理，是我国公共图书馆建设的现状，也是需要解决的问题。高校图书馆尤其是本科院校，校区面积很大，部分重点院校拥有多个校区。大部分新校区由于建设时间和地理位置的原因，大多设置在偏远地区，这为当地社区居民获取信息提供了很大帮助，能够缓解公共图书馆服务的压力。

4.社会舆论

随着时代的发展，高校图书馆服务社会化成为必然趋势，也被多数专家学者所认可。曾有组织团体对高校图书馆是否应该推行社会化服务做出统计，有超过80%的网友给出了肯定的回答。此外，在强烈的信息资源需求的驱使下，社会各类组织团体纷纷表示应由政府出面，制订相关政策鼓励地方高校将图书馆开放，推行高校图书馆服务社会化，不仅有助于提高公民素质，而且能缩小区域文化差距，促进区域文化交流起。

（四）高校图书馆开展社会化服务原则

1.可持续性原则

高校图书馆社会化服务是公共文化事业建设的重要内容，是公共文化服务体系的重要组成部分。就我国当前高校图书馆自身发展现状与社会化服务推广程度上看，高校图书馆社会化服务将成为一项需要长期坚持的系统化建设工程，实现高校图书馆社会化服务并非一蹴而就，而是任重道远。因此，坚持可持续性发展的原则是非常必要的。第一，高校图书馆要在社会经济迅速发展、知识资源不断更新、科学技术不断进步、网络资源不断累积增长、用户数量越来越多，以及读者需求不断多样化的严峻条件下，实现自身的可持续发展。第二，图书馆的社会化服务要实现经济效益与社会效益的双赢，就应继承传统服务优势、总结现代服务经验、探索未来服务模式，将当前服务与长远发展相结合，让图书馆社会化服务发展在社会公共文化体系建设中发挥积极作用。

2.梯度开放原则

虽然高校图书馆社会化服务是历史发展的必然，但其发展的过程受众多因素及不同层面的影响，不同高校图书馆应根据自身资源建设情况、自身环境及服务力的大小，有计划地实现从基础性服务到创新性服务的梯次开放，循序渐进提高自身的社会服务能力。

高校图书馆社会化服务是高校随着社会知识经济发展必将行进的方向，但由于高校地处区域发展状况、自身资源建设，以及自身服务能力的影响，使高校图书馆社会化服务成为一项长期任务。换言之，高校图书馆的社会化服务不可能一瞬间就全面展开，而是应该从基础性知识服务到信息咨询服务，再到更高层级的个性化服务有梯度地开放，逐渐提高自身的社会服务能力。

3.特色先行原则

信息时代的用户对知识的需求变得十分迫切，而且对知识的需求具有多元化与个性化的特征。高校图书馆社会化服务在满足普通大众需求的基础上，要发展其特色服务，重点挖掘本校优势，结合高校优势和发展条件推出特色服务，让特色服务成为高校图书馆社会化服务的核心竞争力。特色先行原则实质上就是个性化、集成化、高效化的具体体现。在具体操作中，高校图书馆要依据学校性质、借助学校的优势学科、特色专业，发挥其优势地位构建高校图书馆专有特色数据库，优先发展本校特色学术资源，加快高校图书馆社会化服务进程，保持特色服务的主导地位。另外，将本校先进科研成果通过社会化服务的平台流向社会，为用户提供有针对性、有特色的一对一服务，同时，促进科研成果的转化。

二、图书馆社会化服务的模式

（一）图书馆社会化服务模式含义

服务是面向广大社会群体或个人，其收益可以有偿或无偿的一种活动。广泛的服务对象、多样化的服务需求、多元化的服务内容，使服务的方式不可能是统一、具有同一标准的活动形式。服务模式应该是根据不同的服务对象和不同的服务需求，为满足大多数人群的需要而不断变化的活动形式。

图书馆社会化服务是图书馆保持可持续发展的必然结果，个体要想在社会中生存发展下去，就要学会社会中的标准、规则，为社会创造价值。图书馆社会化服务的根本目的是为社会提供丰富、全面、广泛的信息资源，满足社会大众知识需求。图书馆社会化服务模式应满足知识经济时代发展需求，应有益于图书馆信息化管理、服务模式变革、业务发展创新的需要。所以，图书馆社会化服务模式的建立应该本着满足社会成员对知识资源需求的根本原则，适应知识经济发展需要，转变传统服务理念，促进图书馆创新发展，丰富社会知识资源，推动社会经济、科技等各领域的研究发展进步。图书馆社会化服务模式应在信息资源、知识体系、服务机制、管理体系、组成结构等方面结合广大用户需求，综合考虑各方面的因素，构建合理的服务新模式。

服务模式按社会用户所需知识需求的显隐性程度大小、知识服务过程中馆员所倾注的智力因素大小、知识产品信息化程度的高低分为文献提供等基础性服务模式、信息参考咨询等过渡性服务模式和知识增值服务等创新性服务模式三种模式类型。

（二）图书馆开展社会化服务的多种模式

图书馆社会化，即图书馆面向社会开放，而图书馆社会化服务是指公开服务于社会的一种方式。图书馆要秉承以人为本的原则，结合本馆与当地的实际情况，充分利用图书馆丰富的信息资源、专业的图书馆管理与服务人才、先进的科学技术等优势，全面推进图书馆社会化服务的开展，进而促进图书馆的社会化发展，让图书馆信息资源倾泻到社会中，充分体现图书馆的社会价值。

1.区域性图书馆联盟服务模式

个体的能力是有限的，合作可以共享资源，提高服务能力。任何一个图书馆的存储能力、信息搜集能力、文献管理能力、现代化科技能力都是有限的，而用户信息资源的需求却是复杂的、动态的、多样化的，且涉及领域极其广泛，所需的信息形式也多种多样。在一定的区域范围内，多个图书馆联盟合作，整合多个图书馆的信息资源，建立一个相对完善、资源丰富、结构化、一体化、社会化的服务平台是满足用户需求的方法之一。同时，图书馆之间也可以借此机会分享信息资源，整合管内信息资源，合理并充分利用信息资源，使其产生的效益最大化。另外，通过协商一致，按照协议标准建立起一个信息共享平台，促进图书馆之间实现及时的文献信息传递、交流与沟通，并且让每个图书馆都可以查询访问其他图书馆可供查询的文献信息，了解各馆的文化特色和优势领域，让资源共享落到实处。这样既丰富了各馆的信息资源，避免资源内容重复，节省财力物力，又可以优势互补，为用户提供广泛而全面的信息资源，使图书馆与社会人群都实现利益的最大化。

2.专题服务模式

针对用户需求的不同，图书馆可专门针对需求较高的高端用户，结合自身管理优势和信息资源优势推行专业化服务，即专题服务模式。针对一些科研领域，要求获得较高质量信息和事实资源的用户，可以为其提供专题情报服务；为需要社会信息资料参考、辅助决策的小众领导层级提供专题社会信息服务；为渴望更多知识、增加自身修养的社会群体提供专题学习服务；为推进"全面阅读""终身教育"等理念，提供大众化服务和在线信息素质教育服务；对有校企合作的企业，图书馆针对企业发展需要，建立校企资源共享平台，搭建校企合作平台模式。

（1）专题情报服务

专题情报服务是指为某一固定用户，在一段时间内，根据用户需求就某一领域或某一专题，主动且持续地提供情报信息。这类服务通常需要图书馆组成专业的科研项目合作小组共同完成。专题情报服务的内容通常是对新兴科技研究、高端产品开发、重大科研课题、前沿信息理论等信息进行有计划且有组织的收集、分析、加工处理，最终以主题报告形式供给各个特定用户，以便为用户学科指导研究提供服务。值得注意的是，专题情报服务不同于传统的图书馆服务模式的被动服务，在已知用户需求的条件下，图书馆会主动向用户不间断地提供服务。

（2）专题社会信息服务

专题社会信息服务是指图书馆根据社会需求提供的信息参考服务。专题社会信息服务的主要工作内容是针对各个不同时期和不同领域的工作重点问题、难点问题，以及热点问题进行整理、分析，并以专题报道或简报的形式形成文献信息资料。这些信息资料通常能为有关单位领导层级的工作管理人员在作出某些决策时，提供参考资料和理论依据。

（3）专题学习服务

专题学习服务是指图书馆开展的一系列学习活动和专题服务。在知识经济时代发展中，为促进社会发展、科技进步，推动学习型社会建设，我国倡导"全民阅读"理念，各地区也积极开展"全民阅读"活动。图书馆是开展"全民阅读"的主力军，在国家大力支持和各地区积极配合的环境背景下，图书馆推出了专题学习服务。图书馆的专题学习服务为图书馆创新服务方式、拓宽发展路径、开展图书馆社会化服务提供了事实依据。

（4）大众化服务模式

不同于专题情报服务与专题社会信息服务只针对少数需求较高的人群，图书馆开展的大众化服务模式的主要服务人群是普通的社会大众。这部分人群虽然数量庞大，但需求相对简单，所需服务较为单一。对普通的社会大众来说，其对图书馆的需求大都是资料查询与文献借阅。图书馆可以在保障文献资料完整保存备份的条件下，根据馆藏情况与服务人员具体能力，适当开放图书馆，为社会大众提供资料查询、文献借阅等服务。大众化服务模式的开展并不是一朝一夕能够完成的，在逐渐整合图书馆信息资源、实现信息化管理的过程中，图书馆社会化服务就可以慢慢展开。在图书馆社会化服务开始初期，图书馆可以只提供文献借阅服务，随后再逐渐追加资料查询、信息咨询、知识扩展培训等服务，最终实现图书馆的全面开放。当然，在服务制度上，也要跟得上服务发展变化，如借阅发放借阅证和相关借阅记录等实际操作问题。

大众化服务模式是图书馆实现社会化服务的重要方式之一，从服务对象上来看，其几乎涵盖了社会生活的所有人群；在服务内容上，虽说形式相对单一，但能够满足大部分人的知识需求。同时，大众化服务模式是推动"全民阅读"活动广泛开展的坚强后盾。为更好地实行图书馆社会化服务，图书馆可以主动走基层、下社区，定期开展知识讲座，将知识送入人们生活工作的各个角落，丰富人们的文化生活，为公民终身教育奉献力量。

（5）在线信息素质教育服务模式

现在是知识经济时代，也是互联网时代，在网络迅速发展及社会科技飞速进步的信息化时代背景下，拥有基本的信息素质是人们想要获得知识、提升自身修养所必备的条件之一。图书馆在提供信息素质教育方面，要结合自身优势，建设并开放网络数据信息平台，积极引导社会大众提高自身的信息素质。为普及信息技术知识并教会大众查询信息的方法，图书馆可以在信息素质教育平台上，定期发布和更新信息素质教学内容，让大众学会如何检索信息，如何获取文献资料等操作方法和流程。这样一来，人们就可以足不出户、不受时空限制地自由选择学习内容，学会资料查找的方法后，人们的学习范围将更加广泛、方式将更加灵活，为提升个人的综合素养创造了条件。

（6）搭建校企合作平台模式

高校图书馆是图书馆的主体，图书馆在开展社会化服务进程中，高校图书馆担任的角色是不可忽视的。为在激烈的市场竞争中占据优势地位，企业需要拓展发展空间，提高科技含量；而高校需要缓解毕业生就业压力，为学生寻找实践场所，在如此背景下，校企合作方式诞生。通过校企合作的方式，企业可以获得大量高校培养出的科技人才，并可以获得高校的技术支持；高校向企业输送人才的同时，也缓解了毕业生的就业压力，获得了稳定的学生实习基地。学校的人才能够为企业研发新型产品、优化升级已有产品，并使技术不断得到更新，解决企业在生产活动中遇到的科研难题。一方面，高校图书馆可以搭建企业专属档案库，建立校企间有效的合作交流网络平台，实时提供行业信息及市场动态，同时，针对企业需求，远程链接校内精品课程，提供电子学习资源、特色数据库、学科与专业导航等服务，实现校企资源共享；另一方面，高校图书馆可以充分调动图书馆工作者的工作热情和积极性，及时跟踪学科前沿，对获取信息进行深度挖掘、分析、整合，研发出更多优质的信息精品，提高企业对市场的快速反应能力及应对能力。

二、图书馆社会化服务的目的及功能

（一）图书馆社会化服务的目的与价值

图书馆社会化服务是顺应时代发展，且为满足社会需求、被广大社会群体倡导的图书馆服务形式。图书馆社会化服务有着明确的目标，发展方向是根据我国经济、社会、文化等领域的发展而确定的。图书馆中的公共图书馆服务一直是社会化的，但其服务的开放程度并不大，利用率不高，究其原因是公共图书馆信息资源客观上存在一定的不足，如科技资源更新缓慢，管理方式、服务理念落后，为其社会化服务制造了瓶颈。而大部分的文献信息、科技资源都掌握在高校图书馆手中。要想全面实现图书馆社会化服务，就不能忽视公共图书馆与高校图书馆社会化服务的开放程度，及其重要价值。

1.图书馆社会化服务的目的

（1）顺应时代与社会需求

当前，图书馆社会化服务在一定程度上可以满足大部分人群的知识需求，为基础社会知识的普及提供了保障。但图书馆的资源不够充足，开放程度不能满足部分人群对某些领域专业知识的需要，无法提供高效专业的信息资源服务。所以，加强图书馆社会化服务程度，可以优化信息资源，丰富知识信息资源品类，提高专业水平和文献资料质量，满足广大用户需求的同时，提高图书馆效益，顺应时代发展需要。

（2）满足国民需要

不论是公共图书馆还是高校图书馆，都肩负着教育大众、实现人终身教育的重大社会责任。因此，在社会的需求下，图书馆资源要相互补充，高校图书馆的开放也势在必行。高校图书馆的开放服务为社会大众解决了公共图书馆资源匮乏的难题，也满足了人们不断增长的文化知识需求，提高了高校社会地位的同时，完成了高校教育大众的社会使命。

（3）促进资源开放性

交流促进发展。高校图书馆的开放给社会带来丰富的知识资源的同时，也将开放的思想与建设观念融入了高校进一步发展建设中。故步自封、闭门造车的思想只会成为高校发展建设的绊脚石。图书馆开展社会化服务使知识资源向社会流通，知识在不断地流动和被使用中实现了其存在的价值。图书馆社会化服务不仅提供了大量的知识资源，满足了人们的知识需求，而且在一定程度上成为推动学习型社会向前发展的助推剂。

2.图书馆社会化服务的价值

（1）社会价值

高校图书馆社会化服务体现了我国知识开放的本质特性，也反映出了高校管理体制的开放性。高校图书馆社会化服务，提供了学习型社会构建的知识资源条件，实现了其作为全民终身教育主体的作用。目前，与一些国外的发达国家相比，我国高校图书馆的开放程度还远远不够，尚不能完全满足国民的知识文化需求，所以，需要结合图书馆与高校的自身条件，有计划、有目标地逐渐加强图书馆社会化服务程度，促进知识在社会上的流动，提高知识使用效益，为社会创造价值。

（2）资源价值

因教育教学的需要，高校图书馆的藏书非常丰富，收录并更新知识文献的速度也明显高于公共图书馆，且在数量庞大的专家教授、源源不断的高科技人才的支持下，高校图书馆的文献资源不断得到扩充。但是，每个高校对图书资源的需求是有限的，图书资源被利用的程度并不高，因此，推行社会化服务能够弥补公共图书馆资源的不足，让图书馆的资源得到充分利用，使知识资源效益实现最大化，也避免了资源的浪费。

（3）宣传价值

每所高校都有自己的图书馆，高校图书馆是高校深厚文化底蕴的客观表现，也是文化教育的主要组成部分。在国际高校图书馆推行社会化服务的大环境下，我国高校图书馆就相对保守得多，服务观念还没有得到转变，缺乏开放性服务理念。图书馆社会化是一种发展趋势，是高校全面发展的必然要求。开展图书馆社会化服务，让人们看到了高校的教育实力，展现了高校的教学文化和人文精神，无形中让高校在图书馆社会化服务中得到了广泛宣传。此外，通过提供社会化服务，高校图书馆也可以发现自身存在的不足，对高校的发展建设起到了一定的促进作用。

（二）高校图书馆社会化服务具体功能

1.有利于创建文明社会

我国倡导公民终身教育，积极开展"全民阅读"活动，正是为了推进学习型社会建设。高校图书馆应担负起"全民阅读"的主要责任，积极开展社会化服务。"全民阅读"活动的顺利展开，可以有效带动全民学习气氛，营造积极学习的环境，从而提高公民的综合素质。高校图书馆是信息的集散地，是信息传播的重要组成部门，应该为社会经济增长、公民素质提高、文明生活建设贡献力量。有些高校图书馆社会化服务，吸引了附近社区的居民，为社区居民提供了阅读条件，丰富了社区居民的文化活动，调动了社会读者参与阅读的积极性，增添了居民生活的文化乐趣，营造了良好的学习生活氛围；还有些高校图书馆向社会读者开放，使诚信借阅广泛开展，有利于促进精神文明建设。

2.促进企业良性竞争

高校图书馆是知识资源宝库，应当起到促进社会发展的作用。高校图书馆应保证馆内信息的及时更新，不断丰富知识信息资源，全力满足企业咨询以保证社会的发展。

在知识经济时代，占有大量生产资料已经不再是企业发展的绝对优势，掌握先进信息才是企业发展的决定性因素。高校图书馆拥有庞大的信息资源，以及获得最新知识资源的优势，这是为企业提供技术支持、科研咨询的保障。为在激烈的市场竞争中保持优势地位，很多企业纷纷寻找重点高校寻求合作，以获得高校的支持，为企业提供最新、最全面的科技知识、社会信息、技术指导。例如，某企业在新产品研发初期，可以通过高校图书馆的社会信息服务，了解行业信息，分析企业发展形势，最大限度上避免企业在新的领域遇到麻烦。

有些高校拥有大量的人才，具有较高的科研能力，在一些专家教授的领导下成立了科研小组，取得了很多先进的科研成果，却缺少推广平台。在高校图书馆社会化服务中，可以建立信息平台，将科研成果推向社会，促进项目的开发。例如，中国海洋大学的海洋专业研究委员会，通过图书馆建立了信息平台，为海产品加工企业提供相关研究成果，为科研成果的推行和实际应用开创了渠道，进而加强了校企交流与合作。

3.地位不断提高

高校图书馆开展社会化服务并加强高校图书馆的开放程度受到社会各界普遍支持，也受到社会读者的欢迎。高校图书馆开展社会化服务有利于提高高校的声誉和拓展高校图书馆的发展渠道，促进高校同当地文化的交流与融合，在无形中逐渐加强了高校图书馆的社会影响力，为社会文化发展提供了条件。另外，高校图书馆开展社会化服务扩大了服务对象。为满足不同读者的知识需求，图书馆工作人员需要不断补充知识，扩大知识面，提高沟通合作能力和工作效率，不断增强自身的综合素质与能力。

第八章　图书馆质量管理

第一节　图书馆质量管理概述

一、质量管理概述

（一）质量管理与图书馆可持续发展

可持续发展是在不危及后代人，且满足他们需要的前提下，满足我们现时需要的一种发展。它是当今中国及整个国际社会广泛认同的一种全新的发展模式，它的具体内容非常丰富，涉及自然、社会、政治、经济、科技、教育、文化、军事等各个领域。图书馆作为人类文化和信息的重要窗口，同样也存在可持续发展的问题。可持续发展观要求图书馆建设要有全局观念，既要考虑经济效益与社会效益，也要考虑短期目标与长远规划，追求系统、持久、全面的发展，实现图书馆最大限度地满足社会对知识、信息需求的目的。在追求自身可持续发展的同时，为社会的可持续发展做出贡献。

现代社会是一个瞬息万变的社会，数字化时代已经来临，如何适应信息时代的要求，更加合理地组织和最大限度地发挥图书馆文献信息资源的作用，满足读者的需求，实现图书馆的可持续发展，是我们孜孜以求的目标。图书馆要实现可持续发展，质量管理不容忽视。

所谓质量管理，是指确定质量方针、目标和职责，并在质量体系中通过诸如质量策划、质量控制、质量保证和质量改进，使其实施全部管理职能的所有活动。通常所说的全面质量管理，是指一个组织以质量为中心，以全员参与为基础，通过让用户满意和本组织所有成员及社会均受益的管理途径。质量管理活动虽起源于企业，但上升到管理学的高度，则成为一种有着广泛应用前景的理论、观念和管理方法。质量管理活动作为一种先进的管理思想和方法，在图书馆管理领域亦有着广泛应用前景。

（二）图书馆质量管理思想

开展图书馆质量管理学研究，需要深入研究质量管理的思想精髓，如讲求过程控制的思想、重视记录的思想、强调文件化规范的思想、讲究协作的思想、强调领导作用的思想、全员参与的思想等等，并将其精神实质引入图书馆管理学理论与实践中去。深入研究质量管理思想，为图书馆管理学提供了新鲜的理论养料，对发展图书馆质量管理学有着重要的理论意义；在图书馆管理实践方面，它可有效改善图书馆的服务质量，确保图书馆工作质量的稳定性，能够弥补现有图书馆管理方法在质量控制方面的不足，并且能够促进图书馆工作的规范化。

（三）图书馆质量管理的基础工作

1.规范化、标准化工作

规范化、标准化是对实际和潜在的问题做出统一规定，供大众共同和反复使用，以在预定的领域内获取最佳秩序和效益的活动。图书馆规范化、标准化工作，如文献著录规则、书目数据格式、分类法、各系统各地区的图书馆规程与规范等等，是图书馆质量管理的基础和前提。图书馆规范化、标准化工作贯穿于图书馆质量管理的始终，图书馆质量管理的实施使图书馆规范化、标准化工作更具有科学性，图书馆质量管理已成为图书馆规范化、标准化的一个重要领域。

2.统计工作

统计工作是图书馆质量管理的重要技术基础，是提高图书馆整体素质、保证服务和工作质量、促进技术进步和管理现代化的重要条件，也是有效实行技术监督的必要手段。图书馆统计工作对于评价图书馆服务和工作、为管理和决策提供可靠的数据、建立测量控制体系、保证质量管理体系有效运行等方面，具有重要意义。

3.建立质量责任制

建立质量责任制是制定图书馆经济责任制的核心环节。它要求明确规定每位馆员在质量工作中的具体任务、责任和权力，以便做到质量工作事事有人管、人人有专责、办事有标准、工作有检查，把同质量有关的各项工作和馆员的劳动积极性结合起来，形成一个严密的质量管理工作系统。一旦出现质量问题，可以追溯责任，建立起科学的奖惩制度，同时，有利于总结正反两方面的经验，更好地保证和提高图书馆服务工作质量。

4.质量信息工作

质量信息，指的是反映产品或服务质量的基本数据、原始记录等。要想搞好质量管理工作，掌握质量管理的客观规律，就必须深入实践，认真调查研究，掌握大量且准确的第一手数据，也就是要做好质量信息工作。质量信息的主体是质量记录，质量记录是表述质量活动状态和结果的客观证据，也指在对产品或服务进行检验、测量、检查等方式的基础上，获取的真实质量信息主体。图书馆质量信息工作应注意收集读者的意见和建议，注意搞好图书馆服务质量状况调查，要求各类质量信息准确、及时、全面、系统。

二、图书馆质量管理的社会环境

（一）信息技术的冲击

信息技术，尤其是网络技术的迅速发展，对图书馆的各个层面都造成了强大冲击，主要表现在以下三个方面。

1.信息技术改变了图书馆的组织结构

传统图书馆按照层层等级传递信息，其信息流是严格的自上而下或自下而上逐层传递的。随着通信、网络等信息技术不断应用于图书馆管理与服务系统，信息充分共享成为可能。信息技术缩短了成员之间交流和沟通的时空距离，信息的有效流动逐渐削弱了中层管理人员的作用，从而支持组织结构由刚性的金字塔式向较柔性的扁平式转变。

2.信息技术拓展了图书馆的服务边界

信息技术提高了图书馆与外部组织之间获取和处理信息的效率，促使图书馆边界向外扩张。具体表现为：图书馆之间的合作与交流不断增多，如馆际互借、合作开发项目等；图书馆与其他部门，如企业、科研机构等的合作也日益频繁。这使得图书馆的服务项目不断扩展，图书馆的服务意识也不断增强。

3.信息技术提高了用户对图书馆的服务期望

信息技术所带来的信息快速传递，减少了图书馆与用户之间的沟通环节，降低了图书馆与用户之间的沟通与交流成本。互联网不仅为图书馆提供了成本低廉而有效的宣传形式，同时也使用户更容易介入图书馆的服务生产、传播与利用的全过程。用户可以通过电子邮件、网络论坛等途径表达自己的服务需求，提出对图书馆各项服务的建议，甚至对图书馆个别工作人员提意见，从而更方便有效地利用图书馆。此外，用户对图书馆的期望值也大大提高，图书馆服务场所不再局限于图书馆建筑之内，服务方式也由面对面变为可通过网络或其他通信工具进行。

信息技术改变了图书馆的服务职能与范围，因此，传统图书馆服务理论需要进一步发展与充实，以适应这一新的环境。

（二）竞争的加剧

信息已成为推动社会发展最重要的资源，信息技术的进步将为信息服务业提供更广阔的发展空间，越来越多的机构、人员将进入这一领域。因此，作为信息服务业重要组成部分的图书馆，将处于一个充满竞争和压力的环境之中。

1.供方

图书馆所面临的首要竞争是来自供方。作为图书馆供方的出版社、杂志社、报社、专利部门、数据库商、光盘公司等都已经或者将要直接进入市场，这一方面增加了图书馆购买资料的压力；另一方面，它们也成为图书馆强有力的对手，同图书馆争夺已经在流失的用户。

2.买方

图书馆所面临的第二种竞争来自买方，即图书馆用户，用户的力量直接制约着图书馆的生存和发展能力。根据用户使用图书馆的不同目的，大体上可以将他们划分为闲暇型和研究型两大类。网络的发展，使图书馆的研究型用户成为图书馆和网络兼用型用户。随着图书馆用户选择的日益多样化，图书馆已丧失了在文献、信息提供中所固有的优势地位。

3.潜在进入者

图书馆所面临的第三种竞争是潜在进入者，他们的出现将打破信息服务业内的平衡，导致行业内部用户的重新分配。在潜在进入者中，网络信息提供者（ICP）将对图书馆构成最大的威胁。现有的ICP凭借其更加快捷、方便、新颖、全面的信息服务已吸引了大量图书馆用户。ICP将成为图书馆用户的主要流入领域，图书馆研究型用户很可能会成为他们的专有用户。

4.替代品

替代品的优势往往在于拥有更便宜的价格、更先进的技术和更便捷的服务。如今，网络信息资源已构成图书馆文献服务的替代品。通过网上的亚马逊书店、当当网等，人们不但可以获得新书送上门的服务，还可以享受到一定折扣的优惠。

5.竞争对手

作为公益性服务机构，长期以来，图书馆基本上处于相安共处状态。但随着外部环境的变化和图书馆财政的不断紧缩，这种态势已经一去不复返，图书馆之间的竞争将成为不争的事实。如何以特色化服务吸引更多的用户，并充分显示自身的价值和存在的意义，将使图书馆之间不可避免地展开竞争。

（三）用户需求的变化

1.个性需求的回归

之所以称为"回归"，是因为在过去相当长的时期内，工商业都将消费者作为单独个体进行服务。在这一时期，个性消费是主流。而到了近代，工业化和标准化的生产方式使消费者的个性被淹没于大量低成本、单一化的产品洪流之中。另外，在短缺经济或近乎垄断的市场中，消费者的选择余地本来就很少，个性因而不得不被压抑。但是，随着社会经济的发展，卖方市场转变为买方市场，同质产品日益增多，消费者能够以个人心理的满足作为商品选择与购买的基础，消费者的个性化需求重新得到展现。同时，网络技术的发展将进一步促进消费者个性化需求的不断膨胀。

消费者作为图书馆的服务对象，虽然角色由消费者转变成了用户，但是，其需求与服务的个性化特征并没有改变，因而在与图书馆的互动关系中也体现出了这一特性。用户的个性需求使他们从"量"的意识转向"质"的意识，从而对图书馆传统服务理念的转变提出了要求。

2.求知主动性的增加

在社会分工日益专业化的趋势下，虽然大多数消费者缺乏足够的专业知识，以及对产品或服务进行鉴别和评估的能力，但他们获取与产品或服务有关的信息和知识的心理需求并未因此消失，反而日益增强。这种求知欲不仅局限于服务或产品方面，而且在新闻、体育、娱乐、文化、艺术、科学、哲学还有与其工作或学习相关的专业知识上，也都强烈地表现出来。这主要是由于社会发展速度日益加快、技术创新周期日益缩短，使社会更具不稳定性与不确定性造成的。

用户不断增强的求知主动性在图书馆的两个层面产生影响。直接影响是用户对图书馆的馆藏资源提出了更高要求，尤其强调了馆藏资源的"新颖性"；更深层次的影响是由于新知识、新思想的传播扩散速度不断加快，使得诸如营销管理等当代热门学科的基本概念、基本思想渐为人们所熟知，具有营销知识的用户自然会对包括图书馆在内的各种服务性组织产生更多的要求。因而，传统的图书馆服务理论同样受到了挑战。

三、图书馆的优劣势

（一）图书馆优势

图书馆作为公益性的社会文化机构，代表着一种维护社会公正的制度。它为社会所有成员免费、公平地获取知识与信息提供了平等的机会，也为社会全体成员参与和分享以知识为基础的社会成果，以及提高自身创造能力提供了最好的公共平台。这正是图书馆区别于其他信息机构的本质属性，也是图书馆在促进和谐社会发展中，较之其他信息机构的根本优势之所在。

1.丰富的信息资源

一方面，经过多年的发展与积累，图书馆已经形成印刷型、缩微型、音像型、电子型相结合的馆藏资源格局。很多图书馆还自主开发了一批数据库。另一方面，现代信息技术推动着图书馆信息资源共享实践的发展。信息资源的共建、共知、共享，从整体上提高了我国图书馆的文献资源保障能力，促进了相关服务的开展。

2.系统化的信息组织开发体系

多年来，图书馆已形成了一套系统的信息分类、组织、标引及主题控制方法，为信息的采集、组织、管理和传播，以及为建立学科门户、网络导航、网络专业信息指南系统和指引库提供了极大方便。此外，图书馆依托丰富的信息资源，开发出了参考价值较高的书目、索引、文摘等二次、三次文献。图书馆在信息资源组织开发方面所积累的丰富经验，为图书馆进一步满足用户需求奠定了坚实的基础。

3.高质量的人才队伍

图书馆拥有一批工作经验丰富、专业知识扎实、业务精良的馆员，在面对市场经济浪潮的冲击时，他们始终坚守岗位、兢兢业业，为我国图书馆事业的发展做出了重大贡献。初具规模、办学层次多样化的图书馆学教育是为图书馆事业源源不断输送合格人才的保证。此外，继续教育及岗位培训的蓬勃开展也为馆员素质的不断提高提供了机遇和平台。

（二）图书馆的劣势

1.管理理念与方法陈旧

这些年来，我国图书馆的"硬件"设施有了很大改善，但"软件"方面仍然比较薄弱。目前，我国大部分图书馆的管理方式仍然是政府行政管理的延伸，管理体制存在结构性缺陷、管理观念陈旧、创新不足等问题。其主要表现在：

（1）传统的封闭式管理模式仍然占据主导地位

一切活动都围绕着图书馆的内在要素展开，缺乏现代营销理念，不能及时有效地将图书馆的形象、产品、服务介绍给社会，使图书馆工作长期以来得不到社会各界应有的关心和认可。

（2）忧患意识缺乏

很多图书馆尚未树立以"用户为中心"的理念，规章制度大多从有利于图书馆的文献保护和管理出发，而不考虑用户的利益，如读者在进入阅览室的时候，不允许携带自己的资料，也不允许带包，给读者造成很大的不便；还有一些图书馆，尽管建筑辉煌雄伟、设备昂贵，但没有为读者提供应有的服务，更不用说个性化、适应用户需求的服务了。

（3）缺乏从用户角度进行评估与管理

图书馆服务效益和质量的标准、评价图书馆工作的优劣往往由上级主管部门和文化部门负责检查和评定，这就造成一些图书馆为应付上级检查和等级评定而搞一些临时性的突击活动。其实，判定一个图书馆的工作质量究竟如何，图书馆的各项服务是否符合用户的需求，图书馆服务的效果是否达到用户的期望，最有发言权的还是用户。衡量一个图书馆的好坏，并不完全在于馆舍的大小、藏书的多少，而在于它能为读者提供什么样的信息和服务。只有把服务落到实处，使用户能感受到图书馆带给他们的种种便利，让更多的用户离不开图书馆，才真正体现了图书馆所倡导的人本思想，这也才是图书馆应有的形象。

2.网络信息服务的水平与层次较低

开展网络信息服务日益成为图书馆服务的重心。然而，从目前的情况来看，我国能够提供完全的网络化信息存取与服务的图书馆还不多，大多数图书馆仅限于通过联机公共目录查询（OPAC）系统向用户提供远程书目数据检索。此外，虽然很多图书馆已经或正在开展馆藏资源的数字化工作，并取得了一定成效，但尚不足以支持大规模的远程全文信息传递服务。我国图书馆的服务内容和服务水平基本仍停留在文献服务层次，面向网络环境的信息服务还处于局部应用，大规模的具体操作阶段尚未到来。

3.经费不足

图书馆是社会公益性文化事业单位，自身没有经济"造血"功能，加之有些地区由于经济比较落后或上级主管部门对图书馆工作重视不够，政府财政拨款十分有限。在部分市、县基层图书馆，连基本的购书经费甚至工作人员的工资都无法保障，引进现代化技术设备开展网络服务更是无从谈起。就图书馆而言，尽管近年来投入经费逐年递增，但图书馆业务经费仍存在较大缺口。经费严重不足已影响到许多图书馆正常业务的开展，有些馆甚至处于瘫痪或半瘫痪状态。

为了适应时代的发展和要求，图书馆必须充分利用优势，努力克服不足，以服务为根本，以用户为中心，通过内涵建设，从根本上增强自身能力，从而确保整个事业的健康、持续发展。

第二节　图书馆全面质量管理

一、全面质量管理概述

（一）全面质量管理的基本思想

1.一切为用户着想

对于一个企业来说，"用户"是指使用该企业的产品，因而受到产品的质量影响的人。企业产品关系到满足人民日益增长的物质和文化生活的需要，工业产品的质量直接关系到广大人民群众的衣、食、住、行，还有社会主义现代化建设的事业。同时，从另一个角度来看，企业生产的产品质量的优劣直接影响到产品价值能否在市场上顺利得到实现的问题。因此，企业需要把生产出保证用户满意的优质产品作为企业经营出发点和归宿点，不断增强责任感和事业心，坚持质量标准，从而使企业的最终产品满足用户的要求。

2.一切凭数据说话

数据是质量管理的基础。离开了数据，就没有质量标准可言。生产过程是这样，管理过程同样也是这样，始终都要以数据为根据。靠数据说话，离不开对有关质量管理工作情况进行定量分析，以数据形式揭露质量问题并反映质量水平。全面质量管理是一种科学管理，它要求以数理统计为基础，运用数理统计和图表对大量数据进行整理和分析，找出影响产品质量的主要因素及各种因素之间的联系，掌握质量变化的规律，以便有针对性地采取有效措施，从而消除或预防质量偏差。是否用数据说话，这是区别科学管理与经验管理的主要界限。特别是企业的领导，要反对那些只凭经验和主观臆测，而不是用数据处理问题、解决问题的工作作风。那些"大概""可能""差不多"等诸如此类模棱两可的判断是有害的。

3.一切以预防为主

质量是设计和制造出来的，不是靠检验把关得来的。对于已产生的废次品来说，检验只起到"死后验尸"的作用，并不能预防生产过程中的废次品的产生。而一旦产生废次品，就会造成原辅材料、设备、工时及其他费用的损失。而且在生产规模扩大，产量大幅度增长的情况下，仅靠事后检验把关（即使是百分之百地检查），也不能保证废品都被检出。所以，要在废品产生之前就采取措施，做到事先预防。这便引进对生产过程的人、设备、原材料、方法和环境五大因素的控制管理，管因素而不是只管结果。

二、图书馆全面质量管理

（一）图书馆全面质量管理的依据

1.图书馆实施全面质量管理的可行性

（1）从管理的目的看，全面质量管理的实质与图书馆的宗旨一致

图书馆以服务用户为己任，质量一直是图书馆工作的一个具有战略性的问题。各个图书馆所采取的质量改进策略可能会有所不同，但改进服务从而提供最高质量的产品这一目标永远是图书馆工作的重中之重。因此，对图书馆来说，建立一种评价绩效的机制非常必要，而全面质量管理正是一个以了解用户需要、提高服

务质量和满意度为中心的系统过程。此外，全面质量管理还强调持续改进，一个承诺满足用户要求、保证用户满意的图书馆可以把全面质量管理作为持续评价和改进图书馆服务的有效战略。图书馆一直在努力改进服务以便更好地满足用户需求。因此，全面质量管理在本质上与图书馆的宗旨是一致的。

（2）从理论上看，图书馆全面质量管理的研究不断深入

图书馆全面质量管理的相关研究主要体现在研究文献数量的不断增多，并且其内容丰富多彩。研究者从不同角度探讨了质量管理在图书馆的应用，其研究主题几乎涉及图书馆工作的各个方面，诸如图书馆人力资源质量管理、图书馆读者工作质量管理、图书馆清产核资质量管理、图书馆采访工作质量管理、图书馆文献资源建设工作质量管理、图书馆编目工作质量管理等。

（二）图书馆实施全面质量管理的必要性

1.可提高服务质量

图书馆引进质量管理思想和方法，对图书馆工作的各个环节采取有效措施进行质量控制，建立质量约束机制，对于树立馆员的质量意识，改善图书馆的服务质量无疑能够起到积极的作用。

图书馆读者服务工作是需要多个人员和多个部门共同配合完成的。质量管理体系不仅对直接与读者打交道的流通、阅览、咨询、检索等工作环节做出详细要求，而且也要对间接为读者服务的部门提出上一环节为下一工序服务的要求。即凡是接续上一部门工作进行再加工的下一部门，就是上一部门的"顾客"，必须替下一部门着想。例如，对采访部门来说，分编部门就是它的"顾客"，而阅览、流通等部门又是分编部门的"顾客"。这一管理方式使图书馆每个部门、每个人都明确自己工作的"顾客"是谁，从而保证自己所完成工作的质量不仅要达到标准才能流向下道工序，而且一定要使下道工序的"顾客"满意，从而提高整个图书馆的工作质量。

2.可保证工作质量的稳定

在管理中，不仅应确定本馆的质量方针与目标、各岗位的职责与权限，还应建立质量体系并使其有效运行。质量管理不仅注重人的主导地位，更注重管理活动各环节质量的测度与调控。质量体系的文件化，增加了图书馆工作的稳定性。图书馆质量管理体系的有效运行，是图书馆为读者提供长期优质高效服务的保证。

3.可促进工作的规范化

引进质量管理方法，建立起本馆的质量体系，可通过确定组织机构与职责、程序文件、岗位工作指导书等，明确各部门、各岗位人员职责与权限，明确各项工作的程序及其控制原则与方法，明确各工作环节之接口的处理方法及各自的责

任，明确各个工作岗位的具体工作流程与行为规范，从而增强图书馆工作的个体规范性，提高馆员的工作规范化意识。

4.可持续改进

传统的管理方法常常以维持现状为重心，而全面质量管理则把重心转向对系统和过程的持续改进。为了改进机构任务中关键的流程，持续改进使用了一系列特有的方法、工具和测度，以便系统地收集和分析数据。持续改进的要素包括两个方面：一方面是改进思路，另一方面是问题的解决工具和技巧。要进行持续改进，需具备一个简单的前提，即一个结构化地解决问题的过程比一个非结构化地解决问题的过程会产生更好的效果。传统方法仅仅是以一种不明确的、直觉的方式去做，而持续改进以量化绩效指标为基础，使图书情报机构能建立起可测度的目标，并监控趋向于这些目标的进程。

三、我国图书馆全面质量管理体系

(一) 我国图书馆全面质量管理体系构建的现实环境

1.图书馆宏观环境

在大力实施"科教兴国"战略中，图书馆作为"为个人及社会团体的终身学习、独立决策和文化发展提供基本条件"的公益性机构，在保存人类文化遗产，传播和利用知识、信息方面发挥重要作用。图书馆的使命决定了它在我国社会主义和谐社会建设中将承担重要责任，同时，这也对图书馆进一步提升服务水平提出了新的要求。

近年来，有关图书馆方面的地方法规和法律不断出台，促进了图书馆事业的法制建设。但是，相对滞后的图书馆法规体系建设仍然是制约我国图书馆事业发展的因素之一。

改革开放以来，我国经济取得了重大发展，我国图书馆馆舍面积、馆藏数量和服务设施有了大幅地改善。但是，经费不足仍是我国大部分图书馆面临的首要问题，同时，我国经济发展的不平衡也造成了图书馆事业发展的巨大差异性。

计算机技术和网络技术的飞速发展，对图书馆的发展来说是一把双刃剑。一方面，新技术的应用使图书馆的工作效率和服务质量得到了提高；另一方面，网络的普及使图书馆的信息服务功能正在减弱，图书馆的读者群正在流失，对图书馆的发展带来了一定的冲击。

2.图书馆微观环境

随着社会对图书馆服务效益和质量的日益重视，以及社会政治经济的快速发展，加剧了图书馆和商业信息机构及图书馆和图书馆之间的竞争。在激烈的竞争环境下，读者的需求、期望及习惯也发生了变化，读者成为图书馆工作的核心，决定着图书馆的生存和发展。

近年来，由于图书馆内外因素的影响，图书馆的服务能力明显拉大，各系统图书馆的评估定级在一定程度上使图书馆之间的比较和竞争趋于激烈。一些地方性的法规对私人图书馆给予支持和税收的优惠，这种私有的图书馆为图书馆界引入新生力量，加剧图书馆之间的竞争，促使图书馆通过管理创新增强核心竞争力。

随着信息经济发展，以营利为目的的商业化信息机构蓬勃发展，如各类信息中心、情报所、信息咨询机构和网络信息提供商大量出现。在市场经济下，读者将根据自己所需的信息资源和服务选择不同的信息来源，图书馆获取知识和信息的唯一性受到了挑战。各类出版发行单位、数据库开发商和图书馆软件开发公司等在信息产品的定价权，以及对读者的争夺上也对图书馆造成威胁。

图书馆读者群具有多样化特点，尤其是在信息爆炸、技术进步的今天，读者对信息的需求与期望更加多样化。因此，图书馆和图书馆员面临的最重要的变革是实际用户与潜在用户变化中的期望。

网络技术的迅猛发展，改变了人们的信息获取习惯和阅读习惯。网络具有方便快捷的优势，已成为图书馆强大的竞争对手，导致图书馆已经不再是读者获取信息和知识的首选。

（二）图书馆全面质量管理体系构建的基本原则

1.读者满意原则

图书馆的服务目标是所有的读者，所以，图书馆的工作具有对读者高度负责与对上级高度负责的一致性。图书馆的所有工作应在图书馆信息资源的现实基础上，充分利用现有的信息资源，采取多种措施，开展符合读者需求和期望的工作。图书馆的所有功能，必须以最大限度满足所有目标读者的需要。

2.读者评价结果原则

读者评估和评价是对图书馆质量进行评估的一个重要途径，读者的评价是促进图书馆事业发展的重要因素。读者对图书馆的一切都可以做出客观的评价，这些客观的评价可以为图书馆工作的持续改进和发展提供科学而客观的决策依据。图书馆建立了以读者满意为中心的评价体系，具体内容包括图书馆信息资源建设、重大问题的决策、管理制度的制订和对图书馆员的评价等。

3.持续改进原则

由于社会的进步和科学技术的发展，读者的信息需求和期望不断变化，出现了多元化和多层次的趋势。图书馆应该适应读者信息需求和期望的变化，适应社会发展和技术进步的变化，对图书馆的质量管理体系进行不断更新和持续改善。

否则，仅靠静态管理系统只能走向僵化。

4.过程概念原则

用标准过程控制质量管理体系建设。全面质量管理体系应制定规范化的管理制度，对每项工作和每个岗位及其职责、每个环节做出标准化的规定，使图书馆的工作改变过去的随意性，变得有章可循。同时，使图书馆全部工作流程和环节都在规范化的质量管理体系的控制之下，保证整个管理体系的正常运转。

（三）我国图书馆全面质量管理的体系结构

图书馆全面质量管理体系包括三个要素：服务观念管理、服务质量管理和用户评价管理。这三个要素是相互联系、相互促进的。

1.服务观念管理

服务观念管理是体系的灵魂，它首先要求图书馆全体员工树立起"用户第一，质量第一"的服务观念，以用户满意为目标，站在读者立场上考虑和解决问题，使"用户第一，质量第一"深深扎根于所有员工的心中，并通过具体的工作表现出来。其次，要在图书馆内部树立"服务质量，人人有责"的服务意识，把提供高质量的产品和服务作为自己的职责，要认识到只有每个人都做到工作的高质量水平，整个图书馆才能以高质量的形象出现在用户的面前。营造出一个人人关心服务质量，人人为服务质量负责的良好环境。

2.服务质量管理

服务质量管理是图书馆全面质量管理的核心，它通过对图书馆整个服务过程的全面质量进行有效控制，达到提高服务质量，进而令用户满意的目的。全面质量管理理论认为服务质量高低取决于用户期望质量与体验质量之间的差距。用户在利用图书馆的某项服务之前，受各种渠道所获得的相关信息的影响，已形成对该项服务质量的某种期望。当实际体验的服务质量与期望质量相同时，用户会认同提供的服务；而当体验质量与用户的期望值相差太大时，用户就会认为所提供的服务是难以接受的，对服务质量的评价自然也就很低；只有当图书馆所提供的服务质量超出用户的期望值时，他们才会认为图书馆的服务是高质量的。

3.用户评价管理

用户评价管理是解决服务问题的管理，也就是针对用户提出的服务问题进行改进的过程。用户评价是用户对图书馆服务质量的评价。图书馆服务质量的高低要由用户来评判，用户满意的服务就是高质量的服务。用户对服务质量的评价决定着用户的去留，而失去用户就等于失去图书馆生存基础。因此，图书馆全面质量管理的最终目标是使用户满意。用户满意是评价图书馆服务质量的最终标准。

（四）图书馆全面质量管理的实践

在传统图书馆向现代图书馆的转化过程中，全面质量管理是当今世界最先进的管理方法，它最适合数字图书馆的管理和运作。

图书馆现行的规章制度、服务方式、服务内容都深深地打上了藏书楼的烙印，把读者与文献分离开，读者没有充分利用文献资源的自由。

传统图书馆以职能部门化和业务流程部门化为基本原则进行设计的直线职能制组织结构，存在着传统图书馆业务流程分段管理的缺陷，它忽视了读者需求，使对同一读者的服务被分割在不同功能的书库、阅览室之中，读者在同一个部门不能得到系统的资料，不能享受完整的服务；高度机械化的组织各自为政，条块分割，既有严重空白又有大量重复，各部门相对独立、分散，无法对跨部门的运作有积极贡献，工作业务中过多部门与人员的牵制和审核，更是效率的障碍；管理运行缺乏与读者做及时沟通，难以根据读者需求动态调整资源配置和运行结构，影响服务质量，限制了图书馆自身效能和发展。

随着现代图书馆业务流程的重组，图书馆的部门设置要做出相应的调整，从部门式管理向团队管理转化，提升高层次人才的管理权限，设置学科馆员和咨询馆员，组建图书馆学术委员会，研究处理业务问题。业务流程重组坚持四大方向：采编合一，服务整合，主题分工，开发新的业务流程。组织结构设计实行改革：某些传统部门合并组建新的部门，如设立文献信息资源建设中心，下设采访组、编目组、典藏组等。按图书学科和主题设立阅览室，而不是根据读者身份划分等级层次。

为了适应未来环境的变化，现代图书馆应该成为一个有良好的沟通渠道、可迅速回应各种读者需求的应变灵活的组织。业务流程从原来的按文献加工过程人为分割，转变为按文献信息主题设立流程小组，职能部门合并，管理层次减少，管理人员的数量也相应减少，最终组织层次必然向扁平化发展。扁平化组织的信息流通渠道通畅，协调简单，对外部环境的变化有很强的应变能力，同时，管理人员的减少也会降低成本并提高工作效率。

重新设计工作内容要加强网络信息资源建设、管理、咨询和服务工作，在提高图书馆工作人员业务素质和技能的同时要充分授权，一线工作人员必须能够根据他的工作，对外部环境的变化做出及时的应对，而不能仅依赖上级来解决问题。

图书馆实施全面质量管理的意义是打破图书馆部门间的障碍，实现团结协作，让读者满意，为图书馆用户提供高质量的信息服务，让用户真正成为图书馆的忠实用户；图书馆工作人员强化自我实现意识，使其个人职业生涯设计和发展有明确目标，也使图书馆人力资源得到充分开发和利用。

第三节　数字图书馆质量管理

综合目前有关数字图书馆的研究，可以看到数字图书馆是信息时代的产物，是现代高新科学技术和图书馆学、情报学的结合。从技术上讲，它是以计算机技术和网络通信技术为基础，以所有信息机构为节点的信息资源体系。

经过加工整序后形成的信息资源体系是构成数字图书馆的最核心的要素，也是进行质量管理的重心所在。除此之外，它还包括信息基础设施、信息用户与数字图书馆的工作人员。

数字图书馆是一个庞大的系统工程，如何有效配置系统元素，使这些组成部分构成一个有机的整体，即如何加强质量管理，强调信息知识系统建立、开发与使用的全过程中各项因素的质量，确保数字图书馆的全面优化，使之具有远程、快速、全面、有序等服务优势，最大限度地满足用户的信息需要，成为值得关注的问题。

一、数字图书馆质量管理的对象

数字图书馆的质量管理是管理者与全体员工，以及各个部门之间共同参与，相互协调，综合运用现代管理技术、专业技术和科学方法，用全面管理质量保证数字图书馆的建立与使用的全过程。数字图书馆的质量管理对象主要有以下几个方面：

（一）知识信息系统质量

知识信息系统质量一般指信息的使用价值及其属性能否满足用户需求的程度。具体包括：性能、可靠性、安全性和经济性。性能指信息数据组织结构的合理性。可靠性指信息数据使用的有效程度。安全性指在数据使用的流程中，事故的频率及事故的轻重程度。经济性指用户的使用成本及数字图书馆的建设成本。

（二）工序质量

工序质量是指建设数字图书馆的成员单位为保证其优质化而具备的手段和条件。在建立数字图书馆的流程中，应该考虑以下因素：

1.人

主要指参与建立与管理数字图书馆的管理者和工作人员的质量意识、责任心、文化知识与技术水平。

2.机器

主要指计算机、网络设备等的质量。

3.原材料

主要指信息源的质量。

4.方法

主要指信息源的开发、分析、集合与利用，以及组织管理等方法的质量。

5.检测手段

主要指检测方法、手段与检测工具的质量。

6.环境

其一，指网络信息化环境的质量；其二，指数字图书馆领导者创造并保持使工作人员能充分参与实现质量管理的内部环境。

（三）工作质量

一般由各项工作标准、工作制度，以及人们在执行这些标准的过程中的态度所决定。在工作质量中，以执行工作标准、工作制度的人居主导地位。

在数字图书馆质量管理的对象中，知识信息系统质量、工序质量、工作质量三者相辅相成，由此构成一个数字图书馆的管理系统。

知识信息系统质量是整个数字图书馆的生存基础，工序质量是信息知识系统质量的保证，而工序质量又取决于工作质量，因而整个质量管理的重心是工作标准、工作制度的制定与执行，以及执行这些标准与制度的工作人员的基本素质。如此全面的管理，使数字图书馆不断完善其信息选择、整理、输入、组织、存储、输出、反馈等各个环节的质量。只有注重了数字图书馆质量管理的全过程，才能最大限度地满足用户需求，实现优质化服务。

二、数字图书馆信息安全管理

（一）数字图书馆信息安全

1.数字图书馆信息安全

网络系统中的硬件、软件和系统中的数据均受保护，不应受意外因素造成破坏、泄露、更改，网络服务不中断，系统才能够正常运行。这是数字图书馆信息安全所要做的工作。和它相关的内容很广泛，例如，人的心理因素、技术问题、当时的社会环境、法律法规等。总之，想要保护数字图书馆的信息安全，就要加强人员的管理和制定相应的安全信息，例如，严格设置管理员与登录用户的权限，避免登录用户权限过大，使数字图书馆的信息设置被恶意篡改，或使用其他手段恶意攻击数字图书馆的网络信息系统。管理员的操作账号不能被泄露，如果管理员的操作账号被泄露，那么，对整个数字图书馆的建设方面无异于一场大的灾难，它会造成图书馆的资料被篡改、遗失、系统崩溃，以及大量的用户个人信息被泄露等，所造成的损失是不可估量的。

2.信息安全技术的目标

所有的信息安全技术都是为了达到一定的安全目标，其核心包括保密性、完整性、可用性、可控性和不可否认性五个安全目标。

（1）保密性

保密性是指阻止非授权的主体阅读信息。它是信息安全诞生时就具有的特性，也是信息安全主要的研究内容之一。更通俗地讲，保密性是指未授权的用户不能够获取敏感信息。对纸质文档信息而言，只需要保护好文件不被非授权者接触即可。而对计算机及网络环境中的信息，不仅要制止非授权者对信息的阅读，也要阻止授权者将其访问的信息传递给非授权者，避免信息被泄漏。

（2）完整性

完整性是指防止信息被未经授权的篡改，应保护信息保持原始的状态，使信息保持其真实性。如果这些信息被蓄意修改、插入、删除后形成虚假信息，将带来严重的后果。

（3）可用性

可用性是指授权主体在需要信息时能及时得到服务的能力。可用性是在信息安全保护阶段对信息安全提出的新要求，也是在网络化空间中必须满足的一项信息安全要求。

（4）可控性

可控性是指对信息和信息系统实施安全监控管理，防止非法利用信息和信息系统。

（5）不可否认性

不可否认性是指在网络环境中，信息交换的双方不能否认其在交换过程中发送信息或接收信息的行为。

信息安全的保密性、完整性和可用性主要强调对非授权主体的控制。可控性和不可否认性是通过对授权主体的控制，实现对保密性、完整性和可用性的有效补充，主要强调授权用户只能在授权范围内进行合法的访问，并对其行为进行监督和审查。

除了上述的信息安全等性质外，还有信息安全的可审计性、可鉴别性等。信息安全的可审计性是指信息系统的行为人不能否认自己的信息处理行为。与不可否认性的信息交换过程中行为可认定性相比，可审计性的含义更宽泛一些。信息安全的可见鉴别性是指信息的接收者能对信息发送者的身份进行判定。它也是一个与不可否认性相关的概念。

（二）数字图书馆的信息安全需求

信息安全是指信息的机密性、完整性和可用性。机密性确保信息只能由已授权用户访问使用；完整性保证信息和处理方法的正确性和完备性；可用性确保已授权用户在需要时能够访问信息。

1.数字图书馆的完整性

为了保证数字图书馆的完整性，首先，必须保证数字图书馆的物理安全。数字图书馆是建立在物理载体之上的，如果这些物理载体受到损害，数字图书馆的数据完整就会受到破坏。比如，由于剧烈震动导致存储数字资源的硬盘出现损坏，那么，硬盘上的资料也会随之损坏。其次，在软件方面，数字图书馆的资料和所有提供的服务都是建立在软件系统基础上的，如果系统感染了病毒，破坏了文件，数字图书馆的完整性也会受到破坏。此外，如果黑客攻破了系统的防线，也可能对数字化资源大肆破坏，造成损失。因此，尽量避免数字图书馆软件遭到破坏，也是保护信息完整性的重要内容。

2.数字图书馆的机密性

一方面，数字图书馆的机密性是指避免非授权者伪装授权用户的身份获得信息资源。数字化图书馆包含大量的信息，而这些信息并不是对所有人开放的。比如，一些高校图书馆花费大量资金购买数据资源，同时，规定只有校内用户才有访问权限，如果校外用户利用校内的代理服务器去访问资源获得这些数据，可能是因为校内授权用户将自己的权限私自转让给校外的好友或同学而造成的。这些都导致了对信息机密性的损害。另一方面，数字图书馆的机密性是指保证攻击者无法获得管理员的权限。攻击者为了获得管理员的权限可能会采取各种手段，如网络攻击、社会工程攻击。对于数字图书馆来说，丧失管理员权限，最大的危害在于攻击者能够看到所有授权用户的使用情况，分析用户的喜好及隐私。

3.数字图书馆的可用性

对于大多数数字图书馆信息安全的保护者而言，关注更多的在于如何保证信息不会被窃取和破坏，而信息的可用性却成为一个很容易被忽略的方面。信息的可用性是建立在信息的完整性和机密性的基础上的，只有保证数据资源不被破坏和不被窃取，才有可能最大限度地满足用户需求。此外，数字图书馆还必须保证数据的获取途径始终畅通，当用户想使用数字图书馆的时候，网络应该确保可用。

（三）数字图书馆信息安全的影响因素

数字图书馆系统是在信息方面完全共享、服务方面全程开放的系统，由于系统无时无刻都处于复杂、多样且开放的网络中，其信息安全问题将受到来自多方面因素的影响，其中，主要因素是环境因素、人为因素、计算机系统及管理等方面的因素。

1.环境因素

数字图书馆的硬件设备需要绝对安全可靠的物理环境。对于雷电、火灾、洪水等问题，需要在设备安置过程中考虑防漏电、抗火灾等性能，防止由于这些问题出现意外，造成无法估计的损失。

2.人为因素

操作失误或恶意攻击是由于人为原因导致的两种类型。误删文件、插错电源、硬盘的错误插拔等对系统伤害严重；而黑客的恶意攻击，以及计算机病毒的植入会导致系统崩溃，是图书馆需要解决的难点问题。

3.计算机系统

计算机的网络防火墙不能及时对网络攻击进行防范，处理器上的"序列号"等硬件方面存在一定的缺陷；而对于软件，计算机安全隐患主要涉及一些操作系统、网络中的通信协议、数据库等。

4.管理因素

信息安全的管理意识是否得到强化、是否具有完善的管理制度等是数字图书馆管理的两个最重要的问题。数字图书馆的管理人员、社会公众缺乏安全意识和职业道德问题，以及没有制定完善的安全管理规章制度用以制约整个图书馆各项任务的分工，从而导致安全防护体系在图书馆管理工作上不能充分发挥其作用，为恶意攻击或病毒入侵制造了破坏的机会。

（四）数字图书馆信息安全管理对策

1.营造良好的物理环境

首先，为了防止静电和电磁波对系统的干扰，计算机机房内应铺设专业的抗静电活动地板，地板支架和墙壁都需要做接地和防静电处理。其次，严格控制好机房内的温度和湿度，若温度过高，容易导致计算机散热不顺畅，进而影响到计算机元器件的使用寿命。如果湿度不达标，同样会引起机房内静电过大或者金属元器件的腐蚀，从而降低电路板和插接件的绝缘性能。另外，数字图书馆还应当完善防火防雷系统、机房专用空调、USP不间断电源等配套设备，以便为计算机系统的正常运行提供良好的物理环境。

2.建立图书馆信息安全管理制度

首先，数字图书馆应成立专门的维护和管理机构，结合图书馆自身的特点，制定出一套行之有效的管理体系，对各部门的工作流程予以规范化，完善图书馆系统的安全责任制度和监督管理制度，使不同岗位的工作人员都能够明确自己的工作职责,在工作中有章可循、有据可依。其次,加强系统运行过程中的日常监督和管理,严格执行技术规程管理制度,强化责任监督,遵循"事前防范、事中控制、事后审计"的原则,加强对系统信息安全管理制度的监督与审计工作,提高系统工作人员遵规守纪的意识。

3.做好数据备份管理

数字图书馆的数据备份管理是防止数据丢失的有效措施,也是维持网络系统正常运行的基础。因此,在管理过程中,需要安排专业维护人员定期对数字图书馆的所有数据(尤其是重要数据)进行转存,或者通过磁盘阵列技术来对数据进行实时备份管理。

4.布置各种网络安全技术

(1)防病毒技术

计算机病毒可以借助浏览器、电子邮件、聊天工具和移动硬盘等多种途径传播,对数字图书馆的信息安全威胁极大。目前,常用的防病毒技术主要有病毒预防技术、病毒检测技术和病毒清除技术等,在应用过程中,需要形成一整套完整的病毒防御体系。另外,图书馆信息安全管理系统还应当定期对各软件、硬件防火墙进行升级,并将硬件防火墙、软件防火墙及防病毒软件结合起来,设置隔离区来预防病毒的侵入。

(2)入侵检测技术

入侵检测系统是一种针对网络传输进行的实时监测技术,当系统发现有可疑传输时,会自动报警或采取安全处理措施。入侵检测技术是一种积极的安全防护技术,它不仅可以使系统管理人员随时了解系统的安全状况,而且还能够为管理人员提供安全策略和导向。数字图书馆系统预防病毒入侵、黑客恶意攻击及网络运行监视等安全管理工作,都可以通过入侵检测技术来完成。

(3)智能防火墙技术

智能防火墙技术是阻挡黑客非法入侵网络系统的有效屏障,它综合利用了统计、概率等智能化技术手段。与传统的防火墙技术相比,智能防火墙将包过滤与代理技术融为一体,克服了二者在安全性能上的缺陷,其速度远远超过了传统的包过滤防火墙技术,而且还降低了网络终端的负担。

三、数字化信息服务的质量管理

对于数字化信息服务而言,服务质量方针和目标应与信息服务机构的服务宗旨和目标相一致,而质量策划是信息服务机构服务发展战略的一部分,质量保证和质量改进则主要体现在具体的服务过程中。基于信息集成的动态性和受用户需求的牵引,数字化信息服务的架构和用户对质量的预期始终处于动态变化之中。

（一）信息服务的质量指标

1.可感知性

可感知性是指信息服务的"有形部分"，如各种信息服务设施与设备、各种载体的信息资源及信息服务人员的外表等，借此可以有形地体现出该信息服务机构有别于其他机构提供信息服务的竞争能力。服务的可感知性，从两个方面影响用户对服务质量的认识，一方面，它们提供了有关服务质量本身的有形线索；另一方面，它们又直接影响到用户对服务质量的感受。

2.可靠性

可靠性是指工作人员可靠准确地履行信息服务承诺的能力。许多以优质服务著称的服务机构都通过可靠的服务来建立自己的声誉。可靠性实际上是要求服务机构避免在服务过程中出现差错，因为服务差错不仅会造成直接的经济损失，而且可能意味着失去很多潜在的用户。

3.响应性

这是指工作人员随时准备迅速准确地为用户提供个性化信息服务的意识。对于用户的各种需求，信息服务机构能否予以及时的满足和回应，将表明该机构的服务导向，即是否把用户放在第一位；同时，服务效率则从一个侧面反映了该机构的服务质量。

4.保证性

工作人员具有信息服务的知识、技能、服务伦理，以及表达出完成服务任务的自信与可信的能力。它能增强用户对信息服务质量的信心，以及利用信息机构的热情与安全感。友好态度和胜任能力二者缺一不可。服务人员缺乏友善的态度自然会让用户感到不快，而如果他们对专业知识懂得太少也会令用户失望，因此服务人员更应该具备较高的胜任服务的知识水平与技能。

5.安全性

安全性指用户在接受服务的过程中，能够保证其人身和财产的安全。特别是在网络环境中，当用户在接受某项服务时，需要将个人重要信息或私人隐私提供给服务机构，用户希望这些隐私信息不会被服务机构或其他人非法利用。

6.移情性

服务人员应设身处地地为用户着想，给予用户热情的关注和帮助。移情性，一方面体现在服务人员的友好态度；另一方面，信息服务机构要真诚地关心用户，了解他们的实际需求（甚至是个人方面的特殊需求），并予以满足，使整个服务过程富有"人情味"。

（二）信息服务质量的控制方法

1.基于差距分析的服务质量控制

（1）服务质量差距分析内容

①通过与用户期望的服务质量比较分析找出差距；

②通过与管理者制定的服务质量标准比较分析找出差距；

③通过与其他服务机构相同或相似的服务项目对照分析找出差距；

④通过用户感受到的服务质量与信息服务机构承诺的服务质量比较分析找出差距。

其中，基于用户期望的质量与实际提供的信息服务质量之间的差距分析是最主要的服务质量差距分析法。

（2）控制方法

通常情况下，用户对服务质量所做的评价不仅与其经历的实际服务质量有关，而且与其对服务质量的期望有关，用户对服务质量的评价是其期望质量与实际经历的服务质量之间比较的结果。另外，不同知识背景的用户对服务具有不同的期望。因此，管理人员应该深入了解用户期望，进而制定出服务质量标准。同时，应该为用户提供真实的服务信息及能够实现的合理承诺，这是因为，过低的服务承诺不足以吸引用户，而过高的承诺则会令服务者无法履行诺言。

基于用户期望的服务质量差距分析是有效控制信息服务质量的方法，它有助于信息服务机构发现服务供需双方对服务理解的差异，找出引发差距的根源并改进服务策略，以便保证用户期望的质量与实际提供的信息服务质量相一致。差距分析要做好下列几项工作：①与用户建立伙伴关系；②建立传统的用户沟通渠道；③影响用户期望，能随时意识到用户的期望变化，并做出相应的调整以适应用户需求的变化；④信息服务质量的概念是动态的，应及时调整服务手段和方式；⑤改善管理，提高服务中的用户满意度。

2.基于服务过程的服务质量控制

以创新主体信息需求为导向的集成服务强调与用户的高度交互性，使过程质量控制成为一个需要重视的环节，而且，使其作为保证最终服务产品质量的前提和基础。不仅服务过程贯穿于用户解决问题的全部过程，而且服务人员还要融入用户及其决策过程之中，与用户形成非常明确和紧密的双向沟通关系。这就决定了服务质量应由服务产品质量和服务过程质量两方面组成。

以往，信息服务更多地强调服务产品质量，过程质量往往表现在查准率、查全率等指标上，控制的方法也多停留于服务态度等方面。因而，对信息保障平台提供服务过程，实现质量控制，要做好下列几项工作。

（1）确定信息集成服务的内容范围和质量标准

根据用户需求，从现有信息服务能力出发，策划和确定提供信息集成服务的内容和类型。制定质量标准时，要合理地权衡服务质量和成本，还要对主要信息产品和服务进行评估，找出存在的质量问题和制约因素。

（2）制定质量体系文件

通常质量文件由质量计划、质量测量、质量记录和质量手册四部分组成。

（3）对相关内容进行全面分析

全面分析各环节的质量职能，确定负责各级质量管理和控制的权限及职责，以便及时消除或者减少由于不合理程序的复杂操作，以及不适当的训练造成的各种不良因素。

（4）及时进行相关测定

充分利用质量管理工具、绩效测定工具和统计工具，对信息提供是否及时、准确、新颖、可靠，以及价格可承受性等方面进行测定。

（5）记录信息服务的过程和结果，建立信息服务档案

这是改进质量的依据。通过对记录内容的模拟和分析，可以发现服务过程中不合理的程序，找出差距与不足之处，进而通过构建服务补救系统实施补救。

（6）提供服务质量承诺

服务承诺必须与能够提供的服务能力相一致，对内要能够取得管理者的认同，对外要符合用户特定的质量要求。

（7）与用户建立稳定的服务信息反馈联系

用户对信息服务的反馈信息，既是改进服务质量的重要依据，也是挖掘潜在服务内容的重要依据。

（8）规划分析服务流程

通过分解服务步骤画出服务流程图，以便信息供需双方在服务过程中改进服务质量。可通过图表的形式把服务的过程和每一步的内容展示出来，直观清晰地展现信息服务的全过程，然后，整合并分析服务失败的信息，找出提供劣质服务或者服务失败的原因。

第九章　大数据环境下图书馆阅读推广模式创新

第一节　图书馆智慧阅读推广模式

"智能互联、万物融合"的加速到来，为全民阅读带来了前所未有的机遇与挑战。智慧阅读作为一种划时代意义的阅读方式逐步出现在大众视野，其不仅极大地降低了阅读门槛、丰富了阅读形态，还拓展了阅读内容、保障了读者的阅读权利，对于促进读者身心健康发展具有十分重要的现实意义。近几年，随着阅读推广活动逐渐受到重视，并且逐步得到大规模的发展，图书馆在阅读推广活动中也逐步开始利用智慧图书馆的新技术及智慧技术。当前，关于图书馆智慧阅读推广的研究仍处于起步阶段，相关理论研究少之又少，因此，还需从研究数量、深度、广度上不断增强。

一、智慧图书馆与智慧阅读推广模式的内涵

智慧图书馆，是继复合图书馆、数字图书馆后，图书馆发展的一个更高级阶段，是建立在系统文献资源、智能知识服务、智慧保障支撑基础上的新型知识服务体系。具体而言，智慧图书馆指的是在物联网、大数据、云计算等环境下，基于云计算与智慧化设备所建构的融合化、互动化、可视化、泛在化智慧数据平台系统，集高效的服务管理质量、互联的文化数据环境、多元的信息共享空间于一体的智慧服务综合体。

所谓的智慧阅读推广，本质而言，是通过全面感知、智能识别读者的阅读特征及其需求，自动设置推广目标及方法，向读者传递与之相匹配的阅读资源，并通过实时跟踪、监控记录阅读全过程及成果，实现个性化推广支持的过程。与传统阅读推广服务不同，智慧阅读推广具有以下特点。

（一）以读者为导向的服务模式

图书馆传统阅读推广模式是由推广人员明确推广的时间、内容、方式等，读者需要依循活动的具体安排参与阅读，因而属于从属地位。而智慧阅读推广进一步开放了图书馆的阅读资源及工具，读者可依循自身需求自主筛选资源、订制阅读目标、选择阅读途径、决定阅读进度，实现个性化、多元化阅读。不仅如此，智慧阅读推广提供多层次阅读支持，读者可在自适应、泛在化的阅读环境支持下，实现深度阅读，享受极致的阅读乐趣。

（二）强调阅读的互融互通

智慧阅读推广打破了传统单一的虚拟阅读空间，通过服务集成构筑一个开放式阅读平台，实现线上、线下阅读的无缝对接，为读者提供了互融互通的阅读服务。

（三）实现多视角决策

智慧阅读推广借助于智能技术高效收集读者阅读语音、文字、图像等，跟踪读者阅读行为及轨迹，深度挖掘读者所留存的非结构化数据，精准识别每位读者的阅读规律，科学完成推广目标决策，通过理性推理预测各决策推行效果，继而确定最优决策，为图书馆提供最优化阅读推广方案。

二、图书馆智慧阅读推广模式架构

智慧图书馆是未来图书馆发展的新趋势和新方向，同时，阅读推广服务也是未来图书馆服务发展的新内容和新动力。

对于图书馆而言，智慧阅读的推广关键是要发掘阅读数据及资源背后的规律，全面把握读者的兴趣偏好，通过用户细分，实现大众阅读推广与分众阅读推广的有机结合。图书馆智慧阅读推广目标集中在数字阅读层面，必须通过智慧阅读平台构建实现读者数字阅读素养的稳步提升。具体而言，智慧阅读推广模式的构建涉及对读者阅读数据的感知、整合、关联分析、偏好发现、个性化定制等方面，继而构成一个集推广规划、对象细分、策略分析、数据变化分析于一体的架构。图书馆智慧阅读推广模式包括以下三大模块。

（一）智慧门户模块

该模块包括个人、资源、协作三大门户。其中，个人门户以个性化服务为特征，提供极具个人特色的学习空间；资源门户提供馆藏资源的采集、管理、推荐及流转等多项功能；协作门户则针对具有共同阅读偏好的群体提供学习空间。

（二）智慧图书馆模块

该模块实现了读者、资源、管理与服务等各子系统的集成。此类子系统在该平台上聚集了海量数据，有助于图书馆从海量积聚的非结构化数据中发掘前瞻性信息，为实现智慧阅读推广提供了依据。

（三）推广服务模块

该模块涉及前段分析、策略决策、组织实施、评价反馈四部分，其中，推广前段分析主要是借助智能技术完成多元异构数据的接入、存储、分析、处理、查询、可视化等过程，实现数据的高效整合与数据系统的建立，推广人员利用该系统对读者特征、阅读需求、阅读内容展开深度分析，明确其阅读偏好、文化背景、动机情感等，以识别读者阅读特点与行为，构建多维读者分析模型，为智慧阅读推广最优决策提供支持；对于推广策略决策而言，其通过回归、聚类、关系规则、神经网络等方法进行读者阅读模型构建，以便对读者未来阅读趋势进行预测，科学寻找最佳推广内容及最优解决方案，为读者提供个性化、差异化阅读环境；推广组织实施是通过智能记录读者阅读过程，统计跟踪读者的查询、下载、阅读、反思等行为，并借助舆情监测技术明晰读者阅读交互式传播路径、读者参与交互传播的热度、信息传播层级等行为，通过交互行为识别与科学筛选，掌握读者阅读情感状况，洞悉其阅读参与性、热度、专注度等，继而判断读者是否存在阅读困难及薄弱问题，为读者阅读体验的逐步优化提供具体的推广实施方案；评价反馈主要负责对阅读推广的预测、决策是否可行进行反馈，并及时修正推广决策。

第二节　基于5W传播理论的图书馆群组阅读推广模式

随着信息化的发展和数字化时代的到来，人们的阅读方式和阅读习惯发生了较大的变化，读者间的阅读分层越来越明显。与此同时，各地各级图书馆的阅读推广服务工作也随之进行了转变，根据读者阅读兴趣划分的群组成为图书馆阅读推广的对象单位。为了顺应读者身心发展特点并契合其阅读习惯，凸显出图书馆阅读推广的高效化、规范化与个性化，充分发挥图书馆的阅读推广作用，部分图书馆尝试了与5W传播理论相结合的实践研究。我国传统的图书馆阅读推广服务模式大致遵循"读者主动提出要求、图书馆根据读者要求提供服务"的被动推广方式，在这种情况下，深入研究和发掘5W模式在图书馆领域的应用，对创新图书馆阅读推广的客体单位，从单一的个人向群组进行转变，提升图书馆的阅读推广活动效果具有重要意义。

一、5W传播理论应用于图书馆群组阅读推广服务的适用性与可行性

5W传播理论是一种科学化的建模理论，下面从5W传播理论和图书馆群组阅

读推广服务的概念出发，阐述二者融合的适用性和可行性。

（一）适用性

5W传播理论认为人类社会的传播活动从其过程和环节进行划分，主要由主体（who）、内容（says what）、媒介（in which channel）、客体（to whom）、效果（with what effect）这五个要素构成。图书馆是社会资源储存、交换与传播的中心，从本质上来看，也属于社会传播活动的范畴，因此，5W传播理论应用于图书馆群组阅读推广服务活动具有科学的理论基础。针对图书馆阅读推广服务的实际情况，5W传播理论中的五大要素又可具体化为控制分析、内容分析、媒介分析、受众分析、效果分析五部分。

（二）可行性

图书馆群组阅读是以阅读情感和阅读感知为出发点，根据广大社会读者阅读兴趣和爱好进行划分的若干阅读群体，每个群体内部的阅读需求差异较小，在图书馆进行阅读推广服务时，可以针对每个群体进行共性的、集中的推广内容选取。而群体间的差异则十分明显，图书馆通过设计群组间的阅读推广内容，实现了服务的个性化与普适化兼顾的理念。结合5W传播理论，群组单位作为图书馆阅读推广的客体，实际上改变的是整个阅读推广的流程和图书馆定位。目前，我国部分图书馆在群组阅读推广领域已经具有丰富的实践经验，5W传播理论也日臻完善，因此，基于5W传播理论的图书馆群组阅读推广服务模式研究具有充分的理论支撑和实践基础。

二、基于5W传播理论的图书馆群组阅读推广服务模式构建要素

按照5W传播理论的界定，图书馆群组阅读推广服务模式由主体、内容、媒介、客体与效果五要素构成。

（一）主体

图书馆群组阅读推广服务模式的主体即为图书馆，图书馆是社会文化文明建设的重要力量，是文献与信息资源汇聚的中心、人类文明成果的保存地。此外，图书馆承担了读者群组的划分、阅读推广内容选择和方式建设等重任。其中，图书馆员充当着重要的角色，因此，图书馆馆员是进行群组阅读推广服务的能动性主体。另外，随着信息化技术的进一步发展，馆际之间的合作成为图书馆服务的主流趋势，越来越多的图书馆不再以单一的主体形式开展阅读推广活动，而是与当地的高校图书馆、博物馆或档案馆等文化服务机构形成合作关系，共同为不同的群组读者提供相应的阅读内容和推广活动。总而言之，5W传播理论的图书馆群组阅读推广服务主体从宏观上看为图书馆自身，从微观上又可分为能动性主体与

合作性主体两类。

（二）内容

图书馆群组阅读推广服务模式的内容主要有纸质文献和数字文献，格式体现为文本、图片、音频、视频等多种形式。目前，大多数图书馆采用的是纸质文献推广与数字文献推广兼具的形式。一方面，馆内的新书推荐会、读者交流会、地方民俗活动、当地文化节等推广方式推陈出新，吸引了广大读者的阅读兴趣，培养了他们良好的阅读习惯；另一方面，借助社交媒体平台开展的数字阅读推广也被图书馆普遍采用，读者可通过加入兴趣小组的方式自行组建阅读群组，也可由图书馆根据读者的检索记录和所填写的信息进行分组，从而投其所好，向读者分层次、分学科地实时推荐符合其阅读需求的专业科研阅读内容，实现图书馆的群组推广服务。

（三）媒介

由于图书馆群组阅读推广服务的内容可以从表现形式上分为纸质文献和数字文献两种，与之相对应的是，进行群组阅读推广服务的媒介也被分为物理空间和虚拟媒介两类。物理空间的群组阅读推广常见方式是将群组成员聚集在图书馆内，由图书馆引导、协助读者进行有针对性的讲座或交流活动，是一种以图书馆为主要发起者、以读者用户为被动接受者的推广服务。虚拟空间的阅读推广服务媒介方式更为灵活，覆盖面更为广泛，常见的有视频培训、网上资源推荐和社交平台的阅读推广，具有创新意识，能够更好地契合当下新技术发展潮流，更符合广大读者的阅读习惯，特别是采用人们常用的微博、微信等社交软件，能够增强图书馆群组阅读推广服务的友好性和有效性。同时，5W传播理论中的图书馆群组阅读推广服务的媒介，也作为一个群组内智慧共享空间而存在，为读者间的阅读交流，以及读者与图书馆的互通反馈提供了广阔而便捷的平台。

（四）客体

图书馆群组阅读推广服务的客体，宏观意义上讲，是指社会上所有读者用户，微观意义上，则指以群组为单位的读者小组。由于很多图书馆碍于人力和物力条件所限，无法真正实现针对每个个体提供个性化、差异化服务，群组单位的出现则聚集了相同阅读需求的读者，图书馆可以为组内读者提供相应的阅读推广内容，间接地为组员提供个性化服务。客体群组的精准化可以提高图书馆阅读推广服务的有效性，避免了资源的浪费且优化了馆藏配置，同时，有利于增强读者用户对图书馆的黏性，营造了良好的阅读环境。

（五）效果

检验阅读推广活动的成效，既要检验可量化的后续显性成效，也要检验不可量化的后续隐性成效。结合图书馆群组阅读推广服务模式的构建，5W传播理论中效果要素可以理解为评价阅读推广成效的指标。一套合理且科学的群组阅读推广评价机制是总结前一阶段工作成果、反思前一阶段工作问题的标准，也是下一阶段工作制定的依据和出发点。因此，图书馆群组阅读推广服务评价的正确运用具有深远的意义。根据图书馆群组阅读推广服务的实践，其效果指标也要有所区分。在整体上，首先，要对群组的划分进行指标测评，考量群组区分的合理度、有效度及覆盖度；其次，要对图书馆群组阅读推广服务流程进行评价，如推广内容的选取与群组内读者要求的匹配度、每一次开展阅读推广活动的参与人数等，这些都成为图书馆群组阅读推广服务效果评价的重要依据。总之，设计一套行之有效且因时制宜的多维评价指标体系，有助于立体全面地衡量阅读推广服务过程中的得失。

三、基于5W传播理论的图书馆群组阅读推广服务模式建设策略

（一）群组阅读推广主体：健全图书馆机构，加强合作

图书馆是群组阅读推广服务的主体要素，主体机构的健全和完善在很大程度上决定着阅读推广活动的效用。因此，在制定图书馆群组阅读推广服务模式建设策略过程中，要突出强调5W理论下图书馆的主体定位。一方面，图书馆应该加强自身的馆藏资源和文献建设，尤其应重视数据资源的创新和发展，如针对群组用户的阅读需求，打造特色化文献数据库，以强化资源建设为中心健全图书馆群组阅读推广服务机构；另一方面，单一的图书馆面对多元化群组客体，其服务能力和服务内容是存在局限性的，为了突破图书馆群组阅读推广服务的瓶颈，越来越多的图书馆主动与当地高校图书馆、文化服务机构或基层组织之间建立合作关系，形成了广泛的合作联盟，从多方面挖掘资源、拓展推广服务范围，建设多渠道、多内容的群组阅读推广模式。此外，图书馆成立专门的群组阅读推广机构非常必要，由专人负责图书馆群组阅读的整体规划、管理和指导工作，能够保障阅读推广服务工作有序高效运行。

（二）群组阅读推广客体：群组划分，因地制宜

图书馆群组阅读推广服务的核心在于群组的精准划分与定位，这是图书馆个性化服务的延伸和发展。读者是5W理论视角下图书馆群组阅读推广服务的客体，要想对群组读者进行精准的内容推送，重中之重是要明确群组划分的标准，一般来说，图书馆可以根据读者身心特征、科研专业、知识结构、阅读兴趣等特点确定群组，进一步为其打造"我想读什么，就提供什么"的专属推广模式。例如，图书馆可以根据读者年龄将老年读者组成一个特定群组，将其作为阅读推广服务

的客体，定期定址地为老年读者推送养生、保健类的相关资讯和读物，满足老年读者的共性阅读需求。此外，图书馆可以进一步发挥文化传播的作用，为老年读者构建交流平台，增强老年读者间的情感沟通与互动，帮助老年读者驱散孤独感。总之，5W传播理论中，客体因素直接影响着主体活动的效度和信度，对于图书馆群组阅读推广服务而言，因地制宜的群组划分，有利于加强图书馆对群组客体的关注，从而将读者的需求和阅读推广服务有效连接起来。

（三）群组阅读推广内容：开发特色，强调共享

5W传播理论视角下，内容要素是活动的中心，是贯穿于活动过程始终的，正因为如此，图书馆群组阅读推广内容的建设也是服务模式研究的重点和难点。由于读者的阅读范围广、对文献资源的需求量与日俱增，图书馆需要不断更新资源库，以保障阅读推广内容的全面和丰富。结合5W传播理论，图书馆群组阅读推广服务模式建设策略的内容要素层面，可以从以下两方面展开：第一，图书馆可根据本馆的资源特色和地方民俗特色组建相应的阅读群组，针对群组读者的需求，对某领域或某专业的资源，集中进行标准化有价值的数字化加工，形成网络数据库，满足群组读者物理空间和网络平台双渠道的阅读要求。第二，图书馆尤其要重视图书馆间或与其他类型图书馆的馆际合作，通过达成合作关系，与之互通有无，实现资源的共享和共建，在减少资源建设成本的情况下，将资源的使用最大化，提高阅读推广服务的主动性和多样性，促进群组阅读推广服务内容的延伸和拓展。

（四）群组阅读推广媒介：创新服务，树立品牌

媒介是5W传播理论的基本组成部分之一，是图书馆实现对群组用户阅读推广服务的平台与渠道，因此，必须重视群组阅读推广媒介的创新和品牌的树立。当前，图书馆群组阅读服务推广媒介主要从两方面展开：第一，立足读者使用习惯，以读者常用的信息获取方式作为传播媒介，如社交媒体平台QQ、微信、微博等，图书馆形成了浓厚的阅读推广氛围，使每一个群组内的读者，全天候24小时均可以获取到相关资源，突破了传统阅读推广中常用的图书馆布告栏、广播站等形式在空间和时间上的限制，增强了图书馆阅读推广服务的效用。第二，打造图书馆群组阅读推广服务品牌，如可以建设真人图书馆，采用小组交流的方式，以动态且立体的人物作为阅读资源，进一步吸引读者用户的阅读兴趣；再如，图书馆定期开展的"读书节"也逐渐成为长期、稳定、标志性的服务品牌。

（五）群组阅读推广效果：合理评价，规范管理机制

5W传播理论的最后一个构成要素为评价，此评价又可看作是下一个5W传播活动的基础，有利于促进和改善图书馆阅读推广活动。针对图书馆群组阅读推广

服务而言，有效的评价是指科学合理的评估体系，图书馆在经过主体提供——内容筛选——媒介构建——客体划分四个环节后，应该及时落实阅读推广评价工作。一般来说，完整且规范的阅读推广评价体系包括评价方法、评价机构、评价指标和反馈信息等，通过对群组读者进行回访，获取读者的真实反馈，完成5W传播理论的一个阶段循环。群组阅读推广效果的最大价值在于使图书馆结合机构内衡量阅读推广活动指标，清晰地认识到当前阅读推广活动存在的问题和不足，并以此为契机，在总结经验、吸取教训的基础上，开启下一轮群组阅读推广服务活动，实现多个5W传播活动的衔接与良性循环。总之，重视5W传播理论中的评价要素，有利于对图书馆群组阅读推广服务进行规范管理，以促进活动更好更完善地开展。

综上所述，阅读推广是一个长期而艰巨的工程。5W传播理论应用于图书馆群组阅读推广活动是适用的，更是必要的，有利于促使图书馆阅读推广形成一个更为精准和个性化服务的良性循环。

第三节　基于微信平台的图书馆阅读推广模式

微信是一种有效的信息传播媒介，为公众的工作、生活和学习带来了很大的便利。利用微信平台开展阅读推广，为图书馆扩展读者服务渠道提供了新的思路。近年来，已有很多图书馆利用微信公众平台开展阅读推广，然而，如何利用微信公众平台吸引读者，引导读者由"浅阅读"向"深阅读"转变，从而提高阅读推广效果，是值得图书馆人不断思考的问题。

一、图书馆微信平台阅读推广的优势

（一）庞大的注册读者群体

微信是社交媒介，微信用户数量巨大而且还在持续增长，这些数量众多的微信用户都可能是潜在的读者用户群体。除了读者群体方面具备的优势，微信的免费使用、操作简单、信息推送多样化等优势也比较显著。图书馆作为国家公益性的文化服务机构，必须考虑到其阅读推广对象的覆盖面，不能受到年龄、地域及身份等方面的限制，要面向全社会挖掘潜在读者，利用微信公众平台庞大的用户群体开展图书阅读推广活动。

（二）微信平台阅读推广投入成本低

随着智能手机在公众群体中的普及度越来越高，微信读者在查阅文献的时候不再受到时间与空间的限制，能够自主获取微信的阅读推广信息，也能够自主检

索需要的信息资源，提高了阅读推广的灵活性。也就是说，只要有网络覆盖的地方，就可以开展信息推送活动。读者使用微信不收费，图书馆借助微信平台开展阅读推广也不需要进行过多的投入，成本比较低，更容易被接受。

（三）信息传播方式便捷

对于微信平台来说，信息推送是通过网络进行，传播的速度快，图书馆借助微信平台开展阅读推广能够提升时效性。以微信为载体开展阅读推广不仅具备信息传播速度的优势，还丰富了阅读推广的内容。纵观传统的图书馆阅读推广活动，基本都是文字信息发布，或者是开展线下推广，相对比较单一。而微信平台阅读推广则是语音、文字等的融合，信息传播手段更加现代化，也更加立体化，图文、语音、视频结合能够带给读者更为直观的感受，提高了阅读推广的实效性。

二、图书馆微信公众平台阅读推广存在的问题

（一）平台推广力度不够，内容和服务质量有待提升

很多图书馆微信公众平台阅读推广力度不够，活跃粉丝数量不足。出现这种现象大致有两方面的原因：一是多数图书馆对微信公众平台的推广力度不够；二是发布的内容价值不足、质量不高，对读者的吸引力不够。

（二）深度阅读推广不足，引导性阅读有待加强

很多图书馆开展了"微阅读""在线阅读""云阅读"等阅读推广活动，有效地引导了读者进行"浅阅读"，但缺乏"深阅读"活动的开展，如读书沙龙等。图书馆利用微信公众平台开展阅读推广的深度不够，应加强对读者的正确引导，促使读者由"浅阅读"向"深阅读"转变。

三、图书馆微信平台阅读推广服务的优化策略

针对当前我国图书馆利用微信公众平台进行阅读推广存在的问题，图书馆应充分挖掘"潜阅读"用户，将"潜阅读"用户引流到微信公众平台；通过提高服务质量，增强用户黏性，吸引读者阅读，将"潜阅读"转化为"浅阅读"；再通过适当的激励机制、良好的互动活动等方式进一步引导读者，激发"浅阅读"读者的阅读热情，将"浅阅读"引入"深阅读"。

（一）拓展推广途径，吸引读者关注

微营销时代是粉丝经济时代，对微信公众平台而言，无论是内容营销还是服务营销，如果缺少粉丝关注，策划准备得再充分也毫无意义，因此，微信公众平台营销的核心就是粉丝。粉丝的获取完全取决于用户的主动性，只有用户主动关

注微信公众号，才能定时收到微信公众平台推送的信息。微信公众号的关注度直接影响阅读推广的效果，因此，图书馆要强化营销理念，采取多种形式宣传推广图书馆微信公众号，提高图书馆微信公众平台的活跃粉丝数量。

1.线下推广，主动邀请和激励引导

线下推广是阅读推广的常规方法，图书馆可以通过以下两种方式提高用户的关注度：一是主动邀请。利用读者到图书馆借书、还书、参加活动、听讲座等机会，主动邀请读者扫描图书馆微信二维码，关注图书馆微信公众号。二是被动设置。图书馆可将带有二维码的宣传海报或流动图书车放置在图书馆入口或人流量较大的地方，通过馆员引导、"关注有奖""分享有礼"等方式吸引、鼓励读者关注并转发。图书馆要转变服务理念，由被动服务转向主动服务，通过热心的服务和适当的奖品激励，最大限度地吸引读者关注。

2.线上推广，自然裂变和文库引流

线下推广主要针对经常到馆或参与图书馆实体活动的读者，而有很多读者虽未到馆，但也时刻关注图书馆的动态，如图书馆QQ服务群中的用户、微博和博客的粉丝、浏览主页的用户等；各大社交平台上也存在大量的"潜阅读"用户，如个人微信、社交网站等。图书馆应利用各种新技术、新方法，多途径深挖掘，将以下两种"潜阅读"用户引流到微信公众平台，提高公众平台的关注度。

（1）已是图书馆"潜阅读"用户的转换

图书馆可以将公众号的二维码置于图书馆主页、博客、微博的显著位置和QQ群的公告栏中，通过文字描述，将平台上的"潜阅读"用户引导到微信公众平台，实现自然裂变。

（2）各大社交平台上"潜阅读"用户的引流

朋友圈是读者关注公众号的第一渠道。图书馆可通过一些热爱阅读推广的个人微信账号推广图书馆公众号，提高公众平台的关注度；各大社交网站、论坛、经验交流平台、问答平台等也是阅读推广的重要途径，如豆瓣、知乎、百度经验、百度知道、天涯问答等，将微信公众平台的二维码或微信公众号植入高质量软文或问答中，利用内容引流、文库引流、问答引流等方式将"潜阅读"读者引流到微信公众平台，从而提高图书馆微信公众号的关注度。

（二）提高服务质量，增强用户黏性

1.加强内容建设，提升用户关注度

"内容为王"是图书馆微信公众平台发展的重要原则。当一个微信公众号推送的内容兼具实用性、趣味性，并贴近用户，能够满足用户分享的满足感，这个微信公众号就成功了一大半。具备这些特征的内容，用户会主动分享，并辐射到用户强关系链上的好友，促发更多基于真实关系的传播。图书馆应通过不断提高内容质量，利用蝴蝶效应，引领读者阅读，增强读者黏性，具体而言，可以通过如下几种形式：

（1）利用微信公众平台用户管理功能实现精准推送

微信公众平台后台可以获取用户的信息，并提供强大的用户分组功能，可以按地域、性别、喜好、需求等不同的指标分组，根据分组类型及文章类型进行精准推送。只有读者需要且认为有价值的文章，才是好文章，他们才会自愿去分享、转发，产生裂变效应，从而增强用户黏性，提高微信公众平台的关注度。

（2）结合时事热点，推送相关图书

适当结合当下社会热点，推送与之相关的内容或编写与该热点有关的主题，积极参与用户的评论互动，向关注该公众号的用户推送与该热点有关的图书，达到事半功倍的效果。

（3）采取"拆书"等形式，推送经典图书

所谓经典，就是经久不衰的万世之作。为了引导读者充分利用碎片时间阅读经典图书，可以将经典图书按照章节拆分、重组，使其适合碎片化阅读。

（4）多原创，少转发

高质量的原创文章更可能会被其他微信公众号或个人微信转发、分享，产生裂变效应。

（5）心灵鸡汤美文

在物质生活丰富、精神生活匮乏的时代，名人名言、励志创业、爱情、生活、工作等方面的文章更容易被读者接受，从而增强用户黏性。

2.加强服务群建设，实现良性互动

除了高质量的内容，还有很多细节影响着图书馆微信公众平台用户的忠诚度，如与粉丝的互动。实现互动的方法有很多，如签到、答疑、微信功能服务、调查、有奖竞猜、有奖征文、用户评比、游戏抽奖等。答疑类互动是最受用户欢迎的，也是最容易与用户形成强互动的一种形式。微信公众平台虽然实现了互动服务，但只能实现平台与粉丝的互动，即使是关注同一微信公众平台的粉丝也不能实现彼此间的互动。而在图书馆利用微信公众平台进行阅读推广时，由于馆员数量不足，不能及时回答读者的问题，进而使读者体验欠佳，甚至取消关注。为此，图书馆在利用微信公众平台进行阅读推广时，可以建立微信服务群，将有问题的读者添加到服务群中，将热衷于阅读推广服务的读者设为管理员，读者可以对某个主题的内容展开深入探讨，也可以帮助其他读者解决问题，实现良性互动，从而提高粉丝的忠诚度。

（三）加强互动功能建设，促进读者深度阅读

1.建立激励机制，鼓励读者评论

有效引导读者对某个主题或文章内容发表评论，不仅有利于促进读者的深度阅读，还可以培养读者的创新思维。通常，整体上参与评论的读者关系比较稀疏，习惯于浅层次的互动（阅读、点赞），深层次的互动（评论）较少。而高产评论读者之间的关系比较密切，可以推动整个微信公众平台进行深层次的阅读评论。为有效地将"浅阅读"引向"深阅读"，引导读者对某个主题或文章进行深层次的评论，调动读者的积极性，可以采取一些激励措施，如每天从参与留言评论的读者中抽取一名幸运读者赠予图书，促进读者积极撰写评论。对于优秀的评论应及时给予回复，以促进读者更深层次的思考，拉近与读者的距离，增强读者对平台的黏性。

2.搭建交流平台，引导读者深度阅读

微社区"兴趣部落"是基于微信公众平台的互动社区，可以应用于服务号和订阅号，是提升人气、增强用户黏性的有效模式。充分利用"兴趣部落"微社区，通过定期或不定期设立某个主题或阅读书日，引导读者进行交流、分享，也可以由读者发起某个主题，实现读者间的交流、互动、思想碰撞，从而达到促进读者深度阅读的目的。

3.线上线下同步，营造读书氛围

"碎片化"阅读、"浅阅读"已成为现代阅读的趋势，人们可以充分利用碎片化时间阅读大量的信息。但是，如果只是一味地进行"碎片化"阅读，缺乏对公众从"浅阅读"向"深阅读"的正确引导，将会导致国家文化底蕴的丧失。美国联机图书馆中心的研究显示，最受读者欢迎的阅读方式是在图书馆与他人分享阅读经验和体会，即读书沙龙。通过读书沙龙，可将一群具有共同兴趣的读者聚集在一起，围绕一个主题进行深入的讨论、交流并分享读书经验和体会。读书沙龙能够增进读者交流，促进读者深度阅读，提高图书馆人气。传统的读书沙龙受时间和空间的限制，只能集结同一城市中拥有共同爱好的部分读者，很多读者虽然希望参与，但由于时间和地理位置等原因无法到场。此时，可以借助微信公众平台，将读书沙龙实况通过现场直播的方式展示给读者，读者可以根据现场情况，利用微信公众平台的交互功能与现场的嘉宾、读者进行交流，分享自己的阅读经验。微信公众平台在进行读书沙龙直播时，需开通读者与平台互动功能，在直播的同时，用户可以实时与平台互动。采用这种模式进行读书沙龙直播可以打破时空限制，用户只要关注图书馆微信公众平台，就可以通过该平台的直播功能实时与沙龙现场进行互动、交流，从而激发读者的阅读兴趣。

第四节　基于云计算的图书馆阅读推广模式

一、云计算的特点

一是规模大。"云"计算能力非常强。二是虚拟化程度高。"云"没有固定的位置，也不是固定的实体。"云"在某个地方运行，我们不必知道它的具体位置。借助电脑和移动设备，实现我们需要的"云"服务，如超级计算服务。三是可靠性强。"云"服务安全、可靠，采用了数据容错和计算节点同构互换等技术来保障其服务的可靠性。四是通用性强。"云"的应用千变万化，一个"云"可同时运行多种应用，提供多种服务。五是扩展性强。"云"的规模变化莫测，可大可小，以适应用户的实际需求。六是按需付费。"云"提供的资源相当丰富，可以按需购买与计费。七是成本低。"云"资源的利用率比传统资源高，用户可以充分享受"云"的低成本优势，过去费用高、时间长才能完成的任务，有了"云"，就大大减少了费用、缩短了时间。

二、云计算的经济效益和社会效益

云计算给整个社会带来重大变革。云计算的应用遍布各行各业，如银行、电信、物流、医疗、制造业、公共服务、教育、科研部门等，为这些行业带来了巨大的经济效益和社会效益。

虚拟化作为云计算的基础，可为IT行业节省成本，节省的资金可用于业务发展的创新。

用户可以灵活选择业务服务、开发环境、基础架构等开箱即用的IT能力，只需付少量费用，就可获得计算、软件、数据、存储等云资源，切切实实地帮助用户把资产成本转换为运营成本。

三、云计算类型

从云计算的架构和业务模式来看，云计算分为公共云、私有云、混合云三种类型。

（一）公共云

公共云为公众提供开放的计算、数据、存储等服务。公共云部署在公司的防火墙之外，由云供应商进行维护和管理。软件、硬件、应用、带宽等云供应商分别负责其系统的安装、管理和维护。用户只要为其使用的资源付费即可。

（二）私有云

私有云部署在公司的防火墙之内，为某个特定组织或企业内部提供相应的服务。私有云由组织或企业自己维护和管理。与公共云相比，私有云具有以下优势：数据管理安全、服务质量稳定、硬件资源和软件资源可充分利用、不影响 IT 流程的管理。但是，建立私有云比较困难，且持续运营成本较高。

（三）混合云

混合云是公共云和私有云的混合。一般说来，混合云由企业内部创建，由企业和公共云提供商共同完成维护和管理任务。混合云可以为其他弹性需求提供一个良好的平台，这极具成本效应，如灾难恢复。也就是说，私有云把公共云作为转移灾难的平台，并在需要的时候去使用它。混合云使用公共云作为一个选择性平台，同时，选择其他的公共云作为灾难转移平台。结构完整、合理的混合云可以为各种重要的流程提供安全的服务，如接收客户支付流程和员工工资单流程等。使用混合云，比单独使用私有云或公共云复杂得多。

四、云服务模式

（一）软件即服务

Saas（software as a serrice）服务供应商将软件部署在服务器上，用户不再像传统模式那样花费大量的资金在软件及维护上，他们只需支付一定的服务费用，通过互联网就可以得到相应的软件和维护服务，这是网络应用最佳的营运模式。例如，云计算 ERP 服务，用户可以根据软件的功能、数据的存储空间等实际应用进行付费，对于软件许可、操作系统、数据库等费用都不需支付，软件系统的设计、开发、管理、维护等费用也无须支付。云计算 ERP 服务的特点是继承了开源 ERP，免许可费用、只收服务费用、突出服务。

（二）平台即服务

PaaS 服务供应商将开发环境当作一种服务来提供。PaaS 供应商将开发环境、服务器、硬件、软件等服务平台租给用户，用户在此平台上进行软件开发，通过 PaaS 服务平台将软件出售或租用给需要的用户。PaaS 平台还提供软件开发、数据库设计、服务器租用、服务器托管等服务，给个人或单位使用。

（三）基础设施服务

IaaS 服务供应商将多台服务器组成的"云端"基础设施，作为计量服务提供给用户。它将处理、存储、网络、计算能力、用户部署和运行的软件、操作系统，以及应用程序等组成一个庞大的资源池，为用户提供虚拟化的存储和服务器等。

IaaS 提供的是一种硬件托管服务，用户可以根据实际需要租用其硬件资源。用户不需要管理、控制任何云计算基础设施，但能控制操作系统的选择、储存空间的分配和应用部署，也可以控制部分网络组件（如防火墙、负载均衡器等）的应用。

（四）云服务框架模型

云服务涉及的人员和组织机构关系复杂，其中，有服务用户、服务管理员、服务供应商、服务设计人员等。设计和开发人员开发出各种服务，用户发送服务请求，云服务供应商将这些服务提供给用户使用，按需收费或免费，由供应商后台管理员对系统进行维护。

五、国内图书馆云应用

中国高等教育文献保障系统（CALIS）、国家图书馆、省市图书馆等建立了不同程度的基于云计算的联合编目系统。

基于三期建设目标和未来发展等，CALIS 提出数字图书馆云战略，即设计和开发 CALIS 数字图书馆云服务平台（Nebula 平台），构建多级 CALIS 数字图书馆云服务中心，将资源和服务整合，形成一个新型的服务体系，对各种服务进行动态管理和分配，满足不同层次和规模的数字图书馆的需求，支持馆际协作和服务获取，支持用户聚合和参与，支持资源的共建、共享，实现虚拟化服务，该平台共投资 2.1 亿元。

六、云计算为图书馆带来发展机遇

云计算必将改变数字图书馆的管理模式、服务模式和功能定位。

（一）"云存储"降低了数字图书馆的管理成本

云计算简化了信息技术架构的实施，即信息技术的应用可以像水、电、煤气等公众设施一样，随时定制、随时取用、按需付费。图书馆内大量的电子资源，不论是自建的，还是购买的，都可以存储在"云"上，而不再需要"镜像"在本地存储设备上。"云存储"不仅化解了电子资源数据剧增与存储空间不足的矛盾，而且化解了知识信息剧增与图书馆馆藏能力有限的矛盾，从而提高了电子资源的利用率。因此，构建标准化、低成本的"云存储"，有利于实现资源的共建、共享。

（二）加快资源整合进程

云计算最重要的思想是"整合"。云计算具备全部的硬件能力，还可以将其存储的数据进行整合和应用。在图书馆系统内，各种资源（如电子资源、馆藏书目数据、自建数据库等）可以被一个"云"整合在一起，信息高度融合，构筑"信息共享空间"，即"行业云"或"区域云"，使读者能够享受到更全面、更专业的云服务。

（三）促进"泛在图书馆"服务的实现

"泛在图书馆"作为图书馆未来的发展趋势，我们把它理解为一种不受时间和地点限制，就能获取信息资源服务的图书馆。"泛在"指出了未来图书馆服务的便捷性和广泛性，而云计算恰恰为这种新兴的图书馆形式奠定了技术基础。云计算整合的对象并不止于计算机，还整合了笔记本电脑、手机、PDA、PSP、平板电脑等所有移动终端，为之提供强大的无线网络功能。随着云技术的深入应用，随时随地获取信息资源将很快就能够实现。

七、"图书馆云"展望

（一）图书馆需要的"云"

"OCLC 云"的到来，意味着图书馆云计算已经开始，但是，"OCLC 云"只是一朵"私有云"，还不是人们所希望的那朵"公有云"。图书馆的 IT 架构和应用要完全进入"云服务"时代，还需要相当长的时间去发展和推进，而且需要 IT 部门、IT 产业、图书馆，以及热心用户等多股力量的智慧来协同完成。

未来图书馆云平台，就是要利用云技术，把数字化资源通过移动终端设备展现给任何地方的用户，实现海量的数字浏览、阅读、下载等服务，使用户能够在任意时间、任意地点，以任意终端实现以上需求。

图书馆既是云计算的使用者和受益者，也是云服务的开发者和提供者。前者作为一个体验用户，后者作为服务供应商。目前，可以肯定的是，所有的"云"服务都可以在图书馆领域得到发展和应用。图书馆的具体"云"服务如下：

1. 软件服务：指各种软件应用，如图书馆自动化集成系统、办公自动化管理系统、数据库建设系统、网站管理系统等，都可以用网络服务的形式提供给用户。

2. 存储服务：指各种数字资源，包括图书馆自建的数字资源，都可以放在"云"端上，不再需要做本地镜像。

3. 数据服务：中心图书馆作为"云"服务的供应商，提供本地数据或者其他业务的服务。

4. 平台服务：引入"云"基础设施，利用云计算解决方案，搭建"私有云"，满足本地或局部应用。

5. 网络整合服务：图书馆作为服务供应商，理应整合多家图书馆的云平台和资源，实现不同"云"之间的操作与共享，为用户提供更全面的服务。

（二）图书馆云未来

"云"的迅速发展，将带来图书馆的重大变革。未来大多数图书馆将无须配备庞大的机房设施，图书馆的所有业务、资源服务、资源建设等系统都可以通过"云"来实现。所以，在未来，图书馆将不再需要配备各种复杂的系统，如自动化集成系统，只需让少数的、大型的、肩负重任的"中心图书馆"来提供这朵"云"服务，大多数图书馆都将是这朵"云"的使用者。

未来，读者以个人身份信息登录"云"系统，就可以获得图书借阅、信息查询、参考咨询等服务。图书馆的所有资源都放在"云"上，利用"云"平台进行数字资源的整合，包括馆际互借、资源共享等都通过"云"来实现，整个图书馆行业好似一片"云海"。

此外，图书馆工作人员只要一按计算机开关，计算机就能迅速进入到桌面。图书馆工作人员只需打开浏览器，在"图书馆云"的统一身份认证系统界面上输入用户名和口令，系统桌面就能保留个性化设置。只要进入"云"，工作人员之前所做的图书馆业务和工作就都将展现在桌面上。

在"云"中访问资源、请求服务，就像人们平常使用水、电、煤气等设施一样，随心所欲。让我们共同期待这朵"云"的到来。

第五节　图书馆数字阅读推广模式

随着移动互联网技术的普及，阅读载体、方式与途径发生了变化，人们的阅读习惯也由纸本阅读向数字阅读转变。研究表明，近年来，国民数字化阅读率迅速提高，纸本阅读量呈下降趋势。由此可见，数字阅读正逐渐成为全民阅读的主流范式。如何提高数字阅读服务水平，探索适合用户阅读习惯的服务模式，成为信息机构研究的热点。图书馆作为全民阅读活动的主力军，作为公众获取知识的公益平台，在数字化阅读方面进行了大量尝试，从服务、内容、信息行为、绩效等多个层面，分析数字阅读服务模式的发展方向，旨在为用户提供更为人性化、便捷化的服务体验。

一、全民阅读时代图书馆数字阅读推广服务概述

（一）数字阅读是时代发展趋势

数字阅读与传统阅读的最大不同在于，它依附于手机等各种互联网设备，使阅读不受时空限制，随时随地都可以进行，非常方便、快捷，能大大提升阅读效率，节省了人们的学习时间。随着智能手机的不断发展，手机阅读成为大众阅读

的主要方式，阅读不再局限于固定场所。数字阅读是顺应时代发展的必然选择，它不仅实现了无纸化，节省了生产成本，有利于环境保护，而且在数字阅读环境下，只要知道书的名称就可以很快搜索到，大大提高了阅读效率。对于一些经典文物类书籍，数字阅读有利于保护原著的完整性。数字阅读成为与纸质阅读并驾齐驱的阅读方式，得益于数字化资源丰富的可选择性、便捷的操作性、高效的传播力，使数字阅读拥有广阔的发展前景。由于数字阅读具有先天优势，为了适应新时代文化建设的需要，必须大力推广。

（二）数字阅读的特点

数字阅读即阅读载体、内容、方式的数字化，是信息技术催生的全新阅读方式。互联网时代，信息载体的形态更加多样，无论是电子书、网页信息还是影像制品，都可以借助智能终端获取，方便用户随时随地学习新知识。如今，数字化的期刊、杂志、报纸日益普遍，文献资源的数字化加工，方便用户在线浏览，进一步扩大了信息传播范围。数字阅读形式灵活、内容丰富、阅读场所不受限制等优势，符合公众对信息需求的倾向。数字阅读促进了空间阅读的泛在化，使阅读活动不受时空限制，一部小小的手机就可以承载海量内容。此外，用户的选择更多，与他人的交流更加便捷，有助于分享知识，传播经验，扩大交际圈，加快知识的多向传递。

（三）数字阅读推广方式

数字阅读推广服务是图书馆或其他信息机构为培养用户阅读习惯，借助数字化服务技术激发用户阅读兴趣，促进全民阅读所从事的一系列工作。图书馆作为数字阅读推广主体，可以借助微博、微信等推广媒介，采用特定技术与设施，设计合理的阅读推广活动，从而对服务对象产生影响，并根据反馈不断调整，以达到最佳效果。数字化媒介的应用，为图书馆迎合用户阅读需求，紧跟时代发展步伐提供了渠道，能够采用丰富的方式达成服务目的。用户无须到馆借阅图书，而是利用智能终端随时接收信息，直接在线进行数字化阅读，而且信息传输高效，内容生动、简洁，契合现代人的学习习惯。目前，微博、微信等社交网络平台是数字阅读推广的首选方式。不同媒介具备不同的功能，能够吸引特定的用户群体，节省图书馆服务成本，扩大阅读推广范围。

二、图书馆数字阅读推广服务模式的构建要素

图书馆数字阅读推广模式的构建，强调对各类信息媒介的充分利用，重视用户与馆员、用户与用户之间的交流互动，扩大阅读资源传播范围，激发更多人的阅读兴趣。图书馆在服务实践过程中，要关注数字资源、信息技术、推广对象等

相关要素的相互关联，以优质的服务提高用户满意度。

（一）数字资源

数字阅读推广服务的核心是让用户随时随地享受优质资源。因此，图书馆不断完善、丰富数字化资源，是开展阅读推广的基础。图书馆是文献资源的加工中心，拥有多种类型的数据库，可以从多个渠道采集信息，保障稳定的资源供给。作为阅读推广服务主体，图书馆需要根据自身建设需求，积极与中外数字资源供应商合作，争取获得更多优质资源，保障用户在线获取信息的实时更新。如今，超星图书馆、中国知网、方正数字图书馆等在线服务商吸引了大批用户，成为人们获取专业文献的重要渠道。图书馆与这些在线机构合作，通过开放信息采集、文献采购、合作建库等方式，对数字化资源进行整合并投入流通，可以确保馆藏数字化资源的持续性增长。

（二）信息技术

图书馆数字阅读推广服务模式的构建，离不开先进技术的支撑，离不开优质的信息传输媒介。要想扩大数字阅读推广范围，促进数字化资源的跨界融合，吸引更多阅读推广客体，图书馆需要学习、引入新技术，选择合适的平台、媒介和工具，让阅读推广服务更加智能化，不仅能够引导全民阅读，也能够满足少数用户的高端阅读需求。例如，云计算、大数据等新兴技术，可以帮助图书馆转变服务理念，以智慧驱动提高数字化资源传播效率，提高阅读推广服务水平。而微博、豆瓣书评、微信等社交媒体的应用，以庞大的用户规模，不断延伸的社交网络，为图书馆提供了多样化推广渠道，有助于数字阅读推广服务的顺利实施。

（三）用户需求分析

图书馆用户作为数字阅读推广的客体，其数字阅读习惯、阅读需求、建议反馈等，不仅决定了数字阅读推广服务模式的构建方法，也影响着最终服务的成效。全民阅读背景下，图书馆数字阅读推广对象应该是全体国民，但由于数字阅读人群中年轻人居多，因此，图书馆员可以年轻群体作为调研对象，掌握他们对数字阅读的实际需求，以多种宣传推广手段，引导他们认识数字阅读的重要性，提高阅读积极性，增强用户黏度。充分利用社交网站、新媒体工具和强化体验式阅读服务，让更多用户参与其中，加强信息交互，促进数字化资源共享。此外，图书馆要根据推广客体的反馈建议，及时调整阅读推广服务模式，优化数字阅读推广内容，形成适应现代社会用户习惯的阅读环境。

三、基于社交网络的图书馆数字阅读推广服务模式演变

互联网时代，大量社交网络的涌现，不仅促进了人与人之间的在线交互，也

在不断改变着人们的信息行为，影响着人们的阅读习惯。图书馆要熟悉各类社交网络，并根据不同社交网络的特点与变化趋势，不断调整数字阅读推广服务模式。

（一）基于微博的数字阅读推广服务模式

微博的应用拉近了人与人之间的距离，让更多的人习惯于将自己的想法发布在网上，或者通过即时互动寻找具有共同爱好的伙伴。尤其是年轻群体，具有较强的适应能力，对新生事物具有好奇心，因此，在微博上更为活跃。研究表明，大部分年轻人有刷微博的习惯，喜欢借助微博了解社会资讯、娱乐八卦等。图书馆开通官方微博，以全新的方式宣传推广阅读服务，让用户直接在线阅览信息，可以节约成本，借助微博平台提高其社会影响力。在发布数字阅读资源时，馆员应注重对内容的正确编辑，每一次推送都应该仔细斟酌，做到简洁、亲切、有吸引力。在微博内容编辑基础上设置相关链接，方便读者直接进入数字图书馆，达到在线引流的目的。

（二）基于微信的数字阅读推广服务模式

微信自推出以来，以其独有的社交功能吸引了大批用户，成为人们日常生活中必不可少的即时通信工具。图书馆开通微信公众号，以有别于微博的方式开展数字阅读推广服务，可以实现与用户的即时交互。此外，也可以设置服务号和订阅号，针对不同的用户群体发送不同的内容，方便用户根据需要选择性获取，利用碎片化时间掌握更多知识。

四、图书馆数字阅读推广服务模式的创新发展方向

全民阅读背景下，国民每天接触新媒体的时长不断增加，日均在线阅读时长也有不同程度的增加，表明了新兴媒介已成为备受青睐的数字阅读载体，理应成为图书馆开发服务新领域、创新数字阅读推广服务模式的有益途径。通过研究国内图书馆创新实践案例，可知图书馆可以搭建大数据阅读平台、提供数字阅读云服务、建设数字文化驿站等，让数字化阅读触手可及，为全民阅读事业发展提供动力。

（一）搭建大数据阅读平台

"36大数据"网站是依托大数据技术搭建的专门为用户提供与大数据相关文献内容的知识性平台。该平台由百度、腾讯等多家企业联合，并与清华大学、浙江大学等高校图书馆合作，寻找优质文献数据资源，并将其录入平台，涵盖大数据案例分析、数据可视化等专业信息资源，方便用户随时随地获取。网站将服务内容分为多个模块，从不同的专业领域采集信息，以大数据为核心汇聚资源，从而帮助用户了解大数据的总体发展趋势，将所需资源应用于日常工作与学习中，对

于企事业单位决策者也有一定的启发作用。经过长期的积淀与发展，该网站以有价值的大数据媒体，在业内树立了良好的口碑，也为图书馆数字阅读推广模式创新提供了思路。图书馆也可以与数据供应商合作，联合多家机构搭建相关平台，借助大数据技术为用户提供优质服务。

（二）提供数字阅读云服务

图书馆利用云计算技术，开发移动终端云服务平台，以共享架构整合云服务、云系统和云应用等资源，为用户提供云计算环境下的高效服务，这是促进数字阅读推广服务升级的方向之一。云计算环境下，用户只需要利用智能终端设备，如移动电脑、智能手机等，就可以通过移动网络连接云服务平台，在发送请求后迅速获取所需资源，随时查询、下载、借阅馆内资源。图书馆对馆藏资源进行优化整合后，可以借助云服务平台展现给更多用户，提高数字化资源利用率。然而，数字阅读云服务模式的实现，需要一批具有较高素养的信息编辑馆员，负责对平台信息进行筛选与监控，及时采集、发布最新信息，促进用户与数字化资源的交互，为云服务平台提供可靠的人力支持。

（三）建立数字阅读文化驿站

图书馆要想推动全民阅读进程，可以在充分调研基础上，采集购置触摸屏电子设备，在本地区地理位置相对偏僻、人口较少的社区和村镇，建立数字阅读文化驿站，在一台服务器上集成数字资源、软件系统和安全网络设施，依托互联网实现基层服务点与图书馆的对接，让海量数字资源的覆盖范围不断扩大。

数字阅读是当前主流的阅读方式，拥有纸本阅读无可比拟的优势。随着新兴媒体的涌现与发展，图书馆的数字阅读推广模式将随之变化，甚至出现超出人们想象的阅读推广方式。图书馆作为全民阅读的倡导者，应该学会把握时代发展脉搏，不断引入新技术，学习新方法，适应用户不断变化的数字阅读需求，在新环境中探索数字阅读推广新模式，使数字阅读推广服务得到不断优化升级。

参考文献

［1］杨杰清.现代图书馆管理实务［M］.北京：现代出版社，2019.

［2］刘惠兰.现代图书馆管理创新［M］.长春：吉林出版集团股份有限公司，2019.

［3］李良艳，陈俊霖，孙杏花.现代图书馆管理理论研究［M］.北京：中国商务出版社，2019.

［4］李静，乔菊英，江秋菊.现代图书馆管理体系与服务研究［M］.长春：吉林人民出版社，2019.

［5］龙渠.现代图书馆服务与管理工作研究［M］.北京：原子能出版社，2019.

［6］田长斌.现代图书馆移动阅读服务研究［M］.北京：现代出版社，2019.

［7］张新.现代图书馆服务研究［M］.哈尔滨：东北林业大学出版社，2019.

［8］李东燕.现代图书馆管理与实务［M］.北京：团结出版社，2019.

［9］朱丽君，卫冉，肖倩.图书馆管理与智能应用［M］.长春：吉林人民出版社，2019.

［10］刘聚斌，宋红梅.图书馆管理与信息存储［M］.沈阳：辽海出版社，2020.

［11］刘显世.山东省公共图书馆全民阅读服务大数据 2019-2020［M］.济南：山东人民出版社，2021.

［12］吴小冰.智慧图书馆视角下的阅读推广研究［M］.郑州：郑州大学出版社，2021.

［13］陶景冶.图书馆移动阅读服务研究［M］.长春：吉林出版集团股份有限公司，2020.

［14］陶洁.图书馆阅读推广与信息服务研究［M］.哈尔滨：哈尔滨出版社，

2020.

[15] 穆桂苹，王鸿博，崔佳音.图书馆管理与阅读服务研究［M］.沈阳：辽海出版社，2020.

[16] 田倩.图书馆管理与阅读推广服务［M］.沈阳：辽海出版社，2020.

[17] 李建明.高校图书馆阅读推广与服务机制构建［M］.北京：航空工业出版社，2019.

[18] 肖三霞.图书馆全民阅读推广与服务模式构建研究［M］.长春：吉林出版集团有限责任公司，2019.